集人文社科之思　刊专业学术之声

集 刊 名：国际儒学论丛
主　　编：刘云超
副 主 编：李文娟　张　恒
主办单位：山东社会科学院

INTERNATIONAL TRIBUNE OF CONFUCIAN STUDIES NO.17

联系电话：0531-82704788

电子邮箱：gjrxlc@shandong.cn

通信地址：山东省济南市舜耕路 56 号山东社会科学院综合楼 812《国际儒学论丛》编辑部

第17辑

集刊序列号：PIJ-2016-173

中国集刊网：www.jikan.com.cn/ 国际儒学论丛

集刊投约稿平台：www.iedol.cn

山东社会科学院　主办　　·2016年创刊·

国际儒学论丛

主编　刘云超

副主编　李文娟　张恒

INTERNATIONAL TRIBUNE OF CONFUCIAN STUDIES

第17辑

SSAP 社会科学文献出版社
SOCIAL SCIENCES ACADEMIC PRESS (CHINA)

《国际儒学论丛》编委会

沈顺福　山东大学儒学高等研究院教授

杨泽波　复旦大学哲学学院教授

杨海文　中山大学哲学系教授

杨朝明　山东大学儒学高等研究院教授

林宏星　复旦大学哲学学院教授

林忠军　山东大学易学与中国古代哲学研究中心教授

赵法生　中国社会科学院世界宗教研究所研究员

黄玉顺　山东大学儒学高等研究院教授

梁　涛　中国人民大学国学院教授

韩　星　中国人民大学国学院教授

路德斌　山东社会科学院国际儒学研究院研究员

海外特邀学术顾问　（按姓氏笔画排序）

〔新西兰〕伍晓明　四川大学文学与新闻学院客座教授

〔韩〕全圣健　韩国国立安东大学东洋哲学系教授

〔韩〕张乙演　韩国儒教文化振兴院研究员

〔越〕陈翠玉　越南社会科学翰林院哲学研究所研究员

〔美〕胡明辉　美国加利福尼亚大学圣克鲁兹分校历史系教授

〔马来西亚〕黄文斌　马来西亚拉曼大学中文系副教授

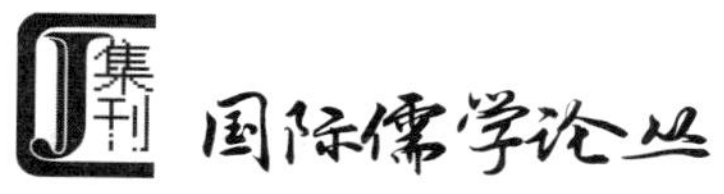

（第17辑）
2025年5月出版

·名家访谈·

·海外儒学研究·

·专题：新荀学研究·

·经学研究·

 INTERNATIONAL TRIBUNE OF CONFUCIAN STUDIES

Volume 17
May 2025

· Expert Interview ·

· Confucian Studies Abroad ·

· Special Topics: Neo-Xunzi Studies ·

· Classics Scholarship Studies ·

· Confucian Studies of Pre-Qin ·

· Confucian Studies of Song and Ming Dynasties ·

· Studies on Modern Neo-Confucianism ·

· The Systematized Promotion and Explanation of the Communist Party of China's Innovative Theoretical of Framework: Mutual Learning of Civilization and the Spread of Confucianism ·

· Book Reviews ·

·名家访谈·

跨文化视域与气论思想的再拓展

——与何乏笔谈船山学的新趋向*

韩振华　〔德〕何乏笔**

摘　要　船山学在当代的新开展，一个重要内容是船山气论的当代诠释与重构。近三十多年中，台湾学界形成了“形气主体”（杨儒宾）和“气化主体”（何乏笔）的不同论述，其中也涉及对跨文化思想资源的利用和开发。何乏笔、杨儒宾、赖锡三、刘沧龙等学人在与朱利安、毕来德等欧洲汉学家的跨文化思想互动中，从多个维度开掘了气论思想的当代意涵（身体学、功夫论、现象学、批判理论等）。朱利安与毕来德围绕“如何诠释王船山和中国哲学”这一问题展开了跨越近二十年的两轮争论，但让人遗憾的是，他们的争论因为受限于外在环境，并没有得出理想的跨文化思想成果。

关键词　王船山；气论；跨文化；朱利安；毕来德

一　如何看待“形气主体”与“气化主体”意涵之别

韩振华：何老师，您好！非常感谢您接受这次对谈。我跟您的上一次

* 本文系中央高校基本科研业务费专项资金资助项目“域外汉学与近代中外学术交流的多维开展”（2022TD004）之阶段性成果。本次对谈在 2023 年 2 月 6 日进行。研究生田佳琳对本对谈稿的整理、修订，付出很多，特此感谢！

** 韩振华，北京外国语大学中国语言文学学院教授、博士生导师，主要学术兴趣为欧美儒学与中国哲学研究。何乏笔（Fabian Heubel），中国台湾“中研院”中国文哲研究所研究员、法兰克福大学哲学系兼任教授，治学范围涉及跨文化哲学、修养哲学、当代欧洲哲学、欧美汉学、儒道经典诠释、美学等。

对谈[①]讨论了您的学思经历、法兰克福批判理论之反思、当代修养哲学建构、港台中国哲学研究、庄子的主体观念、当代汉语哲学的跨文化性等问题，从那次对谈到现在已经过去十年了。这次新的对话正好可以以王船山为中心，再次梳理和审视船山思想及其当代诠释（包含欧洲汉学在内）对于今日中国哲学研究（包括跨文化哲学建构）的特殊意义，同时也可借此对我过往的学术探索作一省察。

之所以选择以船山为中心，一方面是因为我过去一些年对王船山的美学思想、王船山域外的传播等方面感兴趣，还有一个具体的缘由是我承担了一个考察欧美及中国台湾船山研究的课题，所以就想与您围绕船山哲学研究进行第二次对谈。您的跨文化建构常常把船山研究作为一个非常重要的思想资源来展开。这次对话我设想的是围绕近三十年中国台湾哲学研究界和欧洲汉学界的船山学研究，聚焦船山气论对当下跨文化哲学建构的潜能。具体话题方面，将讨论您本人的"气化主体"主张、杨儒宾老师的"形气主体"建构、船山思想对于"跨文化庄子研究"的"资源"意义、欧洲汉学家对气论思想的阐发、汉学家朱利安（Francois Jullien，1951～）出入船山学的思想实践等。

第一个话题和气论的当代评价有关系。我认为，"气论"的当代评价和发展是现代中国哲学研究的一个重点与难点。今天看来，旧有唯物论的诠释思路是对气论传统的过度简化，也是不太具有阐发潜力的路径；而牟宗三先生、杜维明先生等在阳明学之后"接着讲"的现代心性学建构也无法有效涵摄传统气论的思想内容（劳思光先生也大致如此）。过去三十年，杨儒宾老师由儒家身体观出发建构的"形气主体"观（不只讲儒家，还大量讲庄子）和您本人的"气化主体"主张，都是很有思想魄力的理论建构，也都非常引人注目。同时我也注意到，王船山的气论哲学在您和杨老师的思想建构中充当了非常重要的思想资源。比如杨儒宾老师20世纪90年代出版的《儒家身体观》一书尽管没有集中讨论王船山（仅在讨论孟子的"生色"说时，大量引用了船山《读四书大全说》中的论述），但杨老师也承认船山的气学理论与气质之性理论"别开生面，义理丰赡"，认为船山之文

① 参见韩振华、何乏笔《"当代汉语哲学"的建构——与何乏笔博士谈哲学与汉学》，《华文文学》2013年第4期。

“理路幽深，牵涉面广，理当另文探讨”[①]；去年杨老师在一次讲座中亲口提到，王船山是他的“圣人”。您在论述“气化主体”时也屡屡提到王船山。我的第一个问题是，您在建构“气化主体”观时的主要意图是什么，这一建构如何涵摄王船山的气论思想？

何乏笔：感谢您安排第二次对谈。跨文化哲学和气化主体的关系我一直在进一步思考，这还是一个很重要的主轴，现在的大方向和十年前没有很根本的改变。这几年，我在庄子研究之外更加注重老子（我正在写一本有关老子的德文书），目前的发展方向是透过这些思考进一步把中国哲学、希腊哲学、德国哲学这三个哲学线索交错在一起，这个部分我们上一次对谈的时候还不是很清楚。

“跨文化哲学建构”这个说法在今天看来让我感到有一点疑虑，这好像我在“建构”什么，但是我并不觉得这是一种“建构”，如果我们把“建构”理解成 construction，好像在进行一种理论建构（theoretical construction）。我的理解并不是这样。我觉得中国所谓“混杂的现代化”（混杂古今中西的东西）的过程本来就是跨文化的。所以，如果有一种建构的话，我觉得基本上是顺着中国现代化脉络本身所隐含的复杂性，以及跨文化的色彩和性质而展开的。换句话说，我觉得跨文化哲学的议题在我的思想里出现，恰好是因为我越来越感觉到一般比较哲学的研究方式所设定的中西、东西、中欧的关系太僵化，根本没有办法回应中国现代化在思想、哲学方面所产生的内在发展动力。这是初步的回应，因为这个“建构”好像也在我们当时的“当代汉语哲学建构”等主题里面。从这个角度进一步思考“气化主体”的主张和概念，我也认为有一个类似的情况，我想质问这里面有“建构”吗？如果有建构，是怎么样的建构呢？如果有主张，是什么样的一种主张的方式呢？又是什么样的一种思想推衍的方式呢？

最近我比较清楚地意识到一点，好像“气化主体”是我的主张。但是我看到这个说法，觉得有一点奇怪，因为我觉得我只是顺着别人来讲，基本上这个“气化主体”的观念是在杨儒宾著作中，或我跟杨儒宾多年的对话里面产生的。在“气化主体”与现在杨儒宾比较多使用的“形气主体”

① 杨儒宾：《儒家身体观》，“中研院”中国文哲研究所，1996，第 396 页。

之间的这个差别如何理解方面，我最近才试着比较清楚地把这个差别表达出来。首先我想要强调的是“气化主体”跟“形气主体”这两种说法都是来自杨儒宾的思想。他有一种问题意识和一种自我修正的倾向，就是说“形气主体”比“气化主体”好，所以他现在会说他比较早期使用“气化主体”，后来觉得这个说法有一些问题就自我修正为“形气主体”，但是有时候“气化主体”“形气主体”也会并用，这两者意涵其实是相似的。在我现在的思考里，觉得在这种表面的相似之外，还有一种值得深思的区别。在这方面就出现了我与杨儒宾不同的思想脉络——在于特别强调“气化主体”和政治的关系问题。我之前写过一篇文章，叫《气化主体与民主政治》。这篇文章把“气化主体”与中国台湾“跨文化庄子研究”的特色结合起来。现在一些学者在研究跨文化庄子这个脉络时一般会认为这是比较特别的观点，因为过去我们基本上认为庄子是一种隐士的精神，是一种逍遥游的自由，是一种退隐的态度，等等。然而在“跨文化庄子研究”的脉络中，庄子的形象有一种比较明显的转变，也有很多人在这样一个脉络里面去进一步探索。

所以，如果说“气化主体”和“形气主体”有一种比较明显的差别的话，或者说我对“气化主体”的理解和杨儒宾对“气化主体”的理解有比较明显的区别的话，那就是杨儒宾比较倾向于认为“气化”是一种“气化宇宙论”的意涵。从“气化宇宙论”来了解“气化主体”，个体性在哪里？主体在哪里？他认为气化跟个体、主体比较难连接在一起。因为有这样的一个问题，他就提出“形气主体”的说法，“形”跟个体比较容易结合在一起（身体、形体的个体性内涵比较突出）。我本来就不觉得有“气化没有个体性”的问题，“气化”本来就隐含着个体、形体、身体、物体的层面。这样一个思想的线索，我认为基本上是深受船山的启发。但是我越来越不觉得我是一个船山研究的专家，我觉得船山的思想很复杂，但我的确不断从他的著作以及对他的著作各种各样的解释中受到很深的启发。我想我对“气化主体”的理解，一是顺着杨儒宾这个“形”“气”“神”等于主体的说法，但是我坚持“气”跟“化”的关系。这就牵涉对船山的一个解释的问题，我认为在船山的“气”里面就有“形”跟“神”的隐含，尤其在船山对张载《正蒙》的解释里面表达得非常清晰、非常细致，也非常尖锐。

在这方面，我觉得我比较顺着船山对气化的理解，包含对张载的气化的理解，来强调“气”是有形体、神体、形化、神化、物化、心化这样的意涵。

另外一个重大的议题是气化、气论在当代中国哲学研究脉络下的难点与唯物论这一诠释思路的关系。我觉得和我刚才初步描绘的脉络是紧密关联的。或许我可以先这样说，我现在对“气化主体”与政治的关系有更进一步的思考，这个思考是在最近一两年受到当代忧患意识的启发。这个问题我也不晓得我们在这样的对谈中是不是方便提到，但是我觉得基本上我们都是从哲学的角度思考这些问题的。我觉得哲学如果对您所提到的这些难题、难点没有办法进行比较深刻的探索的话，那我就不知道哲学在当代有什么意义。跨文化思考问题的产生来源于中国现代化的一个很复杂的发展脉络。

我想我和杨儒宾有很多默契，我也并不是要尖锐地批评他，但是有一个很有趣的问题恰好就在这个地方，他也很清楚对气论唯物论的解读是有深层问题的，但是他还是深受当代新儒家心性论的影响（可以说他是心性论的传人）。如同你在提纲里面说到的，虽然他对儒家身体观、气论、功夫论都做了非常具有开创性的研究，但是他还是把自己定位在心性论的发展脉络里面。所以他的问题是怎么能够把气论、气化论容纳到心性论里面，或说怎么能够把“气化主体”或“形气主体”容纳到“心性主体”之中作为他的学说内部的补充或补救。杨儒宾为什么研究儒家身体观，为什么研究“儒门里的庄子”这些议题？因为他感觉到现代新儒家面临非常严重的危机，如果没有容纳这些议题，就面临进一步发展的严重困境。摆脱过去思想意识形态的对峙，需要新的、共同的思想运动、思想开创，气论在我看来就有这样的深层意涵。王船山思想几十年来都有这样的一个特质，它有能够破除意识形态僵化的功能。牟宗三、唐君毅都对王船山非常重视，但是对他的气论比较排斥（尤其是牟宗三）。其他的中国台湾学者其实对气论部分比较顺着熊十力的脉络去讲。一旦我们触及熊十力的思想，就会发现他把心学和气学连接在一起，甚至具有把心学转化为气学的发展方向。从这个角度来说，气论的当代意涵就是很多层的，可以串联很深层的哲学思考，也可以从这个“内圣”、主体的问题连接到我们在当代的政治处境中所面临的非常突出的且让人担忧的一些困难。

二　毕来德与朱利安船山学争论源流之探赜

韩振华：您刚刚讲到，从20世纪初开始，中国思想一直处在一种混杂性当中（本身混杂性就是它一个非常本真的特点）。在此前提之下，跨文化哲学是在“阐发”而不是无中生有的“建构”。“气化主体”“形气主体”的建构，都表现出跟庄子当代诠释的巨大纠缠。您主编的《若庄子说法语》《跨文化旋涡中的庄子》二书倡导“跨文化庄子学”，您在中国台湾参与主持“跨文化庄子研究”的工作坊，还有杨儒宾老师《儒门内的庄子》一书中提出的“第三期人文庄子说”，皆重视庄子这一思想资源。杨儒宾老师的高徒赖锡三老师也有“当代新道家”的好几本论著出版。那么，为什么是“庄子”？或者说，这波庄子诠释运动何以能够开发出庄子如此巨大的理论潜能？以及，作为第二期庄学运动的代表人物，王船山的《庄子通》《庄子解》在当代这波庄学诠释运动中有没有发挥作用？

何乏笔：为什么是庄子呢？这当然是一个好问题。我想您很清楚这里面也是有一些偶然和特别的因缘，与瑞士汉学家毕来德（Jean François Billeter，1939～）的《庄子研究》和《庄子四讲》（尤其是《庄子四讲》）有关系。“跨文化庄子研究”的发展受到毕来德的启发是一种契机，但是这还不是更深层的动力。我觉得它产生了一种引爆点，但是很多与庄子相关的问题，或者与当代中国哲学发展、当代汉语哲学的发展相关的问题其实早已经在酝酿中。顺着刚才的说法有一个核心的议题，就是毕来德《庄子研究》把身体的问题、主体的问题，所谓“新主体范式”的观念与政治连接在一起，这是毕来德非常特别的一种洞见和直觉。很多年前，我在北京外国语大学和李雪涛一起开设有关朱利安和毕来德的课，那个时候对这个脉络有一种感觉，就是欧洲的汉学跟当代中国哲学有一种沟通或者互相启发的可能，这是我们上一次对谈已经触及的问题。跨文化的意涵就在这样一个脉络里面显现出来，就是一种互相激发、互相转化的比较动态的学习过程。这个部分很特别，李雪涛对此也非常感兴趣，因为海外汉学的研究通常是静态的，那时北京外国语大学做的海外汉学研究就是书写历史（西方汉学家怎么看中国的历史，怎么解读某些文本的历史，怎么解读某些学派、某些情况的历史）。但是，我们那个时候进入的是一种真的互动，是互相学习、互相转化、互相批判的脉络。

恰好在气论和政治的关系方面就出现了毕来德、杨儒宾、赖锡三、刘沧龙等人的一个论争的要点。在毕来德看来，气论尤其是这种气化宇宙论带来的政治的后果就是专制，气论是一种补助和推动“整体论”思想的线索，这个“整体论”思想的线索被容纳到毕来德所谓汉代以来中国传统的帝国秩序之中。气化具有超越整体论、超越专制、超越所谓一体论的潜能，这个潜能过去或许没有被充分重视或被理解、被发挥。庄子的思想、庄子的诠释传统确实从跨文化的角度来看有这样的潜能。如果可以这样说的话，政治的问题就渗透到对气化的思考的内部。如果我比较正面地解读杨儒宾的“形气主体”说法，他也是要凸显气论中的个体意涵、身体意涵、形物意涵的，重视具体化的经验方式，而避免道家思想都漂流在一种一体论宇宙论的理解之中，那样就很难与个体的生命甚至与我们所面对的具体的社会政治问题产生连接。我想回应毕来德的一个很重要的观点，用我当时的论文的说法就是“形气”与民主政治结合的可能。对毕来德来说，这个结合是不可能的，气化与民主是对立的、分裂的状态，气化跟帝国秩序是结合在一起的。可我不这样看，在这方面有一种对毕来德在《庄子四讲》和《庄子研究》中所提出的庄子解释的回应和批判。

如果把这个问题再扩大，又可以与王船山连接起来。在毕来德与朱利安之间有一个早期论争（在20世纪90年代，甚至是80年代末就发生了），那就是朱利安的《过程或创造：中国文人思想导论》（*Procès ou Création: Une introduction à la pensée des lettrés chinois*）。这本书出版之后毕来德写了一个书评，非常尖锐地批评朱利安对王夫之的解读。毕来德基本上也是从一个整体论的角度来思考朱利安对船山的解读，所以他们那个时候论争的重点与后来毕来德和台湾学者讨论气论在结构上是类似的，不一样的地方就是无论是毕来德还是朱利安，他们都不认为气论或者气化主体与民主是可以结合在一起的。在毕来德看来，这样的一个可能跟庄子的重新解读相关，就是我们在摆脱郭象以来的庄子解读之后，我们才有可能通过重新解读庄子来产生新的主体范式与中国民主化的连接。毕来德认为这里面有一个条件，就是要批判船山的气论，不能依靠船山的气论。我的观点就不一样，我认为对船山气论的解读，也就是对这个“形”“气”“神”的三元结构进行解读，可以发展出另一种思想的可能。这个线索或许能够说明为什么是庄子。这是非常初步的一个脉络。或许我们对这个问题可以再稍微深入谈一谈，您怎么看这个问题啊？无论是毕来德与朱利安的这个论争，有关船山的争论或中国台湾学者跟毕来德的论争，您认为这里面有怎样的潜能，有怎样一些有趣的地方？

韩振华：就我的角度来说，朱利安讲“默化”（Transformations silencieuses），毕来德讲气论的时候，他们确实共享了一个观点。朱利安认为“默化”是让万物自己运化，在这里面不太能发展出民主思想；民主只能产生在欧洲，是在希腊文化影响之下才能够正常地生长出来。尽管毕来德也关注中国古代李贽（1527～1602）等人的异议（dissent）思想（罗哲海也关注），但是他确实不主张从气论的角度会阐发出一种可以与欧洲民主思想相连接的民主思想。就此而言，我觉得他们是相似的。当然，他们对此的态度是完全不一样的：朱利安对“默化”（这一中文词语也可视为出自王船山的《读通鉴论》）持比较赞美、支持、认可或肯认的态度；而毕来德对这样一种与大一统专制思想关联在一起的气化、气论思想是非常警惕、排斥的。

关系到王船山这一部分，就我的观察来说，毕来德关注王船山比朱利安还要更早。您刚才提到了1989年朱利安出版了《过程或创造：中国文人思想导论》一书，毕来德马上写了一篇长篇书评《如何阅读王夫之?》（“Comment lire Wang Fuzhi?”），发表在《中国研究》（*Etudes chinoises*）1990年第1期上。在1990年第2期上，朱利安发表了一篇很长的回应文章《解读或投射：如何阅读（另一种）王夫之?》［“Lecture ou projection：Comment lire（autrement）Wang Fuzhi?”］。那时是这两个人之间矛盾的第一次显化。但是追溯毕来德对王夫之的关注，我还能找到更早的材料。1968年汉堡大学卫尔赫勒（Ernst-Joachim Vierheller）出版了一本《王夫之思想中的国家与精英》（*Nation und Elite im Denken von Wang Fu-chih*），差不多同期，一位在美国印第安纳大学工作的华裔学者邓嗣禹（1905～1988）用英文发表了一篇船山研究文章《王夫之的历史观和史书观》（“Wang Fu-chih's Views on History and Historical Writing”）。毕来德1970年在《通报》（*T'oung Pao*）上发表了对卫尔赫勒和邓嗣禹作品的长篇书评。毕来德那个书评稍微有点卖弄学问的意思，他提到欧美船山研究的一众人等，比如法国白乐日（Etienne Balazs,

1905~1963）的那个“宋学计划”，美国的狄培理（Wm. Theodore de Bary，1919~2017；旧译“狄百瑞”）、列文森（Joseph R. Levenson，1920~1969），以及身在美国的萧公权（1897~1981），英国的李约瑟（Joseph Needham，1900~1995），还有在德国写《中国哲学史》的佛尔克（Alfred Forke，1867~1944），其他像中国国内的谭嗣同（1865~1898）、侯外庐（1903~1987）、冯友兰（1895~1990）、嵇文甫（1895~1963）也都一一讲到。那个时候毕来德已经很鲜明地提出了他的观点，基本上他比较支持白乐日《传统中国的政治理论与治理实践》（*Political Theory and Administrative Reality in Traditional China*，1965）一书中的观点；他引用白乐日“王船山是中国民族主义思想的首位号角手”的说法，并明显对此持肯定态度。毕来德认为，虽然宋明理学以“理”为基础，发展出一种“普世主义”的观念，但是到了船山这里“普世主义”情怀让位于国族主义的纷争。船山重视儒家君子群体在延续王道、道统，对抗夷狄问题上的重要性，同时也应该指出，船山并不是庶民主义者、平民主义者。由此，毕来德批评卫尔赫勒、邓嗣禹把王船山与同时期的欧洲思想家［比如笛卡尔（Rene Descartes，1596~1650）、亚当·斯密（Adam Smith，1723~1790）、黑格尔（Georg W. F. Hegel，1770~1831）等］做比较轻易的类比。不过，毕来德却反复引用法国马克思主义哲学家阿尔都塞（Louis P. Althusser，1918~1990）《孟德斯鸠：政治与历史》（*Montesquieu: La politique et l'histoire*，1959）这本书，处处拿阿尔都塞笔下的孟德斯鸠（Montesquieu，1689~1755）来比附船山，比如说，孟德斯鸠依靠贵族，蔑视平民，对应到船山就是看重君子，远离小人；孟德斯鸠的名著《论法的精神》（*De l'esprit des lois*），这本书所实现的方法革命表现在不再从神学和道德那里确立法律的源头，而是认为法律“是从事物的本质衍生出来的必然关系”，这个说法就好比是王船山弃绝理学家过时的正统观念，转而通过观察事实来确立理则的基础，白乐日称赞王船山是“儒家乌托邦的伟大破坏者”的原因也在于此。

总体上，毕来德关于船山的认识当然有他阅读船山论著的基础，同时受到20世纪六七十年代白乐日所倡导的“宋史研究计划”对中国古代政治思想的反思有着比较密切的关系。毕来德在当时就有这样一个看法，他认为作为君主主义者的孟德斯鸠和作为民族主义者的王船山都见证了同样的贵族自信，相信人类有能力在充分了解历史进程和自身命运的情况下采取行动，甚至他们死后的命运也有相似之处，孟德斯鸠后来成了资产阶级和1789年法国大革命的英雄，王船山则由于其对清朝的仇视和对专制的批判成为共和政体的先驱。我觉得很有意思，在1970年毕来德就形成了把船山的文化反思与中国历史政治的考察和整体判断关联在一起的做法；这种做法尽管朱利安偶尔也会涉及，但他采取了完全不一样的视角和立场。

至于您刚刚讲如何把庄子跟一种新的主体建构结合起来，这样的提法我关注和思考的很有限。中国大陆从这个角度进行阐发的可能也不是很多；对大陆的庄子研究者来说，像您和杨儒宾这样要把“形气主体”“气化主体”跟当代民主实践结合起来的做法或主张，很多人可能会持不以为然的态度（认为这种主张提得太过了），但是也不排除，不管是“跨文化庄子研究”还是“庄学的第三波运动”，大家是乐于看到它产出好的成果（理论成果和实践成果）的。我想大概是这样。

何乏笔：我看您的问题提纲的时候有一种愧疚的感觉，对于过往的船山研究，我可能没有您那样深入的理解。有的研究我已经忘记了，您却都能够记得很清楚，并把它们整理出来……

韩振华：您过奖了。我关注欧美的船山研究，必须尽量把所有的文献都收集全。先要做文献收集工作，努力地读，然后再设法把它们融汇到一个历史发展脉络的叙述里去。这样就会注意到一些早期的资料（比如一些书评）。还有，汉语学界对海外的中国哲学阐释这块相对更多倚重英语材料，对德语、法语材料关注得相对少一些。像您刚刚提到的，毕来德批评朱利安以及朱利安的回应的文章，因为是用法文写的，而且是发表在一个影响力不是很大的法语刊物上，所以关注到的人可能就相对少一些。但是我觉得那两篇文章是很重要的，感觉可能比他们2007年第二次针锋相对的论争更具有哲学意味；他们后期的很多看法在早期论争的时候都已经涉及了。

三　欧洲船山学之困难与争论未能深化之遗憾

何乏笔：您对这个脉络的确是很清楚，有很细微的理解。我想补充的是在这个论争里面有一点我一直觉得比较奇怪，就是朱利安这么多的著作都译成各种各样的语言，但是这个《过程或创造：中国文人思想导论》以及他写船山《周易内传》《周易外传》的那一本《内在性的形象：〈易经〉的哲学解读》（*Figures de l'immanence*：*Pour une lecture philosophique du Yi king*，1993），这两本我觉得最重要的、最有哲学性的著作却没有被翻译（或只有小部分的翻译）。这一方面可以理解，因为朱利安后来的一些著作比较简化，哲学性明显降低，成为比较能够普及、畅销的写作方式。但是从跨文化哲学的发展脉络来回顾的话，我觉得很遗憾，因为这些著作包含的对王夫之的思考并没有超越非常小众的专业领域讨论，在今天的后果就是这个讨论没有深化。这个脉络其实是可以对话的，后来我们与毕来德、朱利安的对话就有一点试着结合这个线索。而且，因为我自己深受朱利安的启发，可能我真正意识到王船山的重要性是通过他的那两本书（一个重点讨论《张子正蒙注》，另外一个讨论船山的《周易内传》《周易外传》）。读了这两本书，我才意识到欧洲的中国哲学研究可以真正做到"哲学"的一个高度（而不只是介绍，或者不仅是一种思想史角度的阐述），真的是有哲学的创造性转化的机会在里面。你后面要问朱利安的贡献在哪里，对我来说他的贡献就在这：他让我们理解中国哲学史，尤其是到了明末清初，中国哲学有一种与欧洲哲学史、欧洲哲学的当代问题对话的条件和机会。

在阅读朱利安对船山《张子正蒙注》《周易内传》《周易外传》的讨论的过程中，我一直特别感兴趣的是朱利安怎么用当代法语哲学的语言来解读王船山的著作。这是一个翻译的过程。如果要进入法语的当代哲学脉络里面，当然要把很多术语和记录船山思想的语言转化成一个当代法语读者可以看懂，而且有感觉、有呼应的一种语言，我觉得在这方面朱利安做了非常重要的突破。毕来德不赞成朱利安，但是他们的论争在那个时候所达到的一个哲学水平比后来的《驳朱利安》（*Contre François Jullien*，2006）要深刻多了。可惜的是那个时候的论争没有真正发展下去。我认为如果讨论能够发展下去，如果朱利安这两本书也能够翻译成英文和中文，能够影响相关的讨论，那么今天欧美的船山研究就会发展到不一样的水平和程度。

欧洲的船山研究有很多困难，困难之一在于朱利安深受船山的启发，但是他在后来的著作里面基本上把这个资源隐藏起来了。在欧洲谁知道王夫之？实际上，没有多少人知道王夫之是谁，比较多的学者理解的是古代中国思想（可能是孔子、孟子、老庄的思想），这个已经算不错了；后来的发展脉络，一直到明末清初，大家都非常不熟悉。所以朱利安那个时候面对的问题是大家都不懂，大家不清楚这个脉络，所以他宁愿把王船山隐藏起来，说这就是中国思想。他说什么“中国文人思想”，但是我们都知道张载和王夫之不能代表中国文人思想。张载和王夫之的思想是在一个非常特定的思想发展脉络下所产生的具有内在争议性的思想。我觉得遗憾就在他没有把这个脉络、这个当代的问题意识显现出来，如果可以把这些资源更清楚、更明确地表达出来，那我们就能够深化讨论；反之，你一旦把你的资源隐藏起来，那就没有办法比较透明、清晰地针对毕来德、朱利安早期的论争做一个深化。

您刚才提到杨儒宾说王夫之是他的圣人，那就能够了解到船山思想的重要性。任何思想家都有很复杂的各种各样的面向，所以我们怎么解读就决定我们对这个思想家的切入方式，我们对他的一种轻重的判断。我的切入就是顺着朱利安对《张子正蒙注》的讨论，我觉得这是很哲学的切入方式，而不是社会学、政治学、文化评论（像毕来德那样）的切入方式。从这个角度，我们就更能够理解，为什么于毕来德而言，船山的民族主义思想跟他的气化论、气论的思想一脉相承，都是帝国秩序的产物，所以我们要彻底批判。

四　论朱利安、海德格尔及气论的当代开展

韩振华： 既然已经讲到朱利安，我们也可以暂时撇开我之前拟好的问题提纲，可以再多说一点。尽管2005年在接受林志明老师还有您的访谈当中，朱利安讲他是在日本自己阅读、自己发现了王船山，但是，考虑到朱利安早年在中国香港的时候曾经听过牟宗三和徐复观（徐复观先生讲的是《文心雕龙》）先生的课，尤其是牟先生讲的中国古典哲学的一些观点可能对朱利安有不少启发。比如先秦儒家的经典《尚书》《诗经》，里面有一些如“维天之命，於穆不已”（《诗经·周颂·维天之命》）、“讦谟定命，远犹辰告”（《诗经·大雅·抑》）一类的句子，宋明理学家一直到牟先生都特别喜欢和重视，王船山也特别喜欢经典里的这些句子。这些句子讲到天道是自

然的一种运化，理在其中，但是一种自然的运化，未必如某个特定时代的人愿，天道有它自己的势能。天道的发展当然也有一些吊诡的因素，王船山《读通鉴论》所阐发的历史哲学里面就有关于历史吊诡性的一些论述。如讨论到秦始皇时，船山说："秦以私天下之心而罢侯置守，而天假其私以行其大公，存乎神者之不测，有如是夫!"（《读通鉴论·卷一·秦始皇》）我觉得，很有可能朱利安在听牟先生讲课的时候涉及了这些方面，之后他在读到船山《张子正蒙注》《周易内传》《周易外传》这些论著的时候，特别能够体会出一些内容。当然，这些他是从中国与希腊所谓思想对照的角度去谈的。但是，我一直感觉他最后谈出来的一些中国思想元素，包括我们刚才讲到的"默化"，还有"虚待"（disponibilité）、"逍遥"（insouciant）等，这些观点在某些层面上与以牟宗三先生为代表的现代新儒家所阐发出来的儒学思想是合拍的、契合的、共振的。因此，我的推论是朱利安还是受到了牟先生不小的影响；尽管他的思想背景、知识储备与牟先生非常不同（朱利安是从一个希腊哲学的研究者转而关注中国思想的），但是他们解读出来的东西确实有些是相似的，特别是牟先生讲到中国和西方的差异时的很多观点颇可在朱利安这里得到印证。对此我并没有专门讨论，但是确实有这样一种感觉。

我后面的问题其实也涉及牟宗三先生。牟先生的哲学思想出入于康德（Immanuel Kant，1724～1804）思想，当然，他对西学的涉猎其实并不限于康德，他早年对怀特海（Alfred North Whitehead，1861～1947）、柏格森（Henri Bergson，1859～1941）、罗素（Bertrand Russell，1872～1970）等的思想也多有涉猎和引用。您过去这些年倡导和实践"跨文化哲学"或"当代汉语哲学"，尽管您最近几年对"跨文化哲学"的提法有一点儿忧虑——我前几天读到您跟何重谊（Jean-Yves Heurtebise）、赖锡三、杨儒宾关于"跨文化哲学"的对谈——但不管如何，跨文化哲学一直需要面对和处理不同思想体系的关系（特别是汉语思想和欧洲哲学之间的巨大张力），也会面临来自汉语或欧洲学界的学者对您"跨文化哲学"这种提法本身的质疑。比如说牟先生一系比较重视微观脉络研究的那个学系，他们可能对您这种跨文化哲学的主张并不完全赞同。这其实也涉及中国古代经典的诠释学传统（"经学"传统），诠释者往往是在对经典做出诠释的同时提出自己关于当下时代、当前人生的看法，王船山的学问方式是如此，某种意义上说牟先生也是如此。如果要对当下中国哲学研究进行粗分的话，大概可以区分出两种研究方式：第一种就是您刚刚讲的思想史或者哲学史的研究，注重打通思想（概念、命题）内部发展的一些或宏观或微观的关节；第二种是问题式的或者说哲学式的讨论方式。这两种讨论方式之间常常“井水不犯河水”，但是有的时候也会有一些交集。我觉得您应该属于第二种。那么，从您的角度，如何看待中国古代经典诠释的学问方式？如何看待中国哲学研究“顺着讲”，至多是“接着讲”的这样一种经典诠释传统？

何乏笔：在不同的语言脉络之间思考、写作是较为复杂的过程。2021年我在德国出版了一本书叫《何谓中国哲学？批判性的视角》（*Was ist chinesische Philosophie？Kritische Perspektiven*），这本书集合了我有关朱利安、毕来德、罗哲海的思考。所谓“批判性的视角”（或者“批判性的思考”），是说不同的影响到我的思想的汉学家（朱利安、毕来德、罗哲海），他们怎么看中国哲学，怎么看中国思想，我觉得要厘清这个脉络，这对我的研究方法很重要。我觉得要反省到自己所处的思想的历史脉络是不可或缺的。唯有如此，才有当代哲学的可能。我们不知道“我们”是谁了，我们不知道“我们”处在怎么样的情况下，所以需要探索才能知道目前站在哪里，我们为什么会像目前这样思考。

我自己对王船山的理解一开始就受到朱利安相关研究的影响和启发。我后来越来越觉得他这个角度有严重的缺点和问题。对问题有比较清晰明确的表达，才让我们有进一步深化的机会。所以我刚才反复说，毕来德与朱利安的论争爆发后就没有下文了，我觉得很遗憾、很可惜，就是因为论争缺乏一个支撑的力量。这样的论争在那个时候的法语学界，可能只有这两个人可以进行，没有支撑这一论争的思想脉络，所以有一点不了了之的意味。我自己在思考这个问题的时候就很明确，要与朱利安采取不一样的方式。我就很明确说我的思想的来源就是这些，我不隐藏，我想要大家理解，我们今天讨论中国哲学不能空谈，我们要承认欧洲有自己的思考中国哲学的脉络，而且我现在说什么是中国哲学的时候，我不能离开这个脉络。我要把这个脉络说清楚之后才有一种方法上的明确和清晰。在这个基础上，我们或许可以再讨论。但是问题很明显，大概从毕来德的这个书评以来，三十多年来根本的问题没有发生改变，欧洲哲学界没有条件去深化思考这种问题。——大家面对这些好像似是而非的辩论，会觉得，我也不懂朱利安，也不懂毕来德，我怎么参与这种讨论？所以朱利安后来采取的方式就是不谈自己思想的具体来源，而只谈“中国思想”是什么。我不说明我的背景，我不说明我的条件，我不说明我的方法背后的这些要素，我就直接假装我可以谈。但是我觉得现在需要突破这一点，虽然我也承认很难突破。我这几年同样面对四十年前（的问题）——朱利安第一次撰写讨论牟宗三的文章《香港的中国哲学家牟宗三》是 1981 年，他那个时候还在中国香港工作。四十多年来欧洲的牟宗三思想研究没有进步。我的问题是为什么没有进步？为什么欧洲的哲学系没有课程谈牟宗三的思想？四十多年前朱利安都已经在详细介绍牟宗三的思想，为什么我们现在还是没有？翻译还是没有，讨论还是很少，根本没有进步。我觉得这是一个结构性的问题。面对这个问题，毕来德跟朱利安都发展出他们个人的一种回应方式，后来用一种比较大众化、普及化的写作方式呈现出来。《庄子四讲》是比较好的一个例子，因为毕来德一方面很扣紧文本，另一方面有各种各样比较自由的解释，但是基本上结构性的困难还在，也就是中国哲学在欧洲没有一种研究的基础，只有一些个人的努力，但是这些个人的努力没有办法串联在一起，没有办法累积成一个面、一个思潮，只是个体的单打独斗。毕来德与朱利安的论争很宝贵，它一下子让我们看到这个脉络其实触及很深远、很重要的一些问题。而且，现在中国问题在欧洲越来越受重视。在此情况之下，其实这些讨论应该发挥一些深化思考的作用。但是这个部分到现在为止还是没有真正发挥作用，我觉得这相当可惜呀！

如果还要谈朱利安与牟宗三的关系的话，我觉得有一个部分是朱利安忽略的，这个部分在他的 1981 年的报告里面已经提到或是触及了，就是“自我坎陷”的问题。我觉得朱利安并没有很深刻地去面对这个问题（整个中国现代化问题）。因为在他看来，中国的思想史基本上在王船山身上就终结了，后来的中国思想已经进入所谓混杂的状况，已经融合了很多西方哲学的东西，所以在朱利安看来就不太纯粹，已经失去了自身的脉络。这个问题我们之前就讨论过。朱利安对牟宗三的中国哲学或儒学的现代转化不重视，甚至不感兴趣，这也是一个很奇怪的事实。这就让朱利安的整个解读中国思想的方式缺乏一种当代中国的问题意识，一种当代中国的反省、思考痛点的能力。牟宗三的“自我坎陷”说就是面对中国现代化的痛点——这是一个痛苦的转化过程，一个艰难的过程。但是，在朱利安看来中国思想没有艰难，几乎是可以在很顺应的方式里面解决世界的问题，但是这并不是牟宗三思想的核心所在。这个情况让一种独特的中国思想的形象——就是所谓传统的思想跟当代的思想断裂开来——在朱利安的著作里形成。传统的思想以王船山为一个最高的、最精彩的呈现，之后就是一个新的典范开始，一个新的时代开始，但是这个新的时代对欧洲哲学来说已经不重要了，因为它已经太欧洲化、太西化了。从这个角度来说，“气化主体”或者“自化民主”这类的概念很不一样，它们本来就是混杂的概念。“主体”（subject）、“主体性”（subjectivity）本来是来自西方的概念，但是在汉语的脉络里面，它们已经产生了自身发展的“动脉”。所以把“气化”与主体或“自化”与民主连接在一起，我觉得这是一种跨文化的尝试。不论是毕来德、朱利安还是罗哲海，几乎没有发展出这样的跨文化哲学的尝试。我觉得如同20世纪的汉语哲学那样，就是很自觉地把不同传统的东西串联在一起，在概念的细节里面自觉地进行一种复杂的、内部曲折的沟通。这是我与朱利安、毕来德的不同；如果从今天的角度再次回应这个线索，我大概会强调这一点。

韩振华：您刚刚在讲的时候，我仍然会想到与朱利安相关的其他问题。比如说，朱利安在做中国与希腊或者中国与欧洲的对照研究时，很少引用现代中国学者的研究成果（如果提到，也往往是批评性的），认为现代中国学者太轻易地用他们学到的西方概念范畴来解读中国古典思想，认为他们并没有顾及中国古典思想脉络与欧洲的根本差别。但是，朱利安在处理西方材料的时候，其实并没有局限于古希腊。去年（2022年）一整年，我集中阅读朱利安偏后期的一本书《论“时间”》（*Du“temps”. Éléments d'une philosophie du vivre*，2001），中文版是张君懿翻译的。在这本书里，朱利安从柏拉图、亚里士多德、伊壁鸠鲁派（包括伊壁鸠鲁、卢克莱修）、斯多葛学派等早期希腊罗马资源，到中世纪早期奥古斯丁，经过蒙田、康德、黑格尔、叔本华，一直到20世纪的柏格森、胡塞尔、海德格尔、葛兰言等现代思想家的时间论述都有所涉及。毕来德一直批评海德格尔、朱利安空有一片哲学雄心，而在这本书里，朱利安确实表现出了很大的哲学雄心，就是在讨论时间思想的时候，他一方面受到海德格尔《存在与时间》的巨大影响，另一方面又有对海德格尔的大量批评。集中在一点上，朱利安认为海德格尔似乎迈出了走出欧洲的一步，但是他远未彻底。比如说，在《存在与时间》这本书里，海德格尔仍然预设了一个“先行”（*Vorlaufen*）概念，这使他最终与中国思想的“虚待”（disponibilité）失之交臂。朱利安认为这是希腊和欧洲思想的残余，由此海德格尔无法真正地走向东方，走向朱利安所讲的“生活”或者“畅活存在”（vivre-existence）。所以，在《论“时间”》一书中朱利安多次批评或者说反思海德格尔“远未彻底”。过去几年当中，您本人也对海德格尔几个关键历史时刻所思之跨文化潜能做过一些考察（比如说海德格尔对老子思想的再发现），结合您过去几年对海德格尔的关注，您如何看待朱利安对海德格尔的这种批评，以及他的这种批评里面所包含的哲学雄心（因为他指向了一种重要的当代思想资源）？

何乏笔：这是个很大的问题。我首先要说的是这几年我确实对希腊哲学越来越关注，但是，不仅关注古希腊，也关注现代希腊，也就是对希腊19世纪建国以来的现代化过程保持关注，尤其在文学方面有一些我觉得特别值得关注的作家。为什么我要强调这一点？因为有一点很奇怪，我们谈希腊思想范式的时候，很容易把古代希腊跟现代希腊分裂来看，如同很多西方的汉学家把古代中国和现代中国分裂来看一样。这是许多中国学者一直在批评的一个现象，汉学好像主要是做古典的东西、古代的东西，不太有办法把古代与现代串联在一起。我刚才说朱利安对牟宗三的讨论和吸收，朱利安恰恰就拒绝认真思考为什么牟宗三要经过那么多西方哲学家来思考和重建儒家思想。他忽略这个转换，反而关注牟宗三对西方哲学的批判、牟宗三对照思考中国和西方的模式。牟宗三当然有这样的模式，但是朱利安并没有吸收牟宗三思想另外核心的部分，就是现代化环境下必要的混杂，也就是吸收西方哲学的必然性，把西方哲学的概念渗透到中国经典诠释的脉络中。从语言表达最基本的条件来说，我们不可能不用现代汉语；还有什么别的语言可以用？

回到海德格尔跟希腊的问题的脉络，海德格尔对古希腊思想的解读为什么会对汉学家或对做中国哲学的研究者有所启发？我觉得这就在于海德格尔的语言是非常实验性的翻译的过程。海德格尔在这方面很彻底，而且他的彻底到现在为止我们还不太能欣赏。他晚年的所谓“黑皮本”最近几年才整理出版，里面包含的那种实验精神是很难以想象的。一个老人家到七八十岁的时候都没有失去实验的精神，我认为这很了不起。他并不认为自己有一个概念，然后现在要巩固这个概念、证明这个概念、发挥这个概念，他一直在改变、一直在挑战地调整自己的语言使用。如果说一句比较不客气的话，朱利安就没有这个精神，他一直在重复，连他的学生都已经不看他的东西。我觉得海德格尔了不起的地方在于他没有重复，他一直在变。同时这也给诠释者造成巨大的困难。人们总是要回到他早年的《存在与时间》，至少有一点这可以让我们有所依靠。《存在与时间》也是未完成的作品，而一旦离开《存在与时间》，就进入海德格尔所谓的无穷无尽的思想实验当中，一种不断地在语言诗意的创作中运行的过程。这也反映在海德格尔对古希腊哲学的解释之中。我自己这几年比较注意的，就是海德格尔并没有认为有什么东西是古希腊哲学。而朱利安给读者的印象是他仿佛一直在讲，我可以简单跟你说古希腊哲学是什么，我知道古代希腊哲学是什么，我也知道古代中国思想是什么，我现在能够进行一种对照性、对比性的操作来让大家理解它们为什么如此不同。海德格尔不是这样思考问题的，海德格尔为什么会关注古希腊思想和道家的关系呢？我认为是他在前苏格拉底思想里面看到一些发展的倾向和脉络，认为这些脉络跟老子的思想非常呼应。一旦注意到这个问题，好像老子的思想就是前苏格拉底思想的内部存在。它们有一个内部的关联，它们在内部有一种交流的可能，而不是外部的一个对照或比较。我觉得一旦从这样的角度来看问题，朱利安那种对比的方式就崩溃了。我们进入海德格尔式的跨文化思考，在里面不需要明确为什么赫拉克利特和老子对立，我们可以用两个资源来实现相互转化、相互学习、相互批评、相互发展的思考。这样的思考我认为是让古希腊与古中国的思想进入比较创造性发展的条件，但这部分在朱利安对古希腊哲学的解读中恰巧丧失掉了，他把古希腊哲学僵化、固化在海德格尔所批判的形象里面。所以，谁比较彻底呢？在我看来高下之分是很明显的。

韩振华：去年我读朱利安《论“时间”》这本书时写下了三四万字的

文章。我觉得，尽管朱利安存在各种各样的问题，但还是有很多激发性的东西会引导读者去思考。比方说朱利安一方面认识到海德格尔对中国思想有非常亲近的面向，如把“在世存有”（In sein）视为原始而统一的现象的方法（也就是不对现象加以分割），以及厘清“工具性”（Zuhandenheit）所揭示的那种更为原始的存有结构，都契合中国的内在性、过程性的思想，但是，朱利安马上又指出，即便如此，海德格尔对西方形而上学的拆解还是留下了与“时间”有关却没有被触及（“未被动摇”，imbougé）的部分。甚至可以说，海德格尔由“此在”的时间性所阐明的生存论结构只是让西方思想从“时间”出发所呈现的巨大悲剧更加彻底而已。我认为，他把海德格尔《存在与时间》的某些段落拿出来，而不顾及海德格尔思想的完善或发展，另一方面，正像您刚才讲的，他对古希腊的认识往往僵化、固化，即便古希腊有一些与他所论不一样的思想资源，他也要强为之说，熨平思想的原初褶皱。比如说，朱利安讨论古希腊的“时间”（temps）观，在通常的 chronos 之外，尽管他也注意到作为“质性时间”或者说“契机时间”的 kairos，但是他马上就指出 kairos 仍然是建立在松解作用（*distension*）上的一种“时—间”观念，仍然受制于欧洲时间观念的“封套”。总之，朱利安把西方从古希腊以降的时间观念看作一个脉络（中间极少数是例外的，比如蒙田），海德格尔即便好像走出了古希腊，但是实质上只是在某些层面延续了欧洲建立在松解作用之上的“时—间”观念，并没有化解欧洲思想根深蒂固的悲剧性。朱利安的这个提法一方面很有穿透性，另一方面却给讨论的问题做了极大简化，存在的问题也很多。

何乏笔：我可以简单地回应一下，但是想换一个角度，回到欧洲研究中国哲学的结构性问题。或许可以这样说，我觉得朱利安没有找到出路。我今年（2023 年）4 月起要在柏林大学教两个学期的中国哲学和跨文化哲学，我的一个问题是：这要怎么教啊？在这方面朱利安的讨论方式毫无帮助，当然我现在是比较简化地来讲，但是问题就在于，朱利安的遗产就是“中国没有哲学”，那怎么在哲学系教一个根本不存在的东西？所以你就面对一个老问题，即否认中国哲学的存在的论点。这种论点对德国哲学系的老师而言就变成很方便的借口：我听说中国没有哲学啊，不是如此吗？好像理所当然很方便地引用朱利安的观点，然后就把你赶出去，可能机会都没有给你。朱利安的讨论方式为什么会产生反效果呢？一方面如您所说，他提出的常常是一些好问题，然而另一方面，从整体上说，他的讨论角度产生的其实是反效果。我认为，其中一个重要原因就是把古代和现代切开来、分裂来看待的倾向，这反映在他面对牟宗三、徐复观等当代新儒家的过程中。

我在这方面的重要调整是，我要从当代问题来开设“四书”课（“四书”课和当代儒家哲学的课结合在一起），如果不了解当代中国的问题，今天怎么可能谈“四书”呢？但是我想很多学者可能会反对这样的观点。我承认这就是一个哲学的角度，曾经牟宗三在台湾和香港的处境面对过很类似的问题，经过很多这方面的斗争。基本上，历史学不会承认哲学的角度，当然这是另外一个问题，不过这个问题跟我的工作单位之成立很有关系——“中研院”能够成立“中国文哲研究所”是非常不容易的，因为史语所的学人根本不觉得这是值得研究的。但我想今天要在哲学系而不是汉学系开课（罗哲海在法兰克福大学汉学系开设的“四书”课是我中国哲学的启蒙课，但我觉得现在不能以这种方式在哲学系开课），所以我对朱利安的反省也反映在对课程的规划和设计上面。在谈《论语》“仁”与“礼”关系的时候，不能把20世纪许多中国学者在这方面的讨论和争论排除在外，而应该把这些问题带进来。我现在要思考中国古典哲学与当代哲学的关系，对于过去汉学家教学的方式而言，这是难以想象的。他们并非对当代思想完全不了解，但并不会给汉语学界的当代讨论留一个关键的位置。我很自觉地要扭转这种讨论方式，目的当然也在于，如果你要与当代的还活着的学者对话，当然要了解当前的一个讨论的脉络；如果对当前的讨论脉络完全不熟悉，怎么对话？朱利安、毕来德还有罗哲海与当代中国学者对话的困难恰好就在这里，因为他们把当代的问题脉络、中国思想现代化的问题一直放在一个比较不重要的、比较边缘化的位置。

从这个角度来说，我觉得对欧洲哲学的重新解读也与此密切相关。不要认为这样的研究脉络会让我们对欧洲哲学的理解不变，它也会变，它也必须变。我在海德格尔身上就看到这样的一个契机，就是一旦他触及道家思想的脉络，相应的就是对欧洲哲学传统的一种深层批判和反省。这两个线索、两个状态不能分开来看。所以，我认为要引起的是一种问题意识：

我们对欧洲哲学的讨论，在思考、面对、经过中国思想的过程中也会改变，也必然要改变。不过，这样的一个过程，至少在欧洲来说还是刚刚开始。中国反而对西方哲学的研究，对西方哲学的各种各样的讨论，各种各样不同意见的碰撞早就发生，但欧洲在这方面没有真正起步。像毕来德、朱利安围绕王船山的论争是一个起点，但是可惜它没有发挥比较长远的作用。我觉得现在不得不做的就是往这个方向去发展，自觉地敞开一些新的可能。

韩振华：我们现在就进入最后一个问题。近来复旦大学丁耘老师《论心性——道体学气论导言》[①]《心物问题与气论》[②] 等文中提出建构“道体学气论”的思路，我感觉也是因应气论现代诠释难题的一种突围策略。丁耘老师一边重新梳理近代欧洲哲学中斯宾诺莎—莱布尼茨—谢林力量学说传统与气论的相应关系，欲以新的“道体学气论”扬弃欧洲的力量形而上学；另一边，丁耘老师检视“心物问题”（与阳明学密切相关）这一现代中国哲学基本问题对气论的遮蔽，并回顾晚明刘宗周、王夫之借鉴唯识学克服阳明心学，进而从唯心论翻转出气论的道路，借以反思现代中国哲学开端时刻梁漱溟、熊十力虽各自提出新唯识论却未能最终走向气论的缘由。由此，丁耘老师本人经由拨正反向格义而建构的当代新气论——“道体学气论”顺势而出。显然，丁耘老师的思想建构也是兼综近现代中、西哲学发展的紧要环节，借以激活气论传统，续写中国哲学本身的有力论述。我不太清楚您是否关注过丁耘老师的相关论述，一个相关的问题就是：丁老师提出气论的复兴，他似乎也要和刘蕺山、王船山一样走一遍晚明思想的发展道路，即借由唯识学的建构，超越阳明心学从而走向气论；在当代呢，似乎就是超越熊十力所接续的阳明心学传统，以及目前最为兴盛的中国哲学“心物问题”解释路线，继而转出气论。我不清楚您作为一个跨文化哲学的研究者，对丁老师的这些论述怎么看。

何乏笔：我建议我们可不可以再约个时间进行讨论。我曾经在华东师范大学评论过丁耘老师的一篇文章，我那个时候就觉得确实是不太懂。但是我这几年也一直在关注他思想的发展，也很想做一个比较好的回应。所

---

① 丁耘：《论心性——道体学气论导言》，《哲学研究》2022 年第 5 期。

② 丁耘：《心物问题与气论》，《中国社会科学》2022 年第 6 期。

以我建议允许我先仔细看这两篇文章，然后我们再对这个议题进行比较详细的讨论，好吗？

韩振华： 好的。我也需要再次细读。丁耘老师的知识架构具有贯通中西的视野，之前是看了丁老师两篇文章的微信推送，感到丁老师的论述跟气论话题有很多契合，也跟我们今天讨论的问题高度相关。尽管我理解“（新）唯识学”这一部分感到有比较大的困难，但是我仍要去了解一下。我们再约时间进行讨论吧。

何乏笔： 这样比较负责任。其实你对汉学的脉络非常熟悉，比我熟悉。我觉得历史的角度当然有它的优点。你是其中的一个螺丝、一个部分，一直在自己转，没有拉开一个距离来看问题，有时候也会看不清。所以我很高兴有机会跟您对话，这能起到一点拉开距离的作用，对我很有帮助。

韩振华： 我的收获更多。十年前跟您的第一次对谈接续了我对罗哲海教授思想的兴趣，我受到他的《轴心时期的儒家伦理》（*Die Chinesische Ethik der Achsenzeit*）那本书很大的影响。从那时到现在，我在这个过程当中受益非常多。这次对话时间已经很长了。今天我们讨论的焦点之一是气论，我特别选了这个腾讯会议虚拟背景，借用上面的话祝愿您新年“元气满满”！

再次感谢您！

（责任编辑：刘云超）

从语言学理论到以考察分布为主轴的训诂*

——杨逢彬教授访谈

杨逢彬　张　兴**

摘　要　近年来，杨逢彬教授出版的《论语新注新译》和《孟子新注新译》在中国哲学界引起了越来越多学者的关注。杨逢彬教授传承家学认为兴趣是最好的老师，有兴趣的话书就越读越多，因为学问之间都是互通的。今有幸采访杨老师，其从《殷墟甲骨刻辞词类研究》的出版谈起其学术研究的起源，循循善诱，详解语文学与语言学的区别，并以《论语》为例，提出“以考察分布为主轴的训诂”研究方法。杨教授认为，形训、义训、声训以及二重证据法等手段、方法都是围绕着考察分布来进行，是较为可操作的研究方法，可以用来解决古汉语中的疑难词句注解问题。

关键词　甲骨语法；语文学；语言学；考察分布；训诂

一　《殷墟甲骨刻辞词类研究》的出版及影响

张兴：尊敬的杨逢彬教授，您好！非常感谢您在百忙之中接受我的访谈。作为后学，非常仰慕您在《论语》《孟子》这两部诠释著作中新的见解，希望您可以从学术研究的缘起、学术研究领域、学术研究过程中的心

* 本文系国家社科基金一般项目“清代《大学》学史研究”（24BZX038）和山东省泰山学者工程（No. tsqn202408408）阶段性成果。访谈时间是 2023 年 8 月 14 日晚，地点为山东省邹城市，孟苑整理于 2024 年 12 月。

** 杨逢彬，上海大学中文系教授，博士生导师，主要研究方向为语言文字学；张兴，山东社会科学院国际儒学研究院研究员，山东省泰山学者青年专家，研究方向为中国哲学、儒家思想史。

得体会以及对后辈学术研究者的建议等几方面谈一下。

杨逢彬：那就分为两部分吧。首先讲一下我读博士期间的研究经历。我的博士导师是北大郭锡良教授，他让我研究甲骨文的语法，于是我选了一个题目，叫作“殷墟甲骨刻辞动词研究”。我博士毕业后又花了五年时间对这个研究进行扩充，最后在广州花城出版社出版了《殷墟甲骨刻辞词类研究》这本书。虽然广州花城出版社好像跟甲骨文挨不上边，但是花城出版社的责编是我的朋友，他不仅不收我的钱，还给了我很高的稿费，所以我就在那出版了。后来这本书获得了广东省优秀出版物二等奖，我也获得王力语言学二等奖，所以这本书实际上对我朋友和我可说是皆大欢喜！

《殷墟甲骨刻辞词类研究》最大的特点是把甲骨文语法作为一个未知的语法体系去探索，是用材料穷尽性地去证明殷墟时期的语法体系是什么样的，而不用先秦两汉的语法去类比，这是与别人最大的不同。我的导师郭锡良教授之所以不采用别人做的现成的甲骨语法，而要采用我的，是因为我是在他的指导下做出来的，他可以放心用。

郭先生教导我，研究历史语法，必须有明确的历史发展观念和系统观念，要注意语言的社会性。特别强调语言的历史性，也就是说，要以发展的眼光看问题。比如《论语》《孟子》时期疑问代词“何”没有证据表示囊括意义，没有类似“什么都吃”“啥都好”的“什么”“啥”那种意义，《孟子》“鱼我所欲也”那章“何不用也”“何不为也”就只能译为“为什么不用”“为什么不做”，而不能译为“什么不用呢”“什么不做呢”。在北大学习期间，我的导师郭锡良教授特别强调要我从语言学理论开始学习。后来我在武汉大学又教了五六十遍的“语言学概论”（要全省甚至全国到处跑讲授这门课，最远到了新疆阿拉尔市）。虽然我没有发表一篇专门讲普通语言学的论文，但我受益良多，其中最大的收获是我能够站在语言学的角度去看待古代语言。因为我对“普通语言学”的基本概念可说烂熟于心，所以能将它用在古汉语的研究上，这显然跟我长期大批量讲授这门课有关。当然我也教古代汉语，也教经典导读，这都属于古文献有关的内容。这是我在整理古籍方面与别人最大的不同，包括后来研究《论语》《孟子》以及甲骨文，都受益于“语言学”的影响，而且自觉地用“语言学”的观点去指导古代语言的研究。

二 《论语新注新译》和《孟子新注新译》

张兴：我看您的《论语新注新译》和《孟子新注新译》对很多字词都做了全新的界定。

杨逢彬：其实全新界定的字词占比并不是很高。比如说，这一段话在古代有两种或者三种解释，我做得最多的工作是证明其中一种解释是对的，而另外的一种或者两种解释是不对的。但是，用的方法不完全是传统的“小学”方法，或者说广义的“训诂学”方法。因为我在北大学习过理论语言学，在武汉大学长期教授“普通语言学”，杨树达、杨伯峻两位先生又是用语法学解读古籍的先驱，所以我也采用现代语言学尤其是其中的语法学的方法。

同时，我对传统的“训诂学”也比较熟，我祖父杨树达被陈寅恪称为“赤县神州，训诂学第一人”，而我从小就读过他的书，文字训诂学的，如《积微居小学金石论丛》《积微居小学述林》，古文字学的，如《积微居甲文说》《积微居金文说》，古籍整理的，如《汉书窥管》。杨树达老的《中国修辞学》《古书疑义举例续补》也读得较熟。顺带地，把俞曲园《古书疑义举例》也读得较熟了。高邮二王的名著，如《读书杂志》《经义述闻》我也浏览过。所以，“训诂学”对我来说并不是陌生的领域，主要原因就在于我从小就接触这些！

杨树达先生是先做语法，后做文字学、训诂学和古籍整理，是七八个领域的大师，而杨伯峻先生是语法学和古文献整理两个领域的大师。他们做古文献整理时自觉地用到了语法学。由于时代的不同，我比他们有优势的地方有以下几个方面：第一是语法学理论现在已经大大进步了；第二是我还懂得一点理论语言学；第三是现在还可以用上电脑进行语料的搜索和搜集；第四是我不怕花时间。《论语新注新译》这本书我从 2004 年开始写，2016 年春才出版了繁体字版的《论语新注新译》（已经印了 8 次），2018 年 10 月份才出版了简体字版的《论语新注新译》（已经印了 5 次）。很多人以为简体字版仅仅是繁体字版的简本，其实并不全是，简体版又增加了一些考释，例如，“攻乎异端，斯害也已”的考证就是繁体字本没有的内容。写繁体字版时并不是我没有去想那个问题，而是我没有想通。后来繁体字版出版了以后，网络上有人说："我受益匪浅，但是'攻乎异端，斯害也已'这个问题一直困惑我，然而杨先生竟然漏掉了。"于是，我下决心把它解决。又例如，增加了"民可使由之，不可使知之"中"可"表客观能力而不表主观意愿的内容。从2004年到2018年就14年了。因为我的正高职称早就解决了，博士生导师也当上了，我也不去追求那些身外之物，不参与外面那些比较热闹的事情，就力求扎扎实实写一点将来能够传下去的书，能够对学术界作出一点实实在在贡献的书。而且讲老实话，我研究这些内容是一种乐趣，所以我大年三十也在做，大年初一也在做，并不是我特别刻苦，而是我一停歇下来就手足无措了，只有做下去才有点乐趣，不做的话就百无聊赖。我也不晓得这算不算是一种病态。

张兴：您是先完成《论语新注新译》还是先完成《孟子新注新译》呢？

杨逢彬：《孟子》是后做的。虽然《论语》2016年才出版，但2013年《论语》就交稿了。后来我就做《孟子》，交稿的时候是2017年，出版的时候是2018年初，中间隔得并不是很长，所以做出来以后我觉得没有《论语》做得好。于是过了两年我就跟北京大学出版社提出想做个修订本，北京大学出版社很爽快地答应了，我就做新的修订本，篇幅由30多万字增加到50多万字，其中的"考证"数量几乎翻了一番。现在校本已经看到五校了，估计还要看两校，快的话2023年会出版，慢的话2024年肯定会出版（该书已于2023年9月由北京大学出版社出版）。

张兴：我的博士导师梁涛教授和我的一位同学都向我推荐读您的这两本书。

杨逢彬：我与梁涛教授曾经在一起修订过台湾中学生教材，他修订《孟子》，我和孙玉文老师修订《论语》。梁涛教授是我很尊敬的一位学者。

张兴：没想到您跟梁老师还有这样一段难忘的工作经历呢！当时我写的一篇文章涉及了先秦时期的"民"，然后我查阅了相关资料，无意中发现您对"民"的解释是比较符合历史原意的，所以我在那篇文章中引用了您的观点，虽然没有正式发表，但是我觉得对我有很大帮助。

杨逢彬：《论语》中的"人"和"民"啊！赵纪彬先生在《论语新探·释人民》中把"人"和"民"分别归属于"奴隶主"与"奴隶"两个阶级，这个影响力还是很大的。杨伯峻先生写《论语译注》时不想全盘接受赵纪彬先生的观点，也不得不接受，所以做了一个折中，认为“人”有广义的“人”和狭义的“人”之分。广义的“人”指人群，狭义的“人”指贵族。我认为，其实“人”和“民”的区别就是个体名词和复合名词的区别。北京大学专门研究词汇学的蒋绍愚教授写的《论语研读》也专门谈了这个问题，大致的意思跟我差不多。当我把“人”和“民”作为个体名词和复合名词区别开了以后，同样能解释赵纪彬先生所解释的那些问题。赵纪彬先生说：“举”为什么只举“人”不举“民”？因为“民”是奴隶，“人”是贵族。但是，我觉得推举“人”当然是推举个别的人，不可能推举一大群人啊！

张兴：我觉得您是抓住了题眼和核心了，放到《论语》中的其他地方，这种单数和复数的解释在大部分情况下都是没问题的。

杨逢彬：是的。我是沾了语言学训练的光，赵纪彬先生没有沾这个光，他没有接受过语言学训练。但是，有个别懂得语言学理论的人，古汉语又不怎么样，这就导致他们不能解决古汉语中的实际问题；而搞古汉语的，也有个别的人语言学理论又不怎么样，只能单纯从训诂学下手。我刚好两者都学了，所以可说是受了学科训练知识结构的恩惠。一讲到这里，我就分外感激我的导师郭锡良先生，他老人家塑造了我的知识结构。

张兴：所以，我觉得《论语新注新译》和《孟子新注新译》这两本书的影响力才刚刚开始，因为很多人都不太知道。

杨逢彬：是这样。《论语新注新译》修订本快修好了，“考证”也达到两百多个，在原来基础上加了几十个，大概准备 2024 年交稿，出版要再隔两年。

张兴：这是传给后世的瑰宝啊！

杨逢彬：不敢当！我现在做的就是尽量去打磨打磨！

张兴：以上是您的学习经历和研究方法。

杨逢彬：第一，我接受过语言学学科训练；第二，不论是研究甲骨文语法，还是研究《论语》《孟子》，方法都是一样的，就是传统的方法加上现代语言学的方法。不光是有语法，还得有语言学，语法后面要有语言学理论的支撑。

我经常去北京大学等大学演讲，如“王力语言学讲座”等。虽然我跟其他大学的学者都用训诂学的方法来研究古汉语，但是我在郭先生等先生那里受过训练，是用他们教的方法做的，所以北京大学的人比较懂我、欣赏我，请我去讲的次数就比其他学校多些。2022 年北京大学又给了我一个教育部重大项目。

张兴：杨老师，您在研究甲骨文语法的时候，有没有注意儒学在甲骨文中的体现？这方面有没有相关的资料？

杨逢彬：甲骨文时代好像没有儒学吧？甲骨文是三千多年前的殷商时期的文字。我的好朋友卢烈红教授在《光明日报》为我发表过一篇书评，题目就叫“面对三千年前的语法”；那时候儒学应该还没有发轫。

张兴：也就是说在殷商时期儒学的萌芽基本上是不存在的。

杨逢彬：至少我们不知道存不存在，我们也没意识到要去甲骨文里面寻找儒学。

张兴：杨老师还有什么要补充的吗？

杨逢彬：有两点。一是，《论语新注新译》曾经申报上海市社科奖，失败了。后来，它中了“全球华人国学成果奖”，这个奖是由上百位学者推荐，按票数多少产生的，我并没有申报。二是，网上有人说《论语新注新译》主要得力于大数据，这不全面。我的电脑水平是较低的，武大文学院的于亭教授知道。我的第一台电脑就是他带着我到以前的武汉测绘工程大学大门外的电脑一条街组装的。组装后两三年，我也只是用它看看光盘什么的，没有用来写作。后来李若晖对我说，用电脑写稿子可以用上复制粘贴功能，写了草稿就不用再誊抄一遍了。这个对我很有吸引力，于是我就开始学着用电脑写作进而科研了，但水平依然不算高。如前所说，不是主要得力于大数据，而是得力于语言学理论应用于实际。当然，也不能说没有得力于数据，这也不符合实际。

三　家学传承，做学问是一种乐趣

张兴：明白了。杨老师，您对以儒学为代表的传统文化的复兴，或者儒学在现代社会的蓬勃发展怎么看？对于我们这些研究传统文化的年轻学者，您有什么意见或建议吗？

杨逢彬：做学问要自然而然，不要拔苗助长。我本人做学问是一种乐趣。我原来是学医的，1977 年考上医学院，因为对古汉语感兴趣，所以通过考研的方式转到这方面来，完全是出于兴趣！现在好多人来读研、读博都是为了找一个工作，导致做研究的时候很累。当然，有兴趣也累，那是没办法的，因为有时间限制。但如果有乐趣，乐在其中，那和那些没有兴趣去做的效果就不一样。你有兴趣研究的话才能搞出东西来。传统文化的复兴也是这样，这是水到渠成的事情，拔苗助长是没用的，只能让老百姓慢慢地、润物细无声地接受，它是一个漫长的过程。

年轻人不妨从培养兴趣开始，他对什么内容感兴趣，就去读这些内容，家长最好不要干涉小孩的阅读。一个小孩能够喜欢阅读，这就是他将来凭兴趣做学问的根基，家长不要把这个兴趣给掐灭了。不懂的家长才会做一些缘木求鱼、揠苗助长的事情。在我上学时没有人管我，因为大家都不学习，我就自己读书，那时候也没有说我将来要怎样怎样，只是天天凭兴趣看书打发时间。当然，这跟我的家庭氛围有一定的关系，我们长沙的大家庭，一谈论某人不行的话就说他没点学问，我从小就生怕别人说我没学问，所以就有意去扩大读书的广度和深度。那时候又没有看电视等娱乐活动，我的一切兴趣、一切爱好都是从书里面获得的。

张兴：您是真正有家学渊源传承的啊！

杨逢彬：我出生时，我祖父就去世了，祖母健在，我在祖母身边有书读。一开始看小说等杂七杂八的书，之后阅读就越来越深入，所谓深入浅出。

张兴：对，兴趣至关重要。

杨逢彬：有兴趣的话书就越读越多，学问之间都是互通的。你说这些内容与我专业无关，我就不读；那些内容与我专业无关，我也不读，就只读我专业的书，读书圈子太小，就打不开思路。其实，你读得如果够多，最终总会和你的专业有关。比如，我读了竺可桢的书，对我写甲骨文的论文也有用处。竺可桢可是气象学家啊！我从小读竺可桢的《物候学》，他说各个时代、各个地方的温度是不一样的。在殷商时期，河南（相当于现在的中国云南和越南一带）分为两季，一个是旱季，一个是雨季，那里很潮湿很闷热，到处都是沼泽。我读了有印象。后来，郭沫若研究甲骨文，说某片甲骨上的文字是下雨的意思，台湾屈万里教授认为郭沫若说得不对，因为某片甲骨上有月份，到了那个月份河南根本就没有雨。问题是，屈万里怎么能拿现在河南的气候去套三千年前的河南呢？这就是以今律古。按照竺可桢的说法，三千年前的河南的气候跟现在的河南根本不是一回事。我现在身边都没有那本书了，虽然是我小时候读的书，但是我记得里面的内容，对我现在的研究还是有帮助的。

张兴：语言有一个历史发展的演变过程，气候其实也有一个历史的发展。

杨逢彬：我的博士专业叫“汉语史”，就是汉语发生发展的历史。后来好多博士点都被合并了，汉语史、训诂学、音韵学、语法学合并成汉语言文字学，下面再分方向，以前的博士点没有分得这么粗。我是90年代初读的博士，那时候博士点还是分得很细的，现在是把好多以前的二级学科合并成一个大的二级学科。我读博士期间还是武汉大学中文系的在职教师。

张兴：您一直在武汉大学工作吗？

杨逢彬：没有，在那儿工作二十年左右。

张兴：我看您现在是在上海大学。

杨逢彬：我是2007年12月份才到上海大学的。

在我考研之前，我在湖南省委党校当学报编辑。当编辑也有好处，给别人修改论文，自己也就会写论文了，知道文章的结构应该是怎样的，所以我投稿基本上一投就中，一般没有退稿。因为我当过编辑，知道稿子应该怎么写，编辑喜欢什么样的稿子！

张兴：您当编辑的经历倒是没在外边听到过！

杨逢彬：我当过两段时间的编辑，一个是去武汉大学之前，从编辑职位上考到武汉大学读研究生；第二个是我在武汉大学期间当了几年编辑，与武汉大学哲学学院的前任院长吴根友、武汉大学中国传统文化研究中心的主任杨华一起，编的杂志叫《人文论丛》。我在湖南省委党校当编辑时还有一段趣事，湖南省委党校学报原来叫《学习与实践》，后来要改刊物名字，就让全校教师群策群力。然后把大家取的刊名拿到校务会议上讨论，我提出了刊名叫“湖湘论坛”（还有位朋友叫覃正爱，也不约而同取了这个刊名），校务会议讨论后就决定用这个！我后来没给《湖湘论坛》投过稿，如果我要投稿的话估计他们也会用。

张兴：那是肯定的。您的稿子平时主要发在哪些刊物上？

杨逢彬： 我发得多了，发得最多的是《武汉大学学报》，再就是《中国语文》《中国哲学史》《古汉语研究》《国学学刊》等，其他的学报也发过，比如《湖北大学学报》《上海大学学报》等。

我以前并不重视语言学，跟了我的导师郭锡良教授以后，就改变了。我第一次和郭老师见面，郭老就跟我说一定要学好语言学，然后给我安排了几门语言学的课，如郭老师自己讲的“汉语史”、徐通锵先生讲的“理论语言学”、陆俭明先生讲的“现代汉语”、王福堂先生讲的“方言学”等。王福堂先生和郭先生都是2022年底感染新冠去世的，我的老领导冯天瑜先生也在2023年1月12日去世了。第二天，我的好朋友卢烈红教授也走了，让我无比震惊！无比痛心！

张兴： 真是哲人其萎！我记得冯天瑜先生有一篇文章是关于地域分野与儒学的问题。

杨逢彬： 冯先生的研究领域很广，他写《新语探源》的时候还向我借过书呢！冯先生长期担任武汉大学传统文化研究中心的主任，我是传统文化研究中心的研究员。传统文化研究中心最早只有六个人，文史哲各两个，中文系除了我还有一个是研究古代文学的陈文新，哲学系是郭齐勇和吴根友，历史系就是冯先生和杨华，第二年又加上了历史系的陈锋，总共七个人，还没有成立中心的时候叫“传统文化研究院”，刊物就是以书代刊的《人文论丛》，我现在还是这个刊物的编委。

张兴： 武汉大学也是文史哲研究的一个重镇。杨老师还有其他要补充的吗？

杨逢彬： 我刚才补充的是导师跟我强调语言学的重要性。以前我只懂一点文字学、古文字学、训诂学，而且武汉大学是训诂学的重镇。后来，导师让我一定重视语言学，而且安排了语言学的课。当然，我又在武汉大学给学生上了几十次“语言学概论”，这对我有莫大帮助。

四　语文学与语言学的区别

张兴：“语言学”和“语文学”，这两个词语表达的意义相同吗？

杨逢彬： 有的人把训诂学、音韵学、文字学、版本目录校勘等叫作

“语文学”，这种叫法是从西方传过来的，西方现代语言学之前也有所谓“语文学”。但是，好多人觉得这种叫法是对传统学问的轻视，所以就换了一种叫法，称之为“传统语言学”。但是“传统语言学”的说法又容易引起误会。因为在语言学内部，把20世纪下半叶兴起的流派叫“现代语言学”，把19世纪、20世纪初的叫“传统语言学”，两者在概念上容易混淆，所以现在也不怎么用这种称呼了。

“语言学”英文称为“linguistics”，“语法学”叫“grammar”，“语法学”是“语言学”的一个分支，“词汇学”“音位学”“语言学理论”统统属于“语言学”。我们所谓“语言学理论”不是指的某一个分支，比如说语法、词汇、语音，而是整个用来指导词汇、语法、语音的一套理论。比如说，语言是变化的，语言是一个系统，语言具有社会性，语言的发生发展有一套机制，等等，这叫“语言学理论”。前人研究语法时，比如说杨伯峻先生，包括我祖父，都不太注重语言学理论。我祖父他们一辈学了英语语法后，直接把英语的语法变动一下就来驾驭汉语，故他们并没有研究语言学理论。王力先生比我祖父晚一辈，这一辈语言学家就主张要以语言学理论指导语法研究。语言学理论是在一般的语言学各个分支上面起指导作用的，包括语言的历史性、社会性、系统性，区分共时与历时等内容。语言确实是变化的，某个词现在有的几个意义，其中的每个意义不见得在《论语》时期都有；每一个单词，都有其发生发展的历史。

五　以考察分布为主轴的训诂——以《论语》为例

张兴：我再问一个自己的问题。《大学》中“苟日新，日日新，又日新”的“苟”字，主要解释有哪几种？

杨逢彬：“苟”不就是“假如”“如果”嘛。“苟日新”有字面上的解释：假如每天增长一点新知，那么就会焕发生机。后来，搞古文字学的人，比如郭沫若认为不是这样的，是字读错了。隔这么长时间我记不太清楚了。但是，是不是如郭沫若所说的呢？我现在有一种方法来论证它，就是所谓“分布分析法”，但是，我还没用这个方法去论证郭沫若说的这个对不对。我稍微讲一下分布分析法。

目前，在古书中历来见仁见智的疑难词句的注解中，还较为广泛地存在着王力先生指出过的“十位学者隔离起来，分头研究同一篇比较难懂的古典文章，可能得到十种不同结果”的现象。我提出“以考察分布为主轴的训诂”，就是试图改变这一现状。这种训诂方法，较有可操作性，过程和结果较为具有可验证性、可重复性。《论语新注新译》（北京大学出版社，2016），就是实践这一方法的阶段性成果。

所谓“分布”，一是指词在句中所占据的语法位置，如主语、谓语、宾语、定语、状语等；二是指词的结合能力，即该词修饰何词，该词被何词修饰，等等。通俗地说，就是词在特定句子中的上下文条件。

其中至为关键的，就是好些学者都曾论述的，几乎没有哪个词的分布和其他词雷同。虽然仅见于传世文献和出土文献的古汉语，要确定一个词的分布总和很困难，但出现频繁的常用词，考察其大致的分布并与其他词加以区别还是可行的。用分布的区别性特征，在同时代典籍中仔细分辨词或义位分布的不同，就可将某一词语和其他词语区别开来，古书中的疑难词句就有可能求得确解。

因为每一词甚至词的每一义位的分布都是独一无二且客观存在的，因此在全面准确考察的前提下，十位学者分头考证，结果可能一样或近似，这就较为符合科学研究所要求的具有可验证性、可重复性。因此以考察分布为主轴，形训、义训、声训以及二重证据法等手段、方法都围绕着分布来进行，是较为可操作的。

符合分布的标准，指经过同时代语言的全面考索而能够文从字顺。符合分布也即文从字顺的句子，不必再作他释；不合分布也即不通的句子通过改变句读、读若他字词或换字等手段而最终文从字顺者，为合格的考释。

张兴：您的分布分析法让我耳目一新，以后有机会我再向您请教。

杨逢彬：好的！非常感谢你！

（责任编辑：刘云超）

· 海外儒学研究 ·

复归人间

——金谷治孔子形象研究的学缘与特点

苏　豪*

摘　要　近代以来，日本学者的孔子形象研究大致呈现出从“神”到“圣”再到“人”的路径倾向，金谷治在其众多孔子研究著作中亦做着此般努力，他通过对《论语》中“君子观”“道德观”“天命观”“生死观”“自然观”等的分析，揭示出孔子形象具有两大特点：一是强调“实践性”，二是关注“社会性”。整体观之，其学术思想的形成，多受到和辻哲郎、白川静、吉川幸次郎、钱穆等代表学者的影响，而评析金谷治对他们的孔子研究的对话和反思，可在比较中探明金谷治在近代中日孔子研究语境中，践行和加强将孔子形象由“圣殿”返回到“人间”的历史性、实践性的学术努力。

关键词　金谷治；孔子；和辻哲郎；白川静；吉川幸次郎；钱穆

金谷治（1920~2006），日本三重县人，1942 年考入东北帝国大学法文学部支那哲学系，师从武内义雄、冈崎文夫等学习中国古代思想史，并以近代实证主义文献批判的方法，开始对中国古典文献进行注释、翻译与研究。毕业后留校，先后任（日）东北大学法文学部助手、讲师、文学部教授、部长，其间到京都大学人文科学研究所进修，受到平冈武夫、吉川幸次郎等中国学大家的指导和熏陶。并曾任日本中国学会会长、东方学会理事长，对日本中国学研究的发展起过重要的推进和影响作用。在 20 世纪七八十年代，金谷治多次访问中国，出席北京、山东曲阜等地召开的中国思想史及儒学研究的国际研讨会，是那个时期中日学术交流的代表性学者。

---

* 苏豪，中国海洋大学文学与新闻传播学院博士研究生，研究方向为日本中国学（汉学）。

金谷治的孔子研究主要集中在《论语的世界》《孔子》二书，相较于同时代学术思潮，二书写作风格明显偏向于大众性，与之相应的，孔子在其笔下真正走下神坛，摆脱圣化，成为与所处时代相关联的具体的人。整体来看，金谷治所发现的孔子形象具有两大特点：一是强调“实践性”，二是关注“社会性”。他在学术观上继承并发扬了武内义雄及京都学派的优良传统，从孔子的君子观、天命观、宗教观、自然观等多角度解读其形象的现实性与实践性，并致力于将孔子思想大众化、平民化，延展了近代以来孔子形象从“圣”到“人”的主体路径。其间，离不开和辻哲郎、白川静、吉川幸次郎、钱穆等学术思想的熏陶与影响，从而形成了自身表现孔子“人间性”的独特学术特点。

吉川幸次郎明确指出《论语》中表现出的是对人的重视、对知识的重视，也就是对人类的善良本性的信赖以及对人类文明的推重。和辻哲郎则认为孔子是文化之哲人，是与释迦牟尼、苏格拉底、耶稣相提并论之人。白川静则强调孔子作为历史人物的现实性。三者都在强调孔子为“人”的倾向上各有侧重，且均有自相矛盾之处。人物关系上，吉川幸次郎与金谷治多有交集，对金谷治的学风有很大影响。国内方面，从金谷治《论语》《孔子》《论语的世界》三本著作的参考文献来看，均重点参考了钱穆《先秦诸子系年》《论语要略》等书，且除《孔子》参考赵继彬《论语新探》外，并未参考其他国内近现代学者著作。从此来看，钱穆之孔子观对金谷治亦有很大影响。以下进行具体比较分析。

一　对和辻哲郎“圣”之孔子形象的反思

和辻哲郎（1889~1960），1909 年考入东京帝国大学哲学科，毕业后先后在日本多所大学任教。1925 年，受西田几多郎之邀，任京都帝国大学助教授，1932 年以《原始佛教的实践哲学》一书获京都帝国大学博士学位，1934 年转任东京帝国大学教授。他是日本近代最重要的哲学家之一，对日本文化史、思想史贡献巨大，尤其在伦理学上卓有建树，代表作有《伦理学》《作为人间学的伦理学》等，其理论被日本和西方学界称为“和辻伦理学”。

从和辻哲郎的治学方向上来看，他并不是一位严格意义上的汉学家，对孔子的研究也并不算多，专著仅有《孔子》一书，但从哲学、伦理学之角度来分析孔子形象可谓孤篇横绝。该书主要分为人类的教师、人类的教师的传记、《论语》原典批判、孔子的传记及语录特征四个章节。第一章节中，他继承明治时期部分日本学者的观点，将孔子与释迦牟尼、苏格拉底、耶稣并列为世界“四圣”。印度文化以释迦牟尼为代表，中国文化以孔子为代表，希腊文化以苏格拉底为代表，征服了欧洲文化的犹太文化则以耶稣为代表。那为什么将此四种文化及四个人物平等地予以高度评价？他认为是因为“四圣”都是“人类的教师”，但此人类并不单指某一地区的人类，或某一封闭社会，“他们之所以是‘人类的教师’，因为在任何时候，在任何社会中的任何人，都可以接受他们的教诲”①。同时所教诲的内容主要都是关于人伦的“道”与“法”。

因此，可以看出和辻哲郎的孔子观首先是将孔子置于现实立场之下而摆脱了宗教式崇拜与神秘感的。但其问题在于将孔子与作为宗教人物的释迦牟尼、耶稣并列，又无法将孔子完全请下神坛，从而出现身份属性上的矛盾。其后以“人类的教师”相称，虽然孔子作为教师的身份是毋庸置疑的，在中国更有“万世师表”之尊称，但和辻哲郎将孔子的“教师”身份上升为所有人类的教师，则更有再次抬升之意，也颇有新意。

人类的教师是怎样获得这种普遍性的呢？和辻认为，首先要有坚定追随师者的弟子“觉者”，师者离世后弟子们仍旧会致力于宣传其师的“道”与真理。弟子的伟大事业受到世人承认以后，其师之“道”也就作为思想的灵魂、文化的源头永远活在弟子们的事业中，并历久弥新，不断更新、丰富，“而且，他们产生的这种影响，随着时间推移，其感化的力量还在不断增大。纵然他们在自己生前只能感化少数几个人罢了，但随着时间的推移，受其感化的人数反而不断增加。这样一来，从未能够感化同时代大众的教师们，却在历史的长河中，感化了更多的普遍大众。由此，他们伟大教师的身份无可撼动地得到了承认”②。

和辻对孔子形象的定位，更侧重于孔子及其门人弟子的思想传承，这

① 〔日〕和辻哲郎：《孔子》，刘幸译，上海古籍出版社，2021，第5页。

② 〔日〕和辻哲郎：《孔子》，刘幸译，上海古籍出版社，2021，第8页。

是在漫长的历史过程中不断形成的，其间孔子的思想在各代有不同的诠释，从而推动其逐渐成为人类共同的老师，也就是“圣人”。然而，在《论语》中孔子从不将自己看作圣人，而多以君子自称，其成圣则是在宋代及之后在理学思潮影响下逐渐形成的，也历经传承演变。但和辻的“圣”与理学的“圣”仍有不同，前者强调作为教师与思想的传递者对世界影响如此之大而被尊为“圣人”，强调的是其思想对于人类发展的贡献，而后者则偏向于道德与天理的结合，“所以谓之圣，只论‘精一’，不论多寡。只要此心纯乎天理处同，便同谓之圣”[①]。似乎与孔子原本的思想相脱离，而流于神秘，其所谓“圣人”也多了神秘感。宋儒之“圣人”体现在孔子思想本身，和辻之“圣人”表现在孔子思想的文化影响之中，是以其人性为前提的，并突出孔子生前的厄难。而整体来看，和辻之孔子的身份属性无论是“人类的教师”还是“圣人”都未聚焦在孔子本身，反而注重传承与影响，虽不涉及政治影响，也难免偏离孔子原本思想。

金谷治的孔子观一直强调将孔子置于所处时代的现实的立场之上，同时反对其“圣人”形象。但在儒家的历史发展中，孔子逐渐成圣是无可置疑的，所以他认为只有将孔子本人形象与后世儒家所塑造的孔子形象区分开来，才能真正全面地解读孔子。

那么孔子又因何成圣呢？金谷治认为孟子、荀子对孔子理念的补充发挥起到了决定性作用。“孟子即孟轲，是一位典型的热血青年。读《孟子》时，从他的辩论中流淌出那股热血是以对孔子的非同寻常的钦慕为源泉的，对孟子来说，孔子是完全的圣人。”[②] 在金谷治看来，孟子便是孔子的疯狂崇拜者，在孟子眼中孔子是正确继承了“先王之路”与古代圣王“尧舜之路”的人。其间，孔子门人对孔子的热烈赞美也对孟子影响很大。如《孟子·尽心下》所言：“由孔子而来至于今，百有余岁，去圣人之世若此其未远也，近圣人之居若此其甚也，然而无有乎尔，则亦无有乎尔。”[③] 认为如果自己不尽力宣扬孔子的思想，圣人的“道”就会消失。战国中期百家争鸣，墨家所主张的“兼爱”“无差等的爱”与重视礼法的儒家宗族主义相抵

① （明）王阳明撰，于自力等注译《传习录》，中州古籍出版社，2008，第124页。

② 〔日〕金谷治：『孔子』，講談社学術文庫，1990，第335頁。

③ （战国）孟子著，杨伯峻译注《孟子译注》，中华书局，2013，第320页。

触。杨朱所主张的“为我”的利己思想，使社会秩序趋于混乱，又与重视君臣礼法、维护社会现有秩序的儒家立场相抵触。面对此状况，孟子以“圣人之徒”的身份与其辩说，使孔子思想得以再次焕发活力，但在此过程中他又理想地美化了孔子的形象，并根据自己的思想及需要改造了孔子的学说。

金谷治认为，孟子对孔子学说改变最为显著的两点便是对“仁”思想的内化以及对王道论的阐发。孟子把从孔子处继承的“仁”思想解释为“不忍人之心”，即人人皆备的同情心，由此推导出“性善论”。孟子认为“恶”的产生皆因被欲望束缚，被外界事物诱导，倡导人们不要贪心过度，应发挥本心以达成对仁德的追求。而这既是对仁德的发扬，也是为了实现“天道”。孟子的这种诠释重视孔子之“仁”的主观特点并使其“通天”而权威化，同时为了弥补“仁”主观性的缺陷，又重新强调了“义”的社会礼仪，但将孔子的“仁”与“仁义”并称，其思想内涵明显更为狭隘了。此外，他强调“性”与“天道”则又增强了其学说的主观色彩，至“万物皆备于我”思想形成，孔子思想中的实践性以及对礼的推重在孟子思想中显然逐渐淡化。

另外，孟子之王道论虽是受到孔子的德治思想影响所形成的政治理论，以让民众安居乐业为中心，追求经济稳定和教育带来的精神稳定，但孔子时尚未有明确的政治方案，孟子首次在结构上采取了明确的形态。金谷治认为，孟子在道德教化中提出了所谓“五伦”，将孔子思想中对“孝悌”的社会性实践转化为“父子有亲，君臣有义，夫妇有别，长幼有序，朋友有信”① 的五种社会关系中的德行，从而为社会秩序的再次建立提供了理论基础，显然也将孔子思想固化为具体的条目。

《荀子·非十二子》言：“是圣人之不得势者也，仲尼、子弓是也。……则圣人之得势者，舜、禹是也。今夫仁人也，将何务哉？上则法舜、禹之制，下则法仲尼、子弓之义，以务息十二子之说。如是则天下之害除，仁人之事毕，圣王之迹著矣。”② 在荀子看来，孔子与子弓、舜、禹都是圣人，只不过是得势与否，即是否登上天子之位，显然孔子与子弓非得势而因其

① （战国）孟子著，杨伯峻译注《孟子译注》，中华书局，2013，第114页。

② （战国）荀子著，方勇、李波译注《荀子》，中华书局，2011，第72~73页。

“道义”成圣。金谷治认为，《荀子》中的孔子被描述为政治手腕极为高超的形象，与“不得势”的圣人形象是完全相反的，即故意将本不得势的孔子刻画为在政治上得势。也就是说，在荀子看来，如果能够登上高位自然就能进行优秀的政治活动，政治抱负的实现应先具备必要的政治地位。且《史记·孔子世家》中描绘了许多在《论语》中并不可见的孔子作为政治家的伟大活动，应是受到了荀子学派政治学说的影响。[①]

同时，荀子的天人相分以及性恶论、隆礼重法思想一方面继承了孟子的天命思想而否认支配人类的迷信权威，强调人的自主性与独立性，另一方面反对了孟子的性善论。关于性恶论，金谷治认为从孔子“性相近，习相远”和“学而不厌”的言论来看，其与孔子思想应为一脉相承，并非宋儒所说的异端，其《劝学篇》所强调的“学”也和孔子之“学”相近，只是更加强烈、更外向。关于“隆礼重法”，荀子显然认为可以通过学习“礼”而成为圣人。但与孔子不同，其学“礼”的意义主要聚焦在“礼”的形式上。孔子所强调的“礼”是按照社会阶级秩序限制个人行动的规矩，它包含了从个人到国家的制度，而且其中蕴含着“道义”上的意义从而与法律有所区别。但在强调形式的荀子之“礼”中，这种“道义”则越发稀薄，而开始与法趋近，由此韩非和李斯等法家思想家成为荀子的门人并非偶然。可见，荀子虽尊孔子为理想者、祖师，但吸收其思想后又脱离、改造了孔子的思想。

由此看来，金谷治所分析的孔子成为圣人的路径是孟子、荀子对其思想进行了改造，主要表现为以下两个方面。一方面，孟子受到孔子门人弟子所宣传的孔子形象的影响，本身对孔子怀有崇拜之心，同时为体现自身的正统性，在与墨、杨朱等学派的辩论中刻意美化孔子的形象，并将性善论与道德的天赋观相结合，淡化了孔子思想的实践性，其王道论将孔子思想政治化，由社会性实践转变为社会秩序，从而固化孔子思想。另一方面，荀子将孔子的“圣人”形象与政治抱负相结合，为自身学派的政治理想提供理论基础，并通过性恶论，发展了孔子“学”的思想，但对于“礼”的形式化解读，又脱离了孔子。

① 〔日〕金谷治：『孔子』，講談社学術文庫，1990，第 342 頁。

综合以上，孔子的形象在战国时期又根据各学派的不同需求发生了巨大的改变。因此，孔子的“圣人”形象绝不可简单套用于春秋时期的孔子之上。每一时期的孔子形象都是不同时期历史背景、时代背景的产物。同时相较于和辻哲郎所分析的孔子在对历史文化影响的过程中成圣，金谷治所分析的则明显是孟、荀有意为之，为自己的政治需求而刻意营造的。因此，和辻之孔子成圣之路是在其学说的影响范围扩大下主动且自然而然的，金谷治所分析的孔子成圣则是因后人的各种目的而强行解读的，是被动而显性的，且认为所谓“成圣”并非孔子之意，与孔子本身思想不符。

二　对白川静“巫”之孔子形象的突破

白川静（1910~2006），1935年毕业于京都立命馆大学，先后任东方文化研究所研究员、立命馆大学教授，主要研究方向为中国古代文字学，主要著作有《金文通释》《甲骨文集》《中国的神话》等。观白川静学术生涯，其主要领域并非孔子研究，但对中国史前史及先秦思想却是多有著述，因而也为其作《孔子传》奠定了基础。此书宗旨如其开篇所言：

> 把孔子作为一个历史性的人物，并揭示出其应有的历史意义，是重新唤起孔子生命气息的唯一之路。孔子的传记式生命一直持续至今。因此我也把这部拙作起名为“孔子传”。[①]

因此，白川静首先是以一个历史人物的形象来为孔子立传的，从而剥离其圣人形象。他通过将《史记》中孔子身世与《左传》相对比，认为孔子父母、世系的相关记载未见于《史记》之前的文献，材料来源并不明确。其次，《孔子世家》中将《左传》中的郰人纥、郰叔纥认定为孔子父亲叔梁纥，但《左传》中并没有指明郰叔纥就是孔子父亲。《史记》中关于孔子先祖的资料主要来源于《左传》，但《左传》时代还没有孔子先祖的故事。因此，他认为《史记》中关于孔子父母、世系的记载并不可信。同时，他通

① 〔日〕白川静：《孔子传》，吴守钢译，人民出版社，2014，第4页。

过《荀子·非相》篇中将孔子相貌与方相氏容貌相类比的记载，又结合关于孔子出生的各种暧昧不清的传说，进而得出孔子应是巫女之子，并认为孔子所拥有的影响力应该是以巫祝社会为中心，又包括祭司之类的知识阶层。

关于孔子的流浪生涯，白川静进行了详细的描述。他否定了鲁昭公二十五年（前517）昭公逃亡于齐后，孔子赴齐国当了高昭子家臣，是因仰慕昭公的忠臣行为的观点，认为孔子流亡完全是自身的缘故，是为了躲避阳虎之乱。关于孔子的二次离鲁，他否定了是对执政的季桓子失望之因，对歌女说、祭肉说都加以反驳，认为孔子是在隳三都的政治斗争中因失败而被驱逐出鲁国的。在肯定孔子政治理想的同时，他认为“作为革命者的孔子却越来越显得志大才疏”①。

由此来看，无论从身世还是从生涯上，孔子的圣人形象都得到了消解，俨然一活脱脱的历史人物，这进一步将孔子拉下了神坛。但作为历史人物，本应要剥离出孔子身上的神异色彩，白川静的孔子形象却反而为其增添了神巫色彩。

> 孔子是巫女的私生子，换言之是天赐之子。②

> 孔子是巫女的孩子，是个连父亲的名字都不清楚的私生子。对着尼山祈祷而来到人世，并非世间所常有的事情。神选择他所喜爱的孩子。孔子和耶稣一样，是被选中的一个。正是这个缘故，直到成名以前，谁也不知道他的前半生，这也是理所当然的。上天把自己托付给此人，却又让此人经历千苦万苦和千种烦恼，就是为了让他产生自觉意识。而唯有有了自觉意识的人，才能成为圣人。③

此外，他还认为，孔子经常梦到周公，是因为周公让他“勿丧斯文”，

---

① 〔日〕白川静：《孔子传》，吴守钢译，人民出版社，2014，第31页。

② 〔日〕白川静：《孔子传》，吴守钢译，人民出版社，2014，第12页。

③ 〔日〕白川静：《孔子传》，吴守钢译，人民出版社，2014，第41~42页。

“于是，孔子才能安心地谈论天命。若非如此，谈天命就等于是亵渎神明”①。可见，孔子的形象又充满神异，似乎同耶稣一般是受了上帝或者天的“指引”来拯救世人。关于自觉意识的产生，却成了上天试炼的结果，丧失了人的主体性，而“圣”的生成也自然成了天注定。

因此，白川静的孔子形象在身份塑造及传记书写上明显是朝着历史中的人物来塑造的，在其与神异相关的描写上反而增添了神巫色彩，是极为矛盾的。当然，这或许与和辻哲郎一样，受到将孔子列为四圣之一的观点的影响，前者将“圣”之因归为思想文化的流传影响，后者则归为与神异的关联之上。总之，二者都力图将孔子拉下神坛，塑造为真正的“人”，但又都是不彻底的。

金谷治所分析的孔子的天命观与自然观都可与之对比。首先，金谷治认为孔子是立足于现实生活的，其次，他对鬼神之事是极为逃避的，极少数的对于鬼神及“天”的正面谈论也多突出其“现实的合理主义”②，即孔子怀有对鬼神的敬畏之心，并未断然否认神灵的存在，但主张远离神秘之物，甚至干脆明确拒绝接触神秘之物，追求从神秘中解放出来。因此，其和白川静之孔子以巫祝社会为中心的形象截然对立，孔子虽也有天之信仰，但并未将天摆到绝对高度，反而阐明人类的主体立场，反对进入神秘世界。

在孔子的身份上，金谷治虽然对《史记》及《孔子家语》的记载持谨慎态度，但通过与《左传》相对照，他仍认为其父为叔梁纥，但其身份则为下级武士。同时，通过孔子不知其父墓地而断定孔子应是叔梁纥的私生子，认为虽然当时社会的男女关系及家庭形态较为松散，但孔子父母仍应不是普通的婚姻关系，而正因其父早亡反而促使了孔子与其本家的交往。关于孔子为何追随鲁昭公流亡齐国，金谷治也有表述，他认为孔子并不是要在昭公手下担任要职，而是因为忌惮季氏家臣而随昭公亡命而已。同时也有对贵族们权力斗争的失望，这与白川静的描述颇为相似。关于孔子二次离鲁的原因，金谷治虽然也认可存在歌女说、祭肉说的影响，但更强调其直接原因应是孔子隳三都失败后失去了季桓子的信任而导致流亡。此处虽然感情色彩上没有白川静强烈，但核心观点基本一致。

---

① 〔日〕白川静：《孔子传》，吴守钢译，人民出版社，2014，第42页。

② 〔日〕金谷治：『中国思想を考える 未来を開く伝統』，中央公論社，1993。

和辻哲郎、白川静、金谷治三者孔子形象同异如下表所示：

	身份	历史书写	天命观
和辻哲郎之孔子形象	叔梁纥私生子	突出文化影响	未涉及
白川静之孔子形象	巫女之子	突出历史性	强调“天”的指引
金谷治之孔子形象	叔梁纥私生子	突出历史性	强调“人”的主动性

由此可见，白川静与金谷治都强调将孔子作为“历史的人”来书写，但相较于白川静，金谷治又将其神巫色彩剥离，进而使孔子成为一个完全意义上的人。而与和辻哲郎相比，金谷治则突出孔子与其当时时代的联系，是现实而具体的“人”。因此，金谷治所探析的孔子应是生活在历史现实中具体的人。

三　对吉川幸次郎“文化孔子”的继承

吉川幸次郎（1904～1980）是日本昭和时代的中国学家，1926 年毕业于京都帝国大学中国哲学文学科，1947 年以《元杂剧研究》获得文学博士学位，主要研究方向为中国文学研究领域的元曲研究和中国古代诗文研究，同时对中国古典文学研究及儒学思想也极为关注。吉川幸次郎发表了很多关于孔子及《论语》的研究文章和著作，1959 年出版了两卷本译注之作《论语》，以此构筑起属于吉川幸次郎的孔子形象。

> 吉川幸次郎对《论语》伦理思想的积极的一面给予了充分的肯定，认为孔子的思想是建立在以人为本的学说理念基础之上的，是一种文化主义的表现。①

> “仁”，一定是人类对于人，而不是对于神的爱。……作为人间社会道理的基准，首先被感觉、被重视、被亲近的对象，无外乎就是人了，这是一种浅显平实的尊重，一种现实有效的尊重。因而，在人际关系中，最重要的就是亲子和兄弟。孔子弟子有若说过，“仁”的出发

① 刘萍：《东亚文化语境中的孔子形象——以近代日本为中心》，《孔子研究》2014 年第 6 期。

点即是在于亲子兄弟之爱。[①]

孔子主张的中心是“仁”的发扬，这一点毋庸置疑。对于孔子来说，这被认为是“忠”的直接表露，在人际关系上，应与对人的关怀“恕”及礼的秩序相一致。[②]

如刘萍所言，吉川幸次郎认为孔子的思想是建立在以人为本的基础之上的。认为“仁”即是对于人的爱，具体体现在社会人际关系之中。金谷治将“仁”表述为对“忠”的直接表露，在人际关系上则为“恕”，同时以“礼”相规范。因此，二者都将孔子的中心思想以人际关系的方式进行呈现，显示出对孔子思想中的人文关怀特点的强调。那如何达成“仁”呢？金谷治认为应是通过“学”。

为了正确地行使“仁”，一定要具备广泛的、源于学问的知识，也即正确的爱只有在了解人间万象的基础上才能实现。[③]

这里金谷治与吉川的观点几近相同，都体现了对“礼”及道德的重视。这其中金谷治的学术观点不免受到了吉川的影响。略观金谷治的学术生涯，1949 年，他从东北大学被推荐至京都大学人文科学研究所短期研修一年，其间与吉川幸次郎接触颇多。1980 年，金谷治组织东北大学中国哲学研究室与吉川幸次郎、贝冢茂树等人共同编撰《武内义雄全集》（十卷本）。这30 余年间，金谷治必然时时受着吉川学术的熏陶。同时，金谷治《孔子》一书亦将吉川《中国的智慧——关于孔子》作为参考书目之一，体现了金谷对吉川观点的继承。但除此之外，金谷也并非对吉川全盘接受。吉川认为，爱的行使，也就是“仁”的推行最有效的手段是政治，认为政治是实现“仁”的方法。金谷治观点则与之不同，他认为“仁”的追求应当体现

① 〔日〕吉川幸次郎：「論語について」，『吉川幸次郎全集』（第 5 卷），筑摩書房，1974，第 103 頁。

② 〔日〕金谷治：『孔子』，讲谈社学术文库，1990，第 212 頁。

③ 〔日〕吉川幸次郎：「論語について」，『吉川幸次郎全集』（第 5 卷），筑摩書房，1974，第 103 頁。

在对道德的追求之上，同时表现在对“礼”“忠”“信”“孝悌”的实践之上，是孔子及其门人弟子乃至整个社会共同践行道德标准来实现的，是一种理想的追求。吉川所强调的政治手段，将孔子描绘成一位政治家，这应是受到孟子“仁政”的影响。

对于朱子学所强调的禁欲主义，吉川认为此思想并不是源自《论语》等古典文本，他指出，禁欲主义虽然在《论语》中很多地方有所表现，但这恰恰不是对人的束缚，而是对人的尊重，如“不义而富且贵”并不否定非不义的富贵，而“克己复礼”虽然有禁欲的含义，但更加强调的是对文化基准的看齐，是尊重文明的体现。此观点金谷治在其文《关于中国古代的欲望论》中也有所论及，但较吉川则更了一步。他将孔孟早期的欲望观称为寡欲说。

> 寡欲说是指，首先承认欲望的存在，从道德的角度出发，不承认无条件解放，对其加以限制。孔子承认“富与贵是人之所愿”，是人人皆备的自然人情。①

所以，在金谷治看来，孔子是肯定欲望的，只是欲望受到道德的限制，而道德是发于人的内心的，由此决定欲望的仍然是人本身。孟子则不同，金谷治用其“鱼与熊掌不可兼得”的论断，认为孟子将欲望划分为两个层次，高级欲望是根植于人类内心的自然情感，侧重于自我价值的实现；低级欲望则是感性的本能的欲望，孟子肯定高级欲望而否定低级欲望。

> 抛开感官性欲望和道德性欲望的区别，再次一致肯定人的欲望，提出新的儒家欲望论的是荀子。②

因此，金谷治认为孔子、孟子、荀子都是肯定人的欲望，虽是寡欲，

---

① 〔日〕金谷治：「中国古代における欲望論」，『中国思想論集・中国古代の自然観と人間観』，平河出版社，1997，第 342 頁。

② 〔日〕金谷治：「中国古代における欲望論」，『中国思想論集・中国古代の自然観と人間観』，平河出版社，1997，第 345 頁。

但绝非禁欲。孔、孟皆以道德为标准，荀子则突破了道德的界限，强调与外物的关系。所以，与吉川所认为的孔子非禁欲是强调对文化的尊重不同，金谷治的寡欲体现的则是孔子对于道德教化的看重。二者对欲望的观点的分析出现在文化与道德之上，当然道德也是文化的一种，只是金谷治更为具体。

四　受钱穆孔子研究的影响

中国近代孔子研究领域学者中，钱穆对金谷治的影响应是不可忽略的。略观金谷治所作《孔子》《论语的世界》两书之参考目录，中国学者仅有二人在列，分别为钱穆（《先秦诸子系年》《论语要略》）及赵纪彬（《论语新探》）。钱穆的两本书恰是其孔子研究的两种不同侧重，前者是以朴学之方法对于孔子其人其事进行考辨，类似于日本学界的原典批判，后者则侧重于揭示了解孔子的路径及对孔子思想的文化阐释。具体而言，《先秦诸子系年》应为金谷治研究孔子历史史实的主要参考，故不展开说明。《论语要略》则对金谷治孔子研究倾向有整体性的影响。

在《论语要略》中，钱穆提出读《论语》应从以下四个步骤着手：

> 一，而凡研究一伟大之人物者，最先首当注意其一生之行实，次及其人之性情，以至于日常之琐事；凡以考察其为人真精神之所在，而使其全人格之真相，活现于我之脑际……求识孔子之为人，即读《论语》者第一步主要之工夫也。
>
> 二，求识孔子之为人，不可不知孔子之时代背景。
>
> 三，一伟大之人格，高尚之学风，其影响所及，常不止于当其身而已也。若孔子则流风所被，迄今未沫，则历来学者对于孔子之态度与意见，亦不可不知。
>
> 四，孔子为二千五百年以前之人物，孔子学说思想为二千五百年以前之学说思想，吾侪生二千五百年以后，读其书者，不可以不知时世之差。孰者为历久不磨之真理，可以俟诸百世而不惑，犹可以为吾侪所取信乎？孰者仅为时代之产品，事过境迁，已不复适用于今日，

而不足以资崇奉？夫治学本所以致用，此则读《论语》者一最后之工夫也。[①]

以上四点，结合金谷治孔子研究之观点，均可与之对应。

第一点中所谓关注孔子一生之行实，其人之性情，日常之琐事。与金谷治所言具体历史的孔子相同，都是强调将孔子之言与身边发生的琐事相结合，分析真实生活场景之下的孔子。而考察其为人精神之所在，则是强调关注孔子之具体思想。

第二点所述关注孔子之时代背景，金谷治所论“现实的合理主义”也强调理解孔子的观点不应以今日之观点来进入，应考虑当时之时代背景，以当时现实情况为出发点。强调我们今日之理性观点是建立在科学技术极大发展的现实基础之上的，因而理性之标准自然不能简单套用于春秋时代，必然要结合孔子的时代背景时代思想，以春秋时期理性的标准来理解孔子。

第三点强调应关注历代学者对孔子的态度与意见。金谷治在关注历代学者观点的同时，又强调将后人之观点与真实的孔子观点相分离，如孟子、荀子之观点，汉儒、宋儒之观点，虽都相承于孔子思想，但都有发挥补充，过于受后代学者观点影响反而容易对孔子思想本身产生误读。当然，金谷治此论的前提应是在关注了解后代学者观点的基础上进行区分。

第四点钱穆认为应当对孔子思想的超时代性和时代局限性进行严格的区分。也就是说，对孔子之言的广泛性与具体性应有所区分，不能神化其言亦不能全盘否定。此点，也正是金谷治批评伊藤仁斋神化《论语》之倾向的观点。在金谷治看来，《论语》中多数为孔子针对具体事务的发言，甚至孔子发言时都未曾想过其言会以语录体形式流传后世，故直接套用于今日之现实是极为荒谬的。

由此可见，金谷治的学术观念与钱穆几乎一致。而钱穆《论语要略》一书又是金谷治孔子研究相关专著所主要参考的中国著作，想必钱穆观点对其产生了极大影响。从此角度出发，二者所观察到的孔子形象都是真实而具体的。

---

① 钱穆：《论语要略》，商务印书馆，1925，第13~15页。

> 钱穆解读《论语》有一个大的前提，那就是他的尊孔意识。正因为他是尊孔的，所以他认为《论语》一书的核心内涵在于一个“仁”字，也正因为他是尊孔的，他认为整部《论语》处处透着某种“通义”。《论语》一书句句都是至理名言，句句都与孔子的德治思想有关，且这种德治思想本身具有时代超越性，也是中国文化区别于西方文化根本，孔学更是中国人借以构建现代性社会根本性精神资源。①

钱穆虽然强调对孔子及《论语》的解读要与时代相结合，但其尊孔的立场不可避免地使其将《论语》之言普遍化，或者说与中国传统思想相融合，进而达到一种“通”的作用，因此其阐释孔学恰恰又是为了实现这种“通”，以孔学为核心并结合新的时代内涵，进而实现其为中华文化“招魂”的追求。

相较于钱穆，金谷治自然没有复兴孔学的责任感。因此，他所秉持的是对于一历史人物，在春秋的时代背景之下能够发扬“人”的自主性，彰显“人”的价值。同时，金谷治强调孔子的时代性、实践性，并非将孔子及其思想与当下时代隔离，而是为了更突出地展示孔子本身的人格。所以，在孔学的阐释上，钱穆与金谷治所怀有的目的有本质区别。钱穆是以孔子思想为根基，通过阐发孔子思想来弘扬中国文化，其对孔子思想的态度是包容的，甚至希望将孔子文化扩大化以发扬传统文化。金谷治则是聚焦于孔子本身，挖掘孔子的人格进而阐释其思想。由此，钱穆的孔子形象虽然走出了“神化”“圣化”思潮，但仍寻求一种“通”。这里的“通”是由钱穆所处的时代背景导致的，一方面中国文化受到西方文化的冲击，另一方面又因抗战而渴望从孔子思想中找到一种“通义”来振奋中华儿女。所以在钱穆笔下孔子的形象是“实”的，但其思想是“通”的，成为一种据旧而新的文化阐释。如他在《国史大纲》中认为，中国的传统文化是一脉分张的，而儒学是其主干；亡文化就是亡天下；学术要体现时代精神等观点。而相比之下，金谷治之孔子形象则是具体而可触摸的，是一“智者”“先知”的形象。

---

① 李健胜：《钱穆对〈论语〉的文本定位与思想阐释》，《思想与文化》第十三辑，华东师范大学出版社，2014，第230页。

结 语

相较于山路爱山、服部宇之吉等人的孔子形象，和辻哲郎、白川静、吉川幸次郎、钱穆等人的孔子形象显然已经摆脱了政治的影响，孔子其人其思想不再作为维护封建秩序的思想武器，而是从人类教师、历史人物、文化使者、儒学先师等身份属性加以解读。然而，在祛除对孔子宗教式神性崇拜的同时，为了保持孔子形象的伟岸、思想的高尚及文化教化功用，又难免加强了其“圣”与“巫”的色彩。由此，孔子的形象似乎又处于“圣”与“人”之间。而金谷治首先并不否认孔子的“圣人”形象，通过对不同历史环境的考察，他认为此形象应是孟、荀有意为之，为了自己的政治需求而刻意营造的，这就剥离了孔子及其思想的政治属性，将孔子本身的形象与不同时期的形象塑造相区分。在对待天命观与自然观的态度上，金谷治并不否认“天”的存在，但更强调孔子对人的主动性的解读，突出孔子与其所处时代的联系，从而在学界孔子形象研究正处于“圣”与“人”的徘徊之际，践行和加强了将孔子形象由“圣殿”返回到“人间”的学术努力。

（责任编辑：李文娟）

《论语》在波兰的传播与翻译：历史、翻译策略与影响*

〔波兰〕蒲杉杉**

摘　要　中波文学交流具有深厚的历史积淀，《论语》的翻译与研究在深化两国文化理解方面具有重要意义。目前，《论语》有两部主要的波兰文译本：一是1976年由著名波兰汉学家金思德教授翻译的译本，二是卡塔知娜·佩达于2018年完成的译本。尽管两部译本都致力于将这一经典引入波兰语语境，但在翻译策略与传播目的上存在显著差异。1976年译本在当时波兰对中国了解有限的背景下，旨在促进中国思想的传播；2018年译本则更注重哲学性，忠实于原文，为波兰汉学研究提供了重要的学术参考。

关键词　《论语》；波兰；译介；汉学

引　言

中波两国交往的历史源远流长，文化和文学交流更是其中重要一环。早在13世纪，波兰的文献中便开始出现关于中国的记载。到了17世纪，随着西欧对东方的兴趣越发浓厚，中国经典开始经由传教士之手被翻译成多种欧洲语言，随后再被翻译成波兰文。通过这种方式，古代中国思想（尤其是儒家思想）传入波兰，激发了波兰社会对中国文化与文学的探索欲。

* 本文系北京外国语大学“双一流”建设重点标志性项目“文明互鉴视域中的《论语》现代诠释（1900～）研究”（2022SYLZD046）之阶段性研究成果。

** 蒲杉杉（Aleksandra Półchłopek），波兰籍，北京外国语大学中国语言文学学院比较文学与跨文化研究专业博士研究生，主要研究领域为中波文化交流。

尽管存在这种早期接触，但目前关于这些跨文化交流的研究目前仍处于起步阶段，尤其是在中国古代经典译作在波兰的传播与接受方面。对中国读者而言，《论语》在中国文学和文化中的特殊地位尽人皆知。这一简短的文本深深植根于中国人的语言、世界观、行为规范和无数的文化参照之中。然而，对波兰读者而言，这一现象并不那么突出。因此，有必要详细考察《论语》在波兰的传播及文化影响，从而更好地理解两国之间的相互认知程度。

本文旨在介绍《论语》在波兰的翻译历史，重点分析 1976 年和 2020 年两部直接从中文翻译而来的完整译本。本研究将深入探讨并介绍每部译本的译者学术背景、文本特征及在波兰读者中的影响情况。

一 《论语》在波兰的传播概述

作为儒家思想的核心典籍，《论语》自 17 世纪传入欧洲以来，经历持续的翻译与诠释。在波兰，《论语》的翻译历史同样悠久，从 18 世纪最早的译本到当代，波兰语译本不断涌现。总体而言，这些译本可分为两类：一类是通过其他欧洲语言转译而来的间接翻译；另一类则是直接从中文原文翻译的版本。本章将系统回顾波兰语《论语》所有已知译本的发展历程，并结合具体的历史背景，分析其传播与接受的过程。

（一）中波早期交流背景下《论语》译本

16 世纪欧洲耶稣会传教士在中国开展的传教活动，为欧洲与中国之间初步联系奠定了基础。这一时期，大量中国古典文献的译作及相关研究成果涌入欧洲，激发了欧洲社会对远东文化的兴趣。波兰的耶稣会士同样参与了中国的传教活动，其学术成果成为中波文化与文学交流史上的重要部分。然而，彼时的中波关系仍处于较为生疏和偶然的状态，两国之间的接触大多为零散、偶发的，尚未形成系统化或持久的外交往来。到了 18 世纪，波兰与其他欧洲国家一样，受启蒙运动时期对中国浓厚兴趣的影响，掀起了所谓的“中国热”。在这一时期，中波之间的初步接触逐渐展开并不断深化。

正是在这种文化热潮中，最早进入波兰读者视野的《论语》译本应运而生。1784 年，波兰耶稣会士格热戈日·扎哈里亚谢维奇（Grzegorz Zachariasiewicz，1740～1814）依据法文版本，将《孔子的道德思想》（*Myśli Moralne Konfucyusza*）翻译成波兰文。作为《古代道德家摘编》（*Krótki Zbiór Starożytnych Moralistów*）系列的一部分，该译本简要介绍了孔子的思想，仅选录了《论语》的部分章节。1795 年，波兰在第三次瓜分中被分割，波兰立陶宛联邦（Rzeczpospolita Obojga Narodów）随之宣告灭亡，中波关系也因此失去了进一步发展的基础。其间，涉及远东的活动仅限于少数波兰学者。然而，正是在这一动荡的历史阶段，哲学博士、克拉科夫学院教授罗曼·马尔凯维奇（Roman Markiewicz，约 1772～1841）将英国探险家乔治·伦纳德·斯当东（George Leonard Staunton，1737～1801）的著作翻译为波兰文，于 1801 年出版了《马戛尔尼勋爵游历中国》（*Podróż lorda Makartney do Chin*）。该书共分两卷，主要介绍了中国的政府体制和社会状况。在书末的附录中，还选录了 92 条《论语》章节，并以格言形式呈现。

《孔子的道德思想》和《马戛尔尼勋爵游历中国》可以被视为将儒家思想引入波兰读者视野的初步尝试。这两本著作作为波兰语中最早涉及孔子思想的文献，为波兰社会提供了早期了解儒家哲学的窗口。然而，从汉学研究的角度来看，真正具有关键意义的还是那些直接从中文翻译而来的《论语》译本。相较于间接译本，直接译本不仅能够更准确地传达儒家经典的思想内涵，还为深入研究中国传统文化与哲学奠定了更为坚实的学术基础。

（二）二战后波兰汉学复兴背景下的《论语》译本

1933 年，随着华沙大学设立汉学系，波兰汉学的发展进入了新阶段。然而，不幸的是，1939 年德国占领波兰后，大学被迫关闭，教育活动全面停止。第二次世界大战结束后，波兰汉学逐渐复兴。1949 年中华人民共和国的成立为波兰汉学的发展创造了新的契机。作为当时共产主义阵营一员的波兰与中国建立了稳定的外交、经济和学术联系。在这一时期，波兰社会对中国文化和文学的兴趣显著增长，尤其集中体现在对中国古代经典思想作品的大量翻译和研究上。

华沙大学汉学系第二批毕业生的重要成就之一，是 1956 年出版的《中国文学选》（*Antologia literatury chińskiej*）。这部选集涵盖了广泛的中国文献翻译，从青铜铭文到毛泽东的诗歌的多样文本，全面展现了中国文学的丰富面貌。其中，雅努什·赫米耶莱夫斯基（Janusz Chmielewski，1916～1998）教授直接从中文翻译的《论语》章节，标志着中波历史上首次将《论语》直接译成波兰文。这些章节包括《先进》篇第25章和《子路》篇第3章。正如译者所指出的，《先进》篇第25章被认为是《论语》中最古老的部分之一，《子路》篇第3章则阐述了孔子学说的核心原则。译文附有简明的序言，介绍了《论语》的定义、成书时间、演变过程及文本结构。翻译风格通俗易懂，叙述形式类似简短的哲学故事，增强了作品的可读性和普及性。此外，详尽的注释解释了文本中的象征意义和隐喻，即使是缺乏中国文化背景的读者，也能理解孔子思想的核心内容。

20世纪50年代，部分《论语》译文也出现在其他波兰汉学家的重要出版物中。其中之一是夏伯龙教授（Witold Jabłoński，1901～1957）于1956年出版的《中国文学史选读》（*Z dziejów literatury chińskiej*），其中也包含了《先进》篇第25章的翻译。此外，夏伯龙教授主编的《中国的智慧》（*Mądrość Państwa Środka*）于1958年出版，收录了约50个《论语》章节。虽然译文中未详细注明原文出处，但该书以其普及性和通俗易懂的特点，成功向波兰读者介绍了中国古代哲学的基本思想。在波兰儒家研究方面，还有一个重要进展是塔德乌什·日比科夫斯基（Tadeusz Zbikowski，1930～1989）于1960年出版的《孔子》（*Konfucjusz*）一书。这部传记性著作详细探讨了孔子的生平与思想，引用了大量《论语》章节以阐释儒家思想的核心理念。尽管这些出版物中仅选录《论语》的部分章节，但它们在战后波兰推广中国知识的普及过程中，仍然作出了重要贡献。

1966年以后，波兰的汉学研究一度受到严重遏制，中国文学的波兰文译作数量显著减少。进入20世纪70年代，中波关系开始逐步恢复正常化，但这一过程缓慢而谨慎。正是在这一背景下，波兰首次出版了《论语》完整译本。这一重要工作由著名波兰汉学家金思德（Mieczysław Jerzy Künstler，1933～2007）教授领导的团队完成，并于1976年以《儒家对话》（*Dialogi konfucjańskie*）为名出版。该译本在波兰孔子思想研究史上具有里程碑意义，以翻译的准确性和易读性著称。

（三）当代的波兰文《论语》译本

在随后的数年中，尤其是在中国推行改革开放政策后，中波文化交流迎来了新的发展阶段。中国文学作品的波兰文译本市场显著扩大，尤其以小说、短篇故事、诗歌等虚构文学作品的翻译为主，而经典哲学著作的出版相对较少。然而，进入21世纪以来，波兰汉学界逐渐拓展研究领域，重视对中国传统思想的系统研究，并启动了与经典文本翻译相关的新项目。

受这一趋势的影响，波兰学者开始重新关注《论语》等儒家经典。沙宁（Jarosław Zawadzki，1977~），华沙大学汉学系毕业生，是历史上第二位将完整的《论语》直接翻译成波兰文的译者。他的译作涉猎广泛，包括《孙子兵法》（2022）、《道德经》（2009）、《易经》（2006）等中国经典哲学著作。2012年，沙宁出版了他的《论语》译本，题为《思考——儒家对话》（*Rozważania Dialogi konfucjańskie*）。这一译本形式独具特色，译者将其描述为“诗词话剧式的波兰语译文”。《论语》原作属于散文性质的语录体文献，记录了孔子及其弟子的言论与对话，而沙宁在翻译中引入了韵律元素，这一创新尝试在波兰学术界引发了褒贬不一的讨论。波兰学者埃娃·帕希尼克（Ewa Paśnik）在其关于中国文学波兰译本的研究中指出，沙宁的韵文形式与原作的风格存在显著差异，这可能削弱了译文对原著的忠实度。她认为，译者应尽可能贴近原文，但沙宁的译本未能达到这一标准。因此，其版本《论语》未能满足学术性翻译的标准，反而更接近于对经典作品的个人化的“变体”。尽管如此，沙宁的译本在传播儒学思想方面具有一定的优势，尤其在吸引更广泛的读者群体方面。这样，波兰读者如今可以在学术性强、表达复杂的译本与沙宁的较为通俗、富有诗意的译本之间进行选择，尽管后者的学术价值较低。此外，将《论语》翻译成韵文形式本身便是一项极具挑战性的任务。译者展现了高度的创造力，并付出了大量努力。其译本因诗意风格，不仅吸引成年读者，也激发了年青一代的兴趣。尽管未必符合严格的学术研究标准，但在推广中国文学和文化方面，这一译本具有重要的意义，使儒家经典在波兰获得了更广泛的受众。

从波兰对华研究的发展视角来看，卡塔日娜·佩达（Katarzyna Pejda）于 2018 年出版的《论语》（*Analekta*）译本，代表了《论语》翻译领域的重要突破和贡献。这一译本的问世距离金思德教授 1976 年出版的《论语》译本已有 40 多年。目前，这两个译本被认为波兰汉学研究领域中最具学术价值的译作，因此成为本文重点分析的对象。

进入 21 世纪后，波兰出版市场上陆续出现了一些《论语》的间接译本。这些译本通常由非汉学界人士完成。其中一个例子是 2014 年由 Olesiejuk 出版社推出的《新儒家对话——重建尝试》（*Nowe Dialogi Konfucjańskie——próba rekonstrukcji*），这本书是钱宁所著 *The New Analects: Confucius Reconstructed* 的波兰语译本，由塞巴斯蒂安·穆泽拉克（Sebastian Musielak）翻译。后来，2017 年，Aletheia 出版社出版了另一部名为《论语·对话》（*Lun Yu. Rozmowy*）的译本，这是根据著名汉学家卫礼贤（Richard Wilhelm，1873～1930）20 世纪初的德语译本转译波兰文版本，由阿格娜·奥尼西莫夫（Agna Onysymow）翻译。亨里克·苏韦克（Henryk Sułek）于 2021 年翻译并出版《对话》（*Dialogi*）一书，该译本由国际出版机构阿歇特集团（Hachette Livre）的波兰分部出版，属于“哲学家的图书馆”系列，很可能基于英文版本。此外，2022 年 Bellona Press 出版社推出了另一部题为《对话》（*Dialogi*）的译本，译者同样是穆泽拉克，因此推测该译本同样基于英文版本。遗憾的是，由于这些译本缺乏部分详细信息，难以明确其翻译所依据的译者背景、原始语言或原文来源。这不仅增加了相关研究的难度，也凸显了波兰在中国经典翻译领域亟须更多系统化研究与资料整理的必要性。

尽管上述出版物均为间接翻译产物，但它们的出现充分反映出波兰对中国古代思想日益增长的兴趣。在全球化迅猛发展的大背景下，了解中国及其传统思想的重要意义愈加凸显，继而催生了对波兰文相关出版物的市场需求。为了满足这一需求，各大出版社推出了众多间接翻译的作品。这些译本因其通俗易懂的特点，广泛吸引了大众读者的注意。然而，必须指出，间接翻译——尤其是针对中国古代思想文本——与直接学术翻译之间存在显著差异。学术翻译不仅要求译者具备精湛的汉语能力，还需深刻理解相关的文化内涵以及其历史语境。正如帕希尼克副教授所指出的：“汉学家从事翻译工作时，凭借其专业背景，拥有远比仅掌握源语言或从事间接翻译者更加丰富的工具和资源。”① 因此，尽管间接翻译在一定程度上促进了中国哲学在波兰的普及，但往往未能满足汉学研究所需的严格标准。这类译本更多是出于商业目的，旨在实现广泛传播，而非提供学术性、深度的解读。这也反映出，要进一步推动波兰对中国古代思想的研究，急需更多具有学术深度的直接翻译作品，以支持相关领域的持续发展。

从历史角度来看，与西欧国家相比，波兰在中国古典思想著作的翻译方面起步较晚，导致波兰文译本的数量仍相对较少，尤其是直接从中文翻译的《论语》译本。尽管21世纪以来涌现了多种完整的《论语》译本，但截至目前，仅有1976年和2018年出版的两部直接获得波兰汉学界的广泛认可，成为波兰儒家研究的重要里程碑。因此，本文接下来将对这两部译本进行深入分析，探讨它们在语言运用、风格特点及文本解读等方面的学术价值与贡献。

二　1976年的《儒家对话》（*Dialogi konfucjańskie*）译本的普及性与学术贡献

20世纪70年代初，尽管外部环境充满挑战，波兰的汉学研究仍继续发展。其间，波兰东方学会（Polskie Towarzystwo Orientalistyczne）多次在华沙组织关于亚洲语言、文学与文化的学术会议。与此同时，部分重要的中国文学作品也被译介到波兰，如1972年出版的《三国演义》（*Dzieje Trzech Królestw*）。

鉴于当时的政治与学术形势，波兰首次完整的《论语》译本——《儒家对话》（*Dialogi konfucjańskie*）于1976年由波兰国立奥索林斯基研究所（Zakład Narodowy im. Ossolińskich）出版。这一项目由波兰教科文组织委员会与波兰东方学会联合发起，译者团队包括克里斯蒂娜·茨热夫斯卡-马达耶维奇（Krystyna Czyżewska-Madajewicz）、济斯瓦夫·图姆斯基（Zdzisław Tłumski）和金思德教授。关于翻译团队中的前两位译者，现有研究资料较少。然而，金思德教授被公认为该译本的主要译者，并在整个翻译过程中

① E. Paśnik, *Tłumaczenia chińskiego piśmiennictwa na język polski w ujęciu historycznym i w świetle teorii przekładu* (Create Space, 2012), p. 114.

发挥了关键性作用。他不仅参与翻译，还担任学术编辑，负责文本的文学与学术审订，确保了译本的高质量。因此，有必要在本文中简要介绍他在教育方面的经历及其在波兰汉学领域的突出贡献。

（一）金思德教授——波兰汉学的奠基者

金思德教授是波兰最杰出的汉学家之一，在波兰汉学界占据重要地位。他于1951年进入华沙大学语言学系，专攻汉语语言学，硕士阶段在赫米耶莱夫斯基教授的指导下，完成了关于现代汉语动词的词法学研究。1956年至1958年，他获得奖学金赴北京大学进修，并在北京俄语学院教授中波翻译课程。这段中国经历不仅加深了他对汉语的理解，也为他日后的学术研究提供了扎实的知识储备。回国后，金思德教授继续在华沙大学汉学系任教。1960年，他赴法国高等研究应用学院（École pratique des hautes études）深造，师从著名汉学家戴密微（Paul Demiéville，1894～1979）与谢和耐（Jacques Gernet，1921～2018）等，极大地拓宽了学术视野。1962年，他完成博士学位论文《古汉语和汉代语言中的准后缀副词形式》（*Les formations adverbiales à quasi-suffixe en chinois archaïque et dans la langue de l'époque des Han*）；1969年凭借论文《马融——生平与创作》（*Ma Jong——vie et œuvre*）获得博士后资格。

1978年，金思德被任命为华沙大学副教授，并于1979年至1981年间担任远东系主任。在学术组织领域，他积极参与并推动波兰汉学的发展，曾担任波兰东方学会理事会秘书（1973～1976），并活跃于波兰科学院东方学委员会（Komitet Nauk Orientalistycznych PAN）及欧洲汉学学会（European Association of Chinese Studies）。此外，他还参与了《东方学年刊》（*Rocznik Orientalistyczny*）和《东方研究丛书》（*Prace Orientalistyczne*）等重要学术期刊的编辑工作。

金思德教授的学术享有盛誉，著有200多篇论文及约30本专著。其中代表作包括1970年的《中国文字》（*Pismo chińskie*）、1972年的《中华帝国的早期》（*Pierwsze wieki cesarstwa chińskiego*）、1981年的《中国神话》（*Mitologia chińska*）、1991年的《中国艺术》（*Sztuka Chin*）以及1994年的《中国文化史》（*Dzieje kultury chińskiej*）。在中国古典文本翻译方面，他同样作

出了突出贡献，译作包括1967年的《尚书》（*Księga dokumentów*）、1977年的《中国格言》（*Aforyzmy chińskie*）及《史记》的部分章节。这些著作以其扎实的学术基础和跨学科研究方法，成为波兰汉学界的经典之作。

《论语》的翻译是一项极具挑战性的任务，不仅要求译者精通古代汉语，还需要具备深刻的哲学理解。而金思德教授在翻译过程中，还面临特定政治环境带来的重重障碍。在无法前往中国、与中西学界交流受限的情况下，他凭借扎实的学术功底，深入研究中国古典文明的核心问题，完成了对《论语》的翻译。他的努力不仅突破了时代的限制，更推动了波兰汉学研究的稳步发展，彰显了他在严峻挑战中取得的非凡成就。

（二）译本的特点与翻译策略

在翻译过程中，金思德教授及其团队需要做出诸多关键决策。这些决策深刻影响了最终译本的质量与特点。首要任务是确定翻译所依循的原始文本。最终，翻译团队选用了清代《十三经注疏校勘记》中的正统《论语》版本及其注释。这一选择不仅体现了译者对儒家经典深厚诠释传统的尊重，还旨在依托具有广泛注释背景的文本，为译文打造了坚实的学术根基。此外，译者团队也关注其他重要的欧洲译本，例如顾赛芬（Séraphin Couvreur，1835~1919）和理雅各（James Legge，1815~1897）的译本。尽管未明确说明是否直接参考了这些版本，但在处理复杂概念或疑难段落时，这些译本可能为波兰译者提供了重要的辅助参考。

翻译团队的核心目标是向波兰读者普及中国文化思想，这一宏大的愿景对关键决策及整体翻译策略产生影响。为实现这一目标，团队特别注重提供辅助性文本与材料。译本中附有金思德教授撰写的详尽前言，介绍了孔子生平、历史背景、《论语》的编纂过程以及其核心哲学思想，帮助读者构建全面的语境理解。同时，译本还配有汉代石刻插图，旨在引导读者领略中国的审美传统。

在文本呈现方面，翻译完全采用波兰语而未使用中文字体，以提高可读性并吸引更广泛的读者群体。然而，这一策略在一定程度上限制了译本在比较研究中的参考价值。在结构安排上，译本忠实保留了《论语》原文的章节划分，并将所有章节标题译为波兰语（如《季氏十六篇》译作“Przywódca

rodu Ki”）。各章节内的段落以清晰的编号形式呈现。这种结构设计既尊重了原典的传统框架，也体现了在新语言环境中保持作品完整性的努力。

在语言处理方面，译者采取通俗易懂的表达方式，使文本更易于被缺乏儒家哲学知识背景的波兰读者理解，同时保留了原文简练的风格，这一点在《论语》中的简短句子中尤为突出。例如：

表 1　《里仁》篇第 8 章译文

原文	波兰文译本	现代中文转译*
子曰：朝闻道，夕死可矣。	Mistrz powiedział: Kto rankiem cnotę [tao] pojął, Ten o zmierzchu w spokoju umrzeć może.	师傅说：谁早上领悟了道，这个人晚上可以安然死去。

* 这部分为笔者根据 1976 年波兰文译本进行的再翻译。此转译的目的是帮助不懂波兰语的读者更直观地了解波兰文译本与《论语》原文之间的差异，以及译者在处理关键儒家概念和句式时所采取的策略。

译文结构自然流畅，其中“Kto rankiem ... ten o zmierzchu ...”（谁早上……，这个人晚上……）的表达形式创造了和谐的语言节奏。译者将“道”译为易于理解的波兰语“cnota”（美德），简洁地传达了“道”的核心含义，从而帮助读者更好地把握这一概念。此外，《论语》的原文高度凝练，字字皆具深意，结构简洁且逻辑严谨。波兰语译文成功保留了这一特征，仅用 13 个词准确传达了原文 9 个汉字的内涵。这种翻译既忠实原文思想，又在波兰语语境中实现了语言的自然流畅性，达到了形式与内容的和谐统一。

在保持流畅性与忠实于原文原则的基础上，译者力求再现《论语》中的平行结构。这一点在开篇第一章尤为显著：

表 2　《学而》篇第 1 章译文

原文	波兰文译本	现代中文转译
子曰：学而时习之，不亦说乎？有朋自远方来，不亦乐乎？ 人不知而不愠，不亦君子乎？	Mistrz powiedział: Czyż nie daje to radości, gdy człowiek się uczy [hüe] i czas swój ćwiczeniom w nauce wypełnia? Czyż nie sprawia to również radości, gdy wiedzę czerpać przybywają do niego przyjaciele z krain najdalszych? Czyż nie jest jednak prawdziwie szlachetny [kün-tsy] ten, kto się nie smuci, choć się na nim ludzie nie poznali?	师傅说：当学习知识并用学习充实自己，难道不是一件快乐的事情吗？ 当有朋友从远方来交流学习，难道不是一件令人欣喜的事吗？ 如果一个人不为世人不了解自己而感到忧虑，这样的人不正是君子吗？

该章包含三个结构相似的反问句，每句均由两部分组成：第一部分以介词（如“而”或“自”）引入，第二部分通过连词“不亦”连接。前两句以形容词“悦”和“乐”作谓语，而第三句则以名词“君子”为谓语。在1976年波兰文译本中，译者尽力保留了前两句的基本结构。然而，由于波兰语中“czyżnie”（难道不是）无法用作连词，因此改用“gdy”（当）引导。这一调整反映出再现古汉语平行句式所存在的挑战，根源在于两种语言在词汇分类上的差异。相对于古汉语中形容词与名词均可充当谓语的情况，波兰语在这方面有所限制。因此，为确保译文流畅，译者增添了并列结构，如“i czas swój ćwiczeniom w nauce wypełnia”（并用学习充实自己），在一定程度上弥补了句法差异。第三个句子的处理则有所不同。原文中的省略主语结构被调整，以突出“君子”这一核心概念。译者通过将“君子”作为主语，强化了这一句作为全章总结的作用。这种处理不仅增强了译文的逻辑性，也帮助波兰读者更清晰地理解“君子”的含义，从而凸显整段论述的主旨。正如上述例子所示，金思德教授的翻译在许多情况下展现出复杂而精巧的结构，要求读者具备较高的专注度以及对正式语言的理解能力。

与此同时，该译本的一大特点是高度的书面语风格。译者运用了精致的波兰语表达，使文本呈现出庄重而富有诗意的韵味。频繁使用具有古典韵味的表达方式，唤起了旧时文学作品的风格，显著提升了译文的审美价值。丰富的词语与精雕细琢的措辞进一步增强了文本的文学性。然而，正如译者本人指出：作为一部记述言行、阐述思想的经典，《论语》并非传统的文学创作，故其文学性并非特别突出。因此，这种赋予文学性的处理在一定程度上偏离了原文。然而，这一策略的目的在于更广泛地推广《论语》，不仅服务于波兰汉学界，还帮助那些对中国文化较为陌生的普通读者更容易理解并接受《论语》思想。

从翻译策略来看，该译本在无疑达成了普及性传播方面的目标。然而，一些波兰学者指出，这种普及性也带来了某些问题。比如，译者未明确说明翻译决策的依据，也未提供可供参考的来源。这一缺乏学术支撑的现象限制了对译文在语言学和哲学层面的批判性分析。此外，注释不足也未能有效处理原文不同解读的复杂性，削弱了文本的批判性深度。这种简化性策略在一定程度上偏离了原文，可能是为了提高文本的可读性和普及性而

做的让步。尽管译文在一定程度上保持了对原文的忠实性，但由于缺乏充分的学术支持与注释，其在汉学研究中的学术价值受到显著限制。

还有一个值得关注的问题是儒家思想术语的翻译，这一直是中国古典文本翻译中的核心挑战之一。在《论语》波兰文译本中，译者力求保持术语翻译的一致性，但这一策略在某种程度上简化了文本。例如，儒家思想中重要且最复杂的术语“仁”在金思德的译本中通常被译为“humanitarność”（人道）或“cnota humanitarności”（人道之德），有时也用“właściwy do ludzi stosunek”（正确处理与人的关系）或“wzajemna dobroć”（互相善待）等表述。从词义上看，“humanitarność”强调关怀、同情和对他人的善意，尤其注重对弱势群体的关怀。这一概念在波兰语中根深蒂固，与人道主义援助及人权密切相关。然而，正如安乐哲（Roger T. Ames）所指出的，“仁”在儒家文本中并无单一或固定的定义。[①] 耿幽静（Joachim Gentz）进一步强调，《论语》中“仁”在不同语境下具有多样化的含义，构成一个包含多重甚至有时相互矛盾特性的集合体。[②] 因此，对“仁”的准确解读需要依据具体语境进行细致分析，而该译本在这方面显得过于简化，难以全面呈现该术语的深层含义。

类似的挑战也存在于“孝”的翻译中。该译本将“孝”译为“nabożność synowska”（儿子的虔诚），意指对父母及年长者的尊敬。然而，“nabożność”一词在波兰语中带有浓厚的基督教色彩，通常指宗教虔诚、对上帝的敬意及深厚的信仰情感。金思德的天主教家庭背景可能在一定程度上也影响了他对“孝”的诠释。虽然这一译法易于为深受天主教文化影响的波兰读者所理解，但在中国哲学语境下将引发误解。在《论语》的许多译本中，忽视术语的具体语境与文化内涵、直接采用单一译词的现象屡见不鲜。这种简化处理、宗教背景影响及译者的语言习惯，不仅塑造了读者对文本的理解模式，也深刻影响了儒家思想在异域文化中的解读与传播。

1976年的波兰语译本中的另一个关键问题是书名《儒家对话》（*Dialogi*

---

① R. T. Ames, *Confucian Role Ethics: A Vocabulary* (University of Hawaii Press, 2011), pp. 176–179.

② J. Gentz, “The Lunyu, a Homeless Dog in Intellectual History: On the Dating of Discourses on Confucius's Success and Failure”, in M. Hunter, ed., *Confucius and the Analects Revisited: New Perspectives on Composition, Dating, and Authorship* (Brill, 2018), pp. 118–123.

konfucjańskie）的选择。这一命名在契合原文及文化适切性方面引发了诸多讨论。金思德教授对此并未作详细解释，仅指出该名称在波兰汉学领域已被广泛使用，因此他希望延续这一传统。然而，这一选择在波兰学界引起了质疑，尤其是其容易让人联想到柏拉图的《对话录》。其中，沙宁进一步指出，这种类比暗示孔子思想与古希腊哲学存在某种关联，而这一类比在文本内容中并无充分依据。与柏拉图的《对话录》不同，《论语》并非系统的哲学对话，而是由孔子及其弟子的言论汇编而成，形式更接近格言警句，且其篇幅简短、内容松散。因此，将其命名为“儒家对话”可能误导读者，使他们对作品性质产生不准确的期待。尽管这一命名可能是为了迎合波兰读者的文化认知，借鉴熟悉的文学形式，但在某种程度上偏离了《论语》的真实风貌。

探讨这一问题时，国际的翻译传统提供了重要背景。19~20世纪，《论语》被翻译成多种欧洲语言，不同译者采取了不同的命名策略。例如，顾赛芬的法语译本 *Entretiens de Confucius* 和理雅各的英语译本 *The Analects of Confucius* 均突出了《论语》作为箴言集的特质，避免了与对话体文学的联想。这反映出译者对《论语》与西方传统哲学对话作品在形式和内容上的显著差异的敏锐认识。然而，《儒家对话》这一标题已深植于波兰汉学传统，影响力延续至今。例如，2014年的一个译本将原英语标题 *The New Analects*（新论语）翻译为 *Nowe dialogi konfucjańskie*（新的儒家对话）。这一沿用体现了波兰翻译传统的延续性，但也可能限制了对《论语》性质更精准地表达。这种选择在某种程度上迎合了波兰文化和读者的预期，但同时掩盖了《论语》独特的编纂形式及其在儒家文化中的深刻内涵。

在分析金思德教授的《论语》译本时，最后需要关注的一点是，译者采用了汉字的波兰语转写方法（transkrypcja polska）。该方法由夏伯龙教授制定，旨在反映波兰语的语音特征，同时尽量接近汉语的发音。长期以来，它作为波兰汉学的标准，在翻译与研究中国古典著作时得到了广泛应用。然而，从当代中国语言文化研究的视角来看，这一转写方法存在显著的局限性。虽然符合波兰语的拼写规范，但与自20世纪80年代以来广泛采用的国际标准拼音系统相比，其直观性较差。拼音系统不仅便于将译文与中文原文进行对照，而且有助于明确辨识术语和人名。相比之下，波兰语转写

方法往往使这一工作变得更加复杂。例如，“君子”在波兰语转写中被写作“kün-tsy”，“智”则为“czy”。尽管这些拼写遵循波兰语发音规则，但它们无法准确再现汉语的音素和声调。此外，如果译文仅使用波兰语转写而未附上汉字原文，可能导致读者产生混淆——对于不熟悉中国经典哲学的读者来说，准确辨认术语的含义或将其与汉字原文对应可能变得非常困难。加之不同学术著作中对这一转写方法的使用存在不一致性，进一步加剧了理解的难度。因此，尽管波兰语转写方法在历史上具有一定的合理性，但从现代学术研究的角度来看，对当代研究者来说，它显得过于陈旧，缺乏足够的易用性和清晰度。

金思德教授将一生奉献于在波兰普及中国知识，这一点在他所有的译作和学术成就中均有体现。1976 年出版的《论语》波兰语译本《儒家对话》，主要目的是将儒家思想推广并让波兰读者更好地了解，它的目标群体是那些之前未接触过孔子学说或中国文化的读者。为了实现这一目标，翻译者做出了一些妥协。他们有意识地放弃了对哲学细节的深入分析，而是注重在波兰语中的语言流畅性，这也导致了无法精确传达一些关键术语和原文细微差别。尽管如此，这个翻译依然是波兰汉学和中国古典文学领域中的重要成就。从其初衷来看，翻译的目标显然已经实现。然而，从今天的视角来看，这一翻译仍然有必要进行修订和重新编纂，以便更好地适应现代学术标准，并更大程度地满足日益增长的汉学研究需求。

三　2018 年《论语》（*Analekta*）译本的哲学取向与学术影响

自 1976 年《儒家对话》出版以来，该译本长期作为波兰唯一完整的《论语》译本广为流传。尽管波兰汉学研究在随后的数十年间取得了显著发展，但直到 2018 年，才出现了由卡塔日娜·佩达完成的第二部被学术界广泛认可的《论语》（*Analekta*）译本。这一译作不仅填补了近 40 年来该领域的翻译空白，还为波兰学界提供了新的研究资源与探索视角，进一步推动了《论语》的研究与传播。

（一）译者的学术背景

卡塔知娜·佩达现任卢布林天主教大学人文学院文学研究所汉学系副

教授。2001 年，她在华沙大学取得汉学硕士学位，2013 年获得文学研究领域的人文学博士学位。其研究重点集中于儒家思想，尤其专注早期儒学的伦理问题。她系统性分析了《论语》《大学》《孝经》等经典文本中的核心概念。比如，在 2013 年文章中深入探讨了儒家核心术语“仁”的复杂性和多维意涵。2015 年，她聚焦于《论语》中“君子”作为人格典范的概念，分析并阐释这一实用性理想相关的行为模式与核心价值。同年，她还研究“天”“天命”“道”“礼”等概念，探讨了孔子思想中的神圣领域的内涵。佩达副教授认为，尽管文化背景不同，且孔子思想通常被视为偏向不可知论，但这些概念的某些特征可以被描述为具有儒家特有的神圣性并为理解孔子思想的神圣维度提供了新的视角。随后，她发表了《〈论语〉中的修身——君子人格的模仿》，探讨儒家的道德修养理想，同时分析了“德”和“孝”这两个概念。作者认为，这两个概念构成了《论语》中描述的道德发展的基础。

在此前的研究中，佩达副教授主要关注点是《论语》的具体概念阐释。此后，她扩展研究领域，开始涉猎其他儒家经典。2018 年，她在学术论文中首次发表了对《大学》的翻译，并对“德”和“格物”等术语进行深入解读。这一工作为她于 2022 年出版的《大学》完整译本专著奠定了理论基础。该译作出版后广受好评，波兰知名汉学家马乌戈热塔·雷利加称其为“一部制作精美、研究深入、翻译严谨的著作，不仅对汉学界意义重大，也值得所有对哲学和道德思想感兴趣的人阅读”。2019 年，她在另一篇文章《〈孝经〉——“孝”的早期含义以及文本翻译》中尝试翻译《孝经》，并对“孝”这一概念的早期含义进行了详细分析。

值得注意的是，佩达副教授的研究不仅关注儒家经典，还涉足跨文化研究和思想比较。她在 2019 年发表的（合著）专著《身体与心灵：中波心理概念化的比较研究》中，从思想史角度比较了中波两国思维方式的异同。此外，她在 2023 年发表的文章《〈道德经〉对儒家伦理的批判》中，还通过研究《道德经》与儒家伦理的批判性对话，展示了跨流派的比较研究视角。

作为波兰汉学界研究儒家伦理思想的权威，佩达副教授获得了同侪的高度评价。波兰著名汉学家马丁·雅谷比（Marcin Jacoby）教授在评论她的

《论语》译作时指出："无论作为译者还是儒家思想研究者，都难以找到比她更合适的人选来深入研究《论语》。"① 作为同样精通中国古代思想的专家，雅谷比的评价凸显了佩达副教授在儒家思想研究与经典翻译领域的卓越贡献。值得一提的是，这部译本源自她的博士学位论文，是其早期儒家伦理研究的长期延伸成果。因此，这部《论语》译本的完成，标志着佩达副教授学术研究的自然延续，体现了她对儒家思想一贯的深刻关注。

（二）译本的特点与翻译策略

为了分析该译本及其翻译策略，首先需要概述其基本特征。该译本的一个显著特点是附有丰富的副文本内容，包括导论、对儒家伦理思想的探讨、孔子及其弟子生平的详细介绍、《论语》注释传统的系统说明，以及儒家核心概念的术语表。这些内容极大地深化了读者对《论语》及其哲学和文化背景的理解。书中采用了繁体字原文与波兰文译文并列排印的形式。这种编排不仅方便读者进行原文与译文的对照分析，还提升了文本的可读性，成为汉学研究中的理想工具。

佩达副教授的翻译依托于《朱子集成》第一卷中的原文。《朱子集成》汇集了南宋理学家朱熹（1130~1200）对儒家典籍的重要注释。选择这一文本为译文奠定了坚实的学术基础，并体现了译者对儒家注释传统的深刻交互。此外，佩达副教授利用了中国哲学书电子化计划（Chinese Text Project）这一在线文本数据库，借助其丰富的原始文献与多样化的注释资源，综合比较不同的解释传统。在翻译实践中，她还参考了多位西方汉学家的《论语》译本，尤其是刘殿爵（D. C. Lau）、安乐哲、罗思文（Henry Rosemont）及伊若泊（Robert Eno）等人的当代英语译本。这些译作为她提供了多样的诠释视角和研究依据，使她能够在不同的解读之间进行比较，最终形成其充满真知灼见的诠释体系。通过结合传统与现代的研究资源，该译本在学术性和严谨性方面均达到了较高水平。

然而，佩达并未直接参照 1976 年金思德教授的译本。这一选择反映出她在方法论与翻译策略上的独立考量。与 70 年代译本注重语言流畅性与普

---

① M. Jacoby, "Analekta Konfucjusza w nowym tłumaczeniu Katarzyny Pejdy", *Roczniki Humanistyczne* 68 (2002): 240.

及性不同，新的版本更强调哲学术语的准确性与对原文的忠实再现，力图全面展现儒家思想的深邃与丰富内涵。

该译本的突出特点之一是其一致的哲学取向，忠实再现儒家思想在原始语境中的深度与精髓，特别凸显儒家道德观念的多样性与复杂结构。佩达副教授在翻译过程中力求在直译与哲学深度之间保持平衡，通过保留重要的哲学术语的原文，并在方括号内补充信息，从而帮助读者理解复杂的语境，使其更接近《论语》原始思想的真实面貌（见表3）。

表3　《阳货篇》第11章译文

原文	波兰文译本	现代中文转译
子曰：礼云礼云，玉帛云乎哉？乐云乐云，钟鼓云乎哉？	Mistrz powiedział：“ Powtarzając ［słowo］《rytuał，rytuał》（li 禮）［nie mam przecież na myśli］ jadeitów i jedwabiu. Powtarzając ［słowo］《muzyka》（yue 樂）［nie mam przecież na myśli dźwięków］ dzwonów i bębnów”.	师傅说：我所重复的“礼”［这个词］，［并不是指］玉佩和丝绸。我所重复的“乐”［这个词］，［也不是指］钟声和鼓声。

如表3所示，尽管“礼”和“乐”在波兰语中已有对应的译词（“rytuał”和“muzyka”），但译者依然保留了原始汉字及其拼音。方括号中的补充说明巧妙地融入波兰语的句法结构中，降低了直接翻译可能导致的简单化风险，同时帮助读者更全面地理解中国哲学体系中的概念独特性。

此外，佩达副教授有意避免“以西释中”的现象，即将儒家思想与西方哲学进行简单类比，强调研究中国古典文本需采用独立的分析框架。这一做法与安乐哲和罗思文在1998年《论语》英译本中提出的观点一致。这些学者指出，将西方哲学术语用于中国经典的翻译，往往导致对原文的简化甚至误读。这种差异源于西方与中国哲学传统的根本不同：西方哲学侧重于抽象的、普遍适用的概念，而中国思想更强调关系性、语境性及动态过程。因此，佩达摒弃了传统波兰语译法中受“西方化”影响的倾向，力求忠实传达儒家概念的原意，从而帮助读者更深入地理解儒家思想的文化和哲学语境。

一个典型的例子是对“义”的翻译。与传统波兰译法如“sprawiedliwość”（正义）、“prawość”（道义）或“powinność”（义务）不同，佩达选择了更具语境性的表达，如“sytuacyjna norma moralna”（情境性的道德规范）或

“to，co jest słuszne”（合乎道义的行为）。这一诠释突出了儒家伦理根据具体情境调整行为的核心原则，体现出儒家伦理的灵活性和关系性特征。如佩达所强调的，孔子并不提倡普遍的、抽象的道德原则，而是强调根据具体情境行事，并始终考虑社会背景和人际关系。因此，该译文特别关注儒家伦理的道德维度，强调“应当做什么”以及“如何行事”才能实现与“道”相一致的社会和谐。佩达的翻译突出了儒家价值体系的复杂性和语境性，为理解这一传统作出了宝贵贡献。

然而，这种方法并非无懈可击，有时可能导致过度诠释。例如，“君子”一词在波兰语通常被翻译为“człowiek szlachetny”（高尚的人），而佩达将其译为“człowiek doskonały moralnie”（道德完美的人）。正如雅谷比指出，“君子”不仅仅是道德理想的人，它更多强调的是特定社会阶层。与“小人”相对，后者指追求物质利益或个人私利的人。“君子”的行为范式则包括温和、同理心和无私奉献，这并非抽象的道德理想，而是特定社会角色的行为规范。佩达的译法在一定程度上忽略了这一社会语境，可能会引发对读者原意的误解。

佩达的翻译策略专注于儒家哲学，避免了过度简化和与西方思想的不恰当类比。然而，尽管她力求忠实原文，但《论语》本身并非易懂，其中许多段落的含义至今仍存在争议。对此，佩达指出，这种模糊性为读者提供了独立解读的空间，使他们能够自行构建对文本世界的理解，而这是受限于学术框架的译者难以完全实现的。因此，她的译文富有层次感，解读的深度在很大程度上取决于读者的文化素养和参与程度。这种开放性——鼓励读者自主探索文本的含义——成为该译本的独特价值。佩达不仅保留了原著的精神，还为不同的诠释视角提供了空间。

然而，雅谷比在评论中指出了一些术语翻译问题。例如，“先王”被译为“pierwsi królowie”（最初的国王），而非更准确的“dawni królowie”（古代国王），可能引发误解。同样，“木铎”被译为“drewniane serce dzwonu”（钟的木制心），正确的含义应是“dzwonek ręczny”（手持铃铛）。这些细节看似微小，却直接影响译文的准确性。雅谷比强调，翻译具有重要文化意义的经典作品时，必须追求最高的严谨性与精确性。

在理解原文方面，佩达也存在一些偏差。例如，《论语·子路》第 6 章中的句子："其身正，不令而行；其身不正，虽令不从。"佩达将其翻译为："如果他的行为不正当，即使下令，也不会执行。"因代词指向不明，易导致误解。雅谷比认为，更贴切的翻译应强调君臣关系："如果君主行为正当，臣民即使没有命令也会自觉行事；如果君主行为不正当，即使下达命令，臣民也不会服从。"这一诠释更契合儒家思想中道德权威与榜样作用的核心观念。

评论者还指出了编辑方面的不足之处，如语言错误、重复使用以及对中国人名的不正确处理。这些问题降低了出版物的整体质量。雅谷比认为，对于具有如此重要文化意义的经典著作，其翻译应展现出最高的严谨性与精确性，以忠实呈现儒家思想的复杂性。这类不足之处可以在未来的版本中加以修正。

尽管存在这些问题，佩达的《论语》译本依然是波兰汉学界的重要贡献。她首次尝试通过全面的哲学方法翻译中国经典，为进一步研究奠定了基础。译文突出了儒家伦理的复杂性，展示出深厚的学术洞察力。雅谷比的评论与佩达的译本所引发的学术对话，或将推动关于翻译策略更广泛的讨论，深化波兰对儒家思想的理解，促进儒家哲学在跨文化语境中的传播与诠释。直到最近几年，波兰读者才得以阅读全部儒家经典《四书》的完整译本。值得注意的是，其中三部均由佩达翻译，这再次凸显了她在这一领域作出的重要贡献。

结 论

自 1784 年至今，波兰文《论语》译本已有近 250 年的历史，这一历程反映了中波文化交流的发展与变迁。然而，与其他欧洲语言在中国古典思想著作翻译领域所取得的成果相比，波兰文译本的数量仍然相对较少，尤其是直接从中文翻译的《论语》全本译作更为稀缺。

通过对两部波兰文《论语》译本的分析，可以看出它们满足了不同读者群体的需求。一方面，对于对儒家思想了解较少的读者，1976 年的译本提供了接触和理解中国古代思想的入门机会，有助于他们增进对中国文化的认知；另一方面，2018 年的译本更适合希望深入研究《论语》的学者。该译本凭借其严谨的学术性和翔实的注释，为儒家思想研究提供了可靠的

学术参考资源。

尽管如此，目前波兰《论语》译本的发展空间依然广阔。本研究虽然在探讨《论语》在波兰的传播及译本分析方面填补了一定的学术空白，但未来仍需进一步的翻译与研究。这不仅将深化波兰社会对儒家思想的理解，还将持续推动中波文化交流与合作的发展。

（责任编辑：刘云超）

按：21世纪以来，在前所未有的时代氛围、存在感受里，人们开始以新的眼光重新解读荀子哲学以及历代同一进路的哲学。荀学的意义与价值逐渐浮现，并获得正当性；荀学研究的阵容也日益壮大，呈现出新的气象。可以说，一个历史性、世纪性、开创性的“新荀学”正在兴起。为此，“新荀学研究”栏目将陆续邀请国内外知名荀学研究专家，讲述其荀学研究的历程、特色和方法等，以为学界提供参考。本期“新荀学研究”栏目特邀台湾政治大学中国文学系刘又铭教授，讲述其在疑古思潮影响下开展的“当代新荀学”理论建构。

疑古思想下的哲学探索*

——我的荀学研究历程

刘又铭**

20世纪二三十年代，以胡适、钱玄同为先导，以顾颉刚为枢纽的“古史辨”运动，吸纳不同声音，激荡辩证，发酵扩散，形成了包括疑古辨伪、考信释古两端的疑古思潮。重要的是，这个疑古思潮持续发展，成为当代中国传统学术研究的一个基本环节与必要元素。

我求学时期接受了这一疑古思潮的洗礼，然后从大约1988年起研究荀学，逐步建构起一个“当代新荀学”理论体系。回顾这段历程，可以说20世纪疑古思潮某种程度上孕育了我的荀学研究，而我的荀学研究亦开启了

---

* 本文核心观点曾于2024年5月在杭州师范大学举办的“疑古思潮下的中国现代思想”学术工作坊首次发布，经大幅修订后在此正式发表。

** 刘又铭，台湾政治大学中国文学系退休教授，研究领域为儒家哲学史、荀学哲学史、当代新荀学。

疑古思潮在哲学领域的一个新课题。

一 疑古思想的熏染

我于1972年进台南成功大学大学部（本科）念工程科学系，毕业后隔五年进入台湾政治大学研究部改念中文系，1992年博士班毕业。这段时期疑古思想对我的影响大致如下。

我在大学部期间读过《胡适选集》和钱穆的《国史大纲》。胡适批判地看待传统以及以科学方法整理国故的主张，成为我后来学术研究的一个基本原则。钱穆“尤必随附一种对其本国以往历史之温情与敬意”[①] 的叮咛，也让我深受感动。今天看来，高中念自然组、大学念工程、没有太多传统学术包袱的我，自然而然、理所当然地接受了胡适现代视角的观点，钱穆的感性召唤则提供了一个适度的调节与校正。这样的结果有点像是“古史辨”时期“胡顾”（胡适、顾颉刚）与钱穆两条路线的融合。

大学部毕业并服完兵役后，我在台湾几所大学选读与旁听中文系课程时，相关的教本、参考书籍中多有疑古思想的影子。例如，屈万里《尚书释义》《诗经释义》跳出旧说对《尚书》《诗经》各篇章撰作情况、撰作年代的细密讨论，便是胡适以科学方法整理国故主张的体现。又如，多部《中国文学史》都提及，时代越晚的民间文学作品，对同一个故事的描述越是丰富完整，这显然也与顾颉刚的“层累说”相呼应。此外，语文学课程里，董同龢《汉语音韵学》、龙宇纯《中国文字学》、齐佩瑢《训诂学概论》等书，都能扬弃传统“小学”的某些想象附会，本着现代语文学的精神，客观纯粹地探讨语音、字形、词义的历史发展规律。其中许多地方都是辨伪考信工作的成果。

同一时期，我还参加了一个《易经》读书会。参加者每次按进度先读完自选的注释本然后一起讨论。我选的是朱熹《周易本义》、程颐《周易程氏传》和高亨《周易古经今注》。《周易本义》释义明畅，《周易程氏传》说理精粹，但二者有许多地方是另起炉灶的创意新说。相较之下，高亨扬

① 钱穆：《国史大纲》，台湾商务印书馆股份有限公司，1975，第1页。

弃《易传》以来诸家说解，直接在上古语境中重读卦爻辞原意，这样的做法更让人倾心叹服，成为我后来长期读《易》的基本进路。

在台湾政治大学读书期间，常用的参考工具书中也有许多辨伪考信、带有“古史辨”印记的论著。顾颉刚《古史辨》自不用说，其他还有张心澂《伪书通考》、闻一多《古典新义》、钱穆《先秦诸子系年》，以及屈万里《古籍导读》《先秦文史资料考辨》等。不仅如此，一般论著中涉及疑古释古的内容也很多，如徐复观的《中国人性论史·先秦篇》等。受这些书影响，我始终把疑古辨伪、考信释古当作研读古籍的一个必要前提与不能逃避的课题。

总之，在“古史辨”运动直接或间接影响下，20世纪七八十年代在相关系所（尤其是中文系）中，实实在在有个源自“古史辨”运动、经过消化积淀、持续发展着的疑古思潮。于是，大学部时期受过现代科技教育、研究所转念中文系的我，便毫无悬念地接受了疑古思想的熏染，开始了此后的学术探索。

二　从孟学立场证成冯友兰的“《大学》为荀学说”

疑古思想毕竟只是特定时代的一个共同基本课题。在疑古思想之外，我的学术关注重点是儒家哲学，而这似乎是由早年的存在感受无形中决定的。高中时期，我对课本里的《论语》《孟子》选文就很有感觉，对教室里张贴的相传为明代刘基的自勉联“岂能尽如人意，但求无愧我心”也是心有戚戚焉。这样的感受显然是儒家一路。接下来，大学部时期，一位学长建议我不要读“浅薄”的胡适，而要读马一浮（名马浮，字一浮）、熊十力。我于是去翻阅当代新儒家先驱马一浮、熊十力的书。果然，我被马一浮《尔雅台答问》中凝练深邃的理学思维打动，便把他的书放在手边，随时品读，就连后来硕士学位论文的题目也是“马浮研究”。可以说，我对儒家哲学的认真投入是从孟学派开始的。在宋明以来尊孟抑荀的风习下，这好像也是顺理成章、自然而然的事情。

对于博士学位论文，我原本打算延续硕士学位论文论题，深入研究马一浮思想，不过一件事情带来了变化。博士班三年级（1987），我在大学部讲授“学庸”课程时，发现朱熹《大学章句》颇有些地方违背《大学》原意。例如，按照先秦的文献、语境，“大学”应该是朝廷所设学府，也就是“太学”，但《大学章句》却将其解释成一种特定学问的名称（“大人之学”）。再如，“明明德于天下”应是（为政者）宣明其光明美好的德行于天下的意思，《大学章句》却说，“明德者，人之所得乎天，而虚灵不昧，以具众理而应万事者也”[①]，“明明德于天下者，使天下之人皆有以明其明德也”[②]，这便凭空塞进“光明德性”的概念，变成（为政者）促使天下人一起认明先天内在本有的“光明德性”的意思，理路大不相同了。这两处毫无疑问都是误读，类似的例子还有许多。这一刻，我前面所蓄积的疑古思想就启动了。我开始怀疑：或许《大学》思想原先并非朱注以及一般所认为的那样。

这个时候，我在图书馆找到冯友兰的一篇短文——《〈大学〉为荀学说》[③]。我惊喜地发现，虽然冯友兰说得很简略，但其洞见很可能是对的。不过奇怪的是，为什么这个说法没有得到重视？

1988 年前后，我暂时搁置马一浮思想研究，改以“《大学》思想证论”为题进行博士学位论文研究。我发现，从 20 世纪 50 年代到 70 年代，除钱穆一度赞成后又放弃外，港台已有许多学者驳斥冯友兰的“《大学》为荀学说”，另外提出《大学》是孔学（陈槃），是孟学（唐君毅、徐复观、劳干、戴君仁），是孟学、荀学的综合（蒋伯潜、劳思光、韦政通、项退结），是董仲舒之学（赵泽厚），是个空壳子（牟宗三）等论点。但我同时发现，这些驳斥都似是而非，不是对荀子哲学理解有误就是被孟学思维捆绑限定。于是我延续冯友兰的观点扩大研究，从文本、撰著年代、语词训诂、文意脉络、思想性格、致知论、修养论、政治论等多个角度，全面证成《大学》的荀学性格，论文于 1992 年完成。[④]

扼要地说，《大学》的“大学”概念来自《荀子·大略》“立大学，设

---

① （宋）朱熹：《四书章句集注》，中华书局，2011，第 4 页。

② （宋）朱熹：《四书章句集注》，第 5 页。

③ 冯友兰：《〈大学〉为荀学说》，《燕京学报》1930 年总第 7 期。此文内容与冯友兰《中国哲学史》第一篇 14 章 7 节相同，但稍有增订。又，此文后来收入《古史辨》第四册。

④ 此处及下文解说参见刘又铭《大学思想证论》，博士学位论文，台湾政治大学中国文学系，1992；刘又铭《大学思想——荀学进路的诠释》，台湾花木兰文化出版社，2015；刘又铭《〈大学〉思想的历史变迁》，载黄俊杰编《东亚儒者的四书诠释》，台湾大学出版中心，2005。

庠序”一句，指的是实体的学府而不是抽象的学问。而《大学》的论述基本上是在外王、政治实践的脉络里铺排展开的。

首先，《大学》中传授的为政之道有三个根本理念：为政者必须宣明自己的光明德性于天下，必须提升、更新人民的素质（“亲民”读作“新民”，但理路与朱熹不同），必须朝向一个至善的社会去奋斗（“止于至善”，这相当于《荀子·解蔽》的“止诸至足”）。

其次，作为未来的为政者，学子必须抱持政治实践的终极目标（“知止”），才能定、静、安（相当于荀子的“虚壹而静”），才能权衡、思量家国天下的事事物物（这便是《大学》对“格物”的解释），才能知道事事物物当中该有的本末终始的价值定位（“知本”），而这样就离“道”不远了。万事万物能符合本末终始的价值定位便是“道”，这跟《荀子·礼论》以“本末相顺，终始相应”为“礼（礼义之道）”相似。

最后是行“道”：要先根据格物所得的关于“道”的知（也就是事事物物的本末终始），诚意切实地正心、修身，然后往齐家、治国、平天下推进。齐家、治国、平天下是政治实践的三个阶段。这三个阶段的政治实践必须信守三个根本理念，那就是开头提到的明明德、亲民、止于至善三项。此外还有几个具体原则：以修身为本；由近而远；参照自己的一般好恶来设想、推知他人的需要（“絜矩之道”，相当于荀子的“操术”——操持“五寸之矩”，这有别于孟子讲的乐观简易的“推恩”）；举用贤人，斥退不善之人；根据“义”来追求利（“以义为利”，这有别于孟子的“何必曰利”）。

这样一个素朴平实的理路并没有直接提到性恶论，但也显然没有以孟学式的纯粹至善的本性为前提。并且，从头到尾，那政治实践的学习步骤、具体方案都跟荀子哲学合拍相通。总起来看，《大学》是以荀子哲学为基础来进一步发挥的作品。只因它规模宏大，文中又没有性恶论的文句，理学家便看上它，将它当作孟学经典了。特别值得一提的是，朱熹在二程的基础上，按照自以为的方式，将它的文句改正还原，区分成“孔子之言，而曾子述之”的“经一章”以及“曾子之意而门人记之”的“传十章”两个部分，然后从理本论观点逐章加以诠释，又补上一个证悟先天本体的格物致知传，于是《大学》原先格局分明但不失古朴的面貌就变得格外的条理井然，变成以孔子为“第一作者”的孟学性格的尊贵作品了。不妨说，《大学》这个新面貌就有点儿像是顾颉刚所谓的“层累地造成的”[1]。

看来应该是，《大学》作者依照荀子哲学的理路——但避开性恶论观点——建构了从立志（知止）、思量学习（格物致知）、修身再到为政的宏伟论述。而由于荀子以性恶论为中心的哲学形同禁忌，汉唐时期一直没有人明白地从荀子哲学角度来阐释《大学》。于是到了宋代，孟学派基于神圣本体的概念以及内圣中心、内圣决定外王的理路看上了它，把孟学式的本体论、心性论、工夫论放进去作为基底与根本，将它诠释成孟学的核心经典。正因为实质上是这样一个不自觉的“荀体孟用”或者说“荀体孟魂”（借用荀学的骨架、体质来阐释、发挥孟学）的“事工”，宋明以来对《大学》思想的诠释才会众说纷纭，争论不休。照这样看来，冯友兰的“《大学》为荀学说”可说是截断众流、直探根源，令人惊奇。

有意思的是，学界对我重新证成“《大学》为荀学说”这件事并不感兴趣。我在进行博士学位论文口考时，一位考试委员的提问便透露了个中原因。他问：“宋明以来，《大学》已经成了儒家核心经典。今天你的论证如果正确，你就等于否定、取消了《大学》的价值。照这样看，你做这个研究又有什么意义呢?”对这样的提问，当年的我除“追求学术真相”外，并不能提出其他有力的答辩。由此可见，所谓辨伪考信并不单纯，并非单单“科学整理”一个层面而已。不同学术立场所在乎的真相未必一致；所谓辨伪考信，其实还包括许多学术立场的差异所导致的隔阂、成见、遮蔽、意识形态等问题需要处理。

附带提一点，我早期研读马一浮思想的经历，对我这个时期的荀学研究还是有帮助的。马一浮“通而不局、精而不杂、密而不烦、专而不固”[2]的读书之道对我颇有启发。虽然当年基于孟、荀哲学的对比来检视《大学》思想时，我只是根据荀子的表述并参考孟学派学者（如牟宗三、韦政通、蔡仁厚、周群振等）的诠释，形成了我心目中的荀子哲学的理路，但由于我尽量持平开放，设想、体会这个理路所该有的前提、内蕴与效用，所以

① 顾颉刚：《与钱玄同先生论古史书》，载顾颉刚编著《古史辨》（第一册），台湾蓝灯文化事业股份有限公司，1987，第60页。

② 参见马浮《读书法》，载马浮《复性书院讲录》卷一，台湾夏学社出版事业有限公司，1981，第6页。

还是能大致感受到一个严整融贯、自足自洽的荀子哲学。或许可以说，1930年的冯友兰和1992年的我，都是本着“通而不局”“专而不固”的心态，从孟学立场确认“《大学》为荀学”。

三 从明清自然气本论发现荀子哲学潜在的性善观

完成博士学位论文之后，虽然我对荀子哲学有了比较完整的、同情的理解，但或许因为终究无法坦然接受性恶论，所以我的孟学立场并没有改变。我继续研究程朱陆王，继续讲授“学庸”“宋明理学”等课程，乐在其中。不过，不久以后，由于系里需要，我开了一门新课“中国近三百年学术史”，接触到当代新兴的、起自中国大陆学界的明清气学，连带着研究重心、研究方向也发生了改变。

我参考中国大陆学者的论述，探究罗钦顺、刘宗周、黄宗羲、王夫之、顾炎武、戴震等人的气学观点。由于先前研究过宋明理学，我很自然地发现，从明清气学与宋明理学的相关程度，可以将明清气学分成两类。第一类气学以价值满全的神圣元气为本体，其理路与理本论、心本论相容、相通。它其实是宋明理学的一部分。应该说，它是宋明理学自我补强的结果，相当于宋明理学的气学形态或气学版。我后来称它作神圣气本论。第二类气学以混沌中蕴含着一定程度价值倾向的自然元气为本体，其理路与宋明理学大幅拉开，是基本型、纯粹型或者说本色派的气学。它是与宋明理学相对、回应明清时代趋势的儒家气学，我后来称它为明清自然气本论。

如果说宋明理学（包括神圣气本论）表彰天道、性命的纯粹至善，追求超凡入圣的境界，那么明清自然气本论就是直接在自然元气自然平常的流转开合里拿捏权衡，认取万事万物或者说情感、欲望的往来交错当中的条理分寸以便自我安顿、自我超越。相较之下，明清自然气本论这样的世界图像、生命图像显得颇为普通平常。然而，沉浸在宋明理学多年的我，竟像是遇见故人一般，逐渐被它吸引过去。我开始投入其中，然后在2000年写成《理在气中——罗钦顺、王廷相、顾炎武、戴震气本论研究》一书。[①]

① 刘又铭：《理在气中——罗钦顺、王廷相、顾炎武、戴震气本论研究》，台湾五南图书出版有限公司，2000。

没料到的是，写完这本书后，以明清自然气本论为中介，我对荀子、汉儒的哲学居然多了一分正面、亲切的感受与认同。这个结果其实不难理解，因为三者的哲学进路、理论形态基本上相似相通，并且三者所受到的来自孟学派的质疑、忽视、否定也大致相似。[①] 我于是猜想，很可能三者根本就同属一派。也就是说，汉儒哲学、明清自然气本论都是荀子哲学典范创造性转化的结果。

但问题是，荀子的性恶论在其中显得特别突兀，这点要怎样解释呢？我便假设，由于哲学进路、理论形态相似，所以既然汉儒哲学、明清自然气本论或多或少地主张性善观，那么荀子哲学实质上也很可能是性善论，而它的性恶论只限于表面，只是论述策略、表述技术上如此主张而已。在这个问题意识下，我从傅伟勋的“创造的诠释学”得到启发，[②] 找到一个恰当、相应的诠释方法，于 2001 年写成《从“蕴谓”论荀子哲学潜在的性善观》一文。[③]

简单地说，荀子只在一个小范围内，也就是只从生命的本能反应来界定人性，而这样的人性会让人走向争夺、混乱、困穷，于是他说人性是恶。但荀子同样肯定人在争夺、混乱、困穷里终究会有所警惕，终究会想要另求出路，终究会愿意学习、遵行礼义而走向善，只不过这有赖于圣人的引领罢了。据此，当我们换上一个更宽的人性概念，将上述两个环节合并起来重新推论，荀子的人性论就变成一个有限程度的性善观了。

巧合的是，这篇论文快写完时，我在当时出版不久的《马一浮集》里发现，马一浮居然说过：“荀子重人为，重学习，虽骨子里已认性是善底，然荀子自己所谓性确是不善。”[④] 这段话的意趣、重点跟我不同，但“骨子里已认性是善底”一语却已将我的基本意思说出来了。

---

① 明清时期，在比较常见的论述中，气本论甚至不被作为独立的儒家理论类型来看待。一直到 1937 年，张岱年才在《中国哲学大纲》里正式标举“唯气的潮流亦即唯物的潮流”，以张载、王廷相、王夫之以及颜元、戴震的学说为代表，将其作为宋明清哲学思想三个主要潮流之一。参见张岱年《中国哲学大纲》，中国社会科学出版社，1982，“序论”第 27 页。

② 参见傅伟勋《创造的诠释学及其应用——中国哲学方法论建构试论之一》，载傅伟勋《从创造的诠释学到大乘佛学》，台湾东大图书公司，1990，第 1~46 页。

③ 刘又铭：《从“蕴谓”论荀子哲学潜在的性善观》，载台湾政治大学文学院编《“孔学与二十一世纪”国际学术研讨会论文集》，2001，第 50~77 页。

④ 马镜泉等校点《马一浮集》第三册，浙江古籍出版社、浙江教育出版社，1996，第 1141 页。

用傅伟勋“创造的诠释学”概念来说，荀子在字面上或者说在“意谓”层主张性恶，但这意谓层之下却蕴含着一个有限度的性善观。也就是说，在提出性恶观的同时，荀子也不自觉地给出了一个隐秘的、有待后人解读的有限度的性善观。问题是，两千多年来，人们只知道从表层意谓的性恶论质疑、冷落、贬抑、抗拒荀子哲学，或给予无关大局的赞许，而没能挖掘、统合其深层蕴谓，帮它做整体而正面的澄清。为什么会这样呢？这或许可以比照顾颉刚的“层累说”来提出一个特别的解释。

顾颉刚在《与钱玄同先生论古史书》中指出，中国古史是“层累地造成的”。这个观点在今天可以稍加修订，即中国古史里的某些宏大叙事，某种程度上是后人基于尊崇美化、追求圆满的心理所一层层地添加、建造出来的。相对于这样的“层累说”，我们也可以在中国哲学史中以荀子哲学为例提出一个“冻结说”：中国哲学史中的某些负面学说、观点其实是后人基于害怕残缺、排斥幽暗的心理，[①] 当下直觉地、反射式地否定它，从字面、意谓层面对它做片面与狭隘的解读，又按照这个误读将它的意思冻结、定格，使它一直得不到善解与澄清。

如果说，“层累地建造一个美好的宏大叙事”是对所选定、看重的事件的巩固加强的话，那么，“持续地冻结一个负面观点的义涵”则是对所排斥、舍弃的观点的不断压制封锁。前者凸显正面价值，后者压制表面上看似负面的观点，共同构成牢固的价值判断体系。如果说“层累说”是揭露、松解不必要的神圣包装，那么“冻结说”便是揭露、松解不必要的贬抑压制。

四 从荀学立场建构“当代新荀学”

笔者在《从“蕴谓”论荀子哲学潜在的性善观》一文的末尾已经指出，创造性地诠释出来的性善观是对荀子人性论更具普遍意义与积极意义的表述，借此便更能辨认荀子哲学在后代的踪迹，更能看见荀学派在儒学史上

① 这里采用了张灏“幽暗意识”的概念。参见张灏《幽暗意识与民主传统》，台湾联经出版事业公司，1990。应该说，中国文化并不是没有幽暗意识，而是人们会自觉或不自觉地逃避以及压抑幽暗意识，这导致荀子哲学长期被忽视进而被贬抑。

跟孟学派一样正当也一样重要的地位，还会发现荀子人性论比孟子人性论更贴近现代社会一般思想以及一般人的基底意识和自我图像。

基于这样的观点，笔者从孟学立场转向荀学立场，开始了持续至今二十余年的“当代新荀学”研究。该研究的范围与涉及的内容大致归纳如下。[①]

（一）重新诠释荀子与荀学派哲学

由于华人文化中有追求圆满的心理倾向，又由于孟子性善论哲学的牵引召唤，人们（包括孟学、荀学两种思想倾向的人）往往直觉地否定、厌弃荀子的性恶论，将其相对偏负面表述的性恶论误读成极端负面的性恶论，并将这个误读冻结、定格起来。于是，荀子哲学持续遭到忽视、厌弃、回避，没有明显的后继与发展。其实，荀子虽然宣称天人有所分、人性是恶、礼义并非来自人性，但若就其言论整体地看，并且从当代语境来重新表述，则其哲学骨子里以及实质上仍是一个阳光正向性格、符合华人一般心理倾向的思想——自然元气本体、天人合中有分、弱性善、礼义潜藏于人性之内、问学致知、积善成性等。这个创造性地诠释出来的理路是荀子哲学的等值自体变形，可以看作荀子哲学的阳光版或者说普遍形式。从这个潜在的普遍形式来看，荀子哲学一样继承了孔子哲学，参与了《礼记》《孝经》等经典的塑造，并且在后代持续发展着。

汉唐时期，与荀子同一进路的儒者居于主流，然而由于荀子的性恶论成为禁忌，他们多半避开荀子的招牌观点（天人之分、性恶论等），设法向前推进，如逐渐发展出不同于孟子的另一种性善论，又如基于禀气的差异建构起系统的、缜密的才性学（刘劭），又如持续提出不同于孟学派、与礼的哲学相表里或者说作为礼的哲学的更内在、更一般的表达的中道哲学（《中庸》《中论》《中说》等）。[②] 不过，他们普遍没有荀学一派的学派意识和身份认同，反倒在主观意识、心态上颇为欣赏孟子，甚至还在言辞中明

① 以下概述参见刘又铭《一个当代的、大众的儒学——当代新荀学论纲》，中国人民大学出版社，2019；刘又铭《当代新儒家荀学派登场了——再谈我的当代新荀学建构》，曾振宇主编《曾子学刊》第三辑，上海三联书店，2021；刘又铭《从当代新荀学看儒家哲学孟、荀两派的对比发展与纠葛迷离》，《管子学刊》2023 年第 3 期；刘又铭《从哲学角度谈儒家荀学派的重新登场》，《国际儒学论丛》第 16 辑，社会科学文献出版社，2024。

② 参见刘又铭《儒家荀学派中道哲学的成立与早期发展》，《邯郸学院学报》2018 年第 4 期。

白地称赞孟子（如扬雄、韩愈），即“孟皮荀骨”。

宋明以来，由于佛、道内倾式思想的强大压力，同属内倾式思维的孟学派终于崛起。孟学派参酌佛、道思想发展出精彩的以本体论为中心的理学，建构孟学式的中道哲学以作为儒家道统，同时强力贬抑荀子哲学，取得儒家主流地位。值得注意的是，很少有人从荀学立场起来辩护，抗拒这样的贬抑。不妨说，汉唐时期荀学的学派意识、学派认同就已经不明显，此时就更加低迷隐藏。不过，荀学实质上并没有缺席、停滞，只是用另类的方式出场罢了。如某些没有荀学旗号也没有性恶论痕迹的荀学文本被看作孟学作品，又被加上孟学诠释，变成人们心目中纯正孟学性格的经典（如《大学》《中庸》），此即“荀体孟魂”或“荀体孟用”。[①] 又如某些儒者自以为属孟学一路，却抨击理学思维，并建构了一个个荀学性格的、具有本土早期现代性的自然气本论哲学（如罗钦顺、王廷相、吴廷翰、顾炎武、戴震等）。又如有些不自知其荀学性格的荀学派人士因为跟儒家思想主流（孟学思维）扞格不入，于是自觉或不自觉地抛掉儒者身份，甚至自我放逐在儒学、传统文化之外（如 20 世纪初主张“全盘西化论”时期的胡适，又如当代部分关怀现实却对儒学失望的知识分子）。

总之，荀子哲学具有一定程度的阳光正向性格，后世也不断发展推进，儒学史上实质地存在着由荀子哲学骨子里的“弱性善论”思维所串起的“孔荀之学”以及荀学式中道的道统，或者说源远流长的儒家荀学派。

据此，在超强阳光正向性格的孟子哲学的对比之下，不但荀子哲学长期被“冻结”于直觉的误读里，后代的荀学思维或者说荀学式人格自我也特别能“藏”——抛掉荀学的标签与符号，各种各样、自觉不自觉的藏。这样的“藏”值得进一步讨论。《荀子·仲尼》说，“福事至则和而理，祸事至则静而理”，“知者之举事也，满则虑嗛，平则虑险，安则虑危，曲重其豫，犹恐及其祸，是以百举而不陷也”，“君子时诎则诎、时伸则伸也”。这样一种低调谦退、避祸防灾、能屈能伸的思维，多少说明了荀学派为何那么能“藏”。

道家喜欢讲退隐，那是与本体的自然无为相契的退隐，是道家独特的、

① 参见刘又铭《中庸思想：荀学进路的诠释》，《国学学刊》2012 年第 3 期。

典型的标志，也是学界熟悉的课题。相较之下，儒家的“藏”则似乎还没有得到足够的关注。从上述荀学派的情况来看，儒家的“藏”更多是一种不得已的策略，伴随着顺应现实的、权且变通的作为，蕴含着对未来的一份积极正面的追求。倘若当事者没有明说，甚至没有自觉，则其所作所为及其内在意义可能会湮没在历史中，或淆乱于错误的历史书写中。于此，又可以帮疑古思潮添加一个“藏身说”：中国历史上颇有些事实、事件会因当事者各种自觉不自觉的自我藏身而模糊不见。

（二）建构“当代新荀学”，建立当代新儒家荀学派

原来，荀子哲学骨子里蕴含着阳光正向的性格，并且在后代迂回曲折地发展至今。基于这个发现，今天的荀学学者可以安心面对质疑与贬抑，坦然正当地建构“当代新荀学”，建立21世纪当代新儒家的荀学派。

如果说20世纪由孟学派担纲的当代新儒家是接着孔孟哲学以及宋明理学来讲当代新儒学（实即当代新孟学），那么21世纪当代新儒家（含孟、荀两派）的荀学派便是接着孔荀哲学、汉晋唐宋荀学以及明清自然气本论来讲“当代新荀学”。我心目中“当代新荀学”最基本的观点大致如下。

首先，承袭明清自然气本论，在现阶段继续主张自然元气本体论、自然禀气人性论。自然元气、自然禀气的发用，都只是浑然自然地开合流转。表面上杂多零碎、紊乱无序，但又整体地、终极地蕴含着某种程度的价值倾向，并且因此潜藏着一定的条理与规律，可以让人在现实具体的行动、操作中探索、印证。这样的理路脱离了中古时代神圣本体论以神圣本体为中心的体用论思维，跟现代自然科学交叠兼容，却还是能够给出一份现代人所需的不多不少的本体论承诺。

其次，每个人的自然禀气不尽相同，其发用——寻常的情感、欲望、知觉——也不尽相同。这不尽相同的情感、欲望、知觉三者便是自我与人格的主干。寻常的情感、欲望中潜藏着条理分寸，等待人们在经验与岁月中领悟、确认。寻常的知觉除认知、辨识、思量外，还能反复斟酌权衡做出价值判断。生命借由三者的统合协作、观摩学习以及一次次的尝试错误、探索冒险，便有可能逐渐向前开拓，追求自我的更新、成长与提升。

最后，人各不同的自然禀气及其发用（情感、欲望、知觉）也意味着

与生俱来的、从生命根源处便开始的个殊性。必须从生命起初的混沌自然与个殊性出发来设想价值的获得以及群体的安顿之道。简单地说，必须看重人际间的沟通协调以及事物间的对比考察，来获取人事物当中的条理分寸；必须看重知识的探索累积以及制度的规划建构，来巩固价值的获得；必须看重不同文化间的对话激荡与互相学习，免得狭隘封闭；并且这一切又都必须不断地更新修正，免得僵化脱节。

这样的“当代新荀学”，其理路极其寻常普通，但与当代一般的存在感受、观念知识、习俗制度相通兼容，是真正属于当代社会与当代人生的儒家哲学。它将继承明清自然气本论所蕴含的本土早期现代性，进一步完成华人现代性的未竟之业。

结语：疑古思潮下本土哲学研究的新课题

1930 年，冯友兰令人惊奇地提出“《大学》为荀学说”。20 世纪 50~70 年代，港台学者一边倒地否定这个观点。没想到的是，我从孟荀哲学全面对比视域，于 1992 年重新证成这个不被期待的观点。更没想到的是，受此触发，我从 2001 年迄今又持续进行了一波荀学研究，并且有了意想不到的发现：荀子哲学本身并非表面上那么悲观负面与外倾无根；荀子之后其实有许多荀学学者，因为对荀子哲学心存顾忌而自觉或不自觉地抛开荀学标签，但还是迂回曲折地将荀学派哲学不断向前推进；荀学本身自洽自足，所谓的当代新儒家可以有也应该有荀学一派。

这些发现值得再从疑古思想的角度予以检视。在普遍的“渴慕、追求圆满”与“顾忌、压抑幽暗”的心理倾向下，人们总是在主观意识里偏爱孟子哲学，最后也终于强化、巩固以及独尊了孟子哲学。与此同时，孟子哲学以外另一个看似瑕疵品、让人不安的荀子哲学则持续被“冻结”于极端负面与“哲学不正确”的直觉印象里，历代荀学学者则多半自觉或不自觉地“藏身”于没有荀学标签旗号的情况里曲折推进。可以说，华人“追求圆满、压抑幽暗”的文化心理倾向过度肯定、维护了孟学派哲学传统，同时长期地忽视、排挤、压抑、遮蔽了从荀子到戴震的一整个荀学哲学传统。很可能，连带着许多相关层面的事实及其背后真正的原因也遮蔽不见了。要不是因为被发现，人们大概很难想象到，一种来自心理因素的力量，居然可以大幅地遮蔽历史的真相。这应该也是本土哲学领域里头一个实实在在的、系统庞大的、自古至今持续发生着的“古史辨”课题——被压抑遮蔽了的荀学派哲学发展史。

或许还可以进一步追问，是否还有其他思想流派只因不是处在思想光谱的中央位置，或者说阳光正向的性格不够明显，而与儒家荀学派一样，或多或少地遭遇忽视、误读、排挤、遮蔽？这是很有可能的。如先秦诸子中的法家[①]、阴阳家，又如道家中的“黄老学—道教”一系，又如中国佛教里的唯识宗、净土宗，唐代的景教，等等，说不定都或多或少存在类似问题，值得关注探究。相较于过去侧重辨伪与清除，这应该是疑古思潮下本土哲学研究的一个新课题。

（责任编辑：张恒）

① 宋洪兵关于法家的研究是个很好的例子。他认为，“循法，方能成德，这便是韩非子真精神的本质内涵”，“韩非子并不讳言善，更不是学界以往所认定的‘非道德主义’。事实上，他也将善作为一种价值来加以提倡”，“韩非子与荀子一样，主张道德意愿并非源自人内在的德性，而是由外而内逐渐形成的一种‘外塑型道德意愿’”。这就颇有清除学界成见、误读，还原法家真精神的用意。参见宋洪兵《循法成德：韩非子真精神的当代诠释》，生活·读书·新知三联书店，2015，第23、61~62、64页。

周秦之变视野下孟、荀对道德与政治关系的思考*

李宗敏**

摘　要　道德与政治的关系问题，是先秦儒家政治哲学中的关键问题。这个问题根本上是要回答如何看待政治当中的血缘伦理特征。孟、荀结合各自的时代背景提出自己的主张，其理论是有效的，整体呈现出瓦解周制的效果，但也存在着现实困境。孟、荀所处的不同困境，本质上是先秦儒家思想与君王价值诉求之间的冲突。相对于理论的有效性而言，与君王的价值诉求相一致是理论被应用于政治当中的关键因素。董仲舒针对秦制之弊，以及汉朝政治面临的困境，从先秦文化中汲取“营养”，完成了由先秦儒家重民立场向君本立场的转变，才使其思想得到了汉武帝的认同，被应用于政治实践当中。

关键词　周秦之变；德治；王道政治；礼治

自平王东迁，周室衰微，血缘伦理政治逐渐向地域性政治转变，基于血缘伦理而形成的道德体系在政治当中逐渐弱化。因而，如何看待政治中的道德因素，便成为这一时期各诸侯国需要解决的问题。先秦儒家为使社会、政治重回有序，对道德与政治的关系进行了一系列回答，从而构建起儒家政治哲学体系。学界关于先秦儒家的政治哲学研究成果十分丰富①。本

---

*　本文系西北大学2024年研究生科研创新项目“周秦之变背景下荀子韩非对道德与政治关系的思考”（CX2024124）研究成果。

**　李宗敏，西北大学中国思想文化研究所博士研究生，主要研究方向为先秦思想史。

①　近年来相关研究主要有：储昭华、熊沂《“人皆可以为尧舜”的政治哲学意蕴》（《中原文化研究》2023年第4期）；隋思喜《道始于情与情感的政治——先秦儒家政治哲学之重思》（《吉林大学社会科学学报》2022年第1期）；孙晓春、王磊宁《圣王故事与先秦儒家的政治哲学》（《政治思想史》2020年第1期），李友广《诸子视野与先秦儒家政治哲学》（中国社会科学出版社，2023）。这些研究成果大都是从哲学的层面对先秦儒家政治哲学进行讨论，虽然在其中也偶有对先秦儒家所处时代背景的关注，但是更多是在宏观的历史背景对先秦儒家政治哲学进行整体性把握，忽略了孟、荀所处的不同时代背景，从而对先秦儒家政治哲学演变的社会环境因素缺乏充分、细致的关注，甚至对先秦儒家政治思想做出了不恰当的判断。

文以孟、荀为主要研究对象，试图从各自的具体历史情境出发，对孟、荀政治理论的有效性及其困境进行讨论，并对汉儒针对二人理论与现实政治的不相适应所进行的理论应对进行探讨。

一　诸侯相王背景下孟子王道政治的有效性与困境

春秋时期周制尚未完全崩坏，各诸侯国依旧残存着周礼的影子。据颜世安统计，齐桓公称霸前的春秋早期，贵族言“礼”仅有两次，而齐桓公称霸至晋文公卒的五十年间，贵族言礼多达二十余次[①]。这就说明，春秋以降，虽然礼乐制度逐渐崩坏，但是礼在这一时期无论是各诸侯国内部还是各诸侯间依然是统治者稳固权力所倚仗的手段，并没有完全丧失其政治功用。

之所以如此，在于周天子权威虽然衰弱，但各诸侯国并未有一国独霸的实力。大国在外交当中需要借助小国造势，小国需要依靠大国生存，大国之间又处于相对均势状态。在这种相互需要、相互依存的矛盾冲突当中，周天子成了大国崛起的合法性象征。欲称霸便不得不“尊王”，尽管实质上天子走向弱势，但形式上仍然必须遵循周礼，这充分说明此时礼治仍然有效。因此，礼成了这一时期诸侯称霸的合法性依据，大国以礼团结小国、孤立其他大国，从而实现称霸的目的。

面对周制逐渐衰微、周礼逐渐崩坏但尚有挽救余地的诸侯政治，孔子基于周礼相较于殷礼、夏礼史料的完备以及制度的完善，在构建其政治理论之时，必然不会斥周礼于其视野之外，而是对周礼进行改造。孔子云：“我欲仁，斯仁至矣”（《论语·述而》），这实际上便是将“周礼”中的强制性意蕴转化为教化性意蕴。换言之，“周礼”不再是强迫人们遵守的社会规范，而是人们主动自觉遵守的道德约束。

当历史进入战国时期，整个天下处于大国均势状态，诸侯相王成为战国初期至中期诸侯竞争的显著特点。在这一政治背景下，孟子提出的王道政治对解决现实政治问题的有效性与现实困境又分别是什么呢？

---

① 参见颜世安《礼观念形成的历史考察》，《江苏行政学院学报》2003 年第 4 期。

与孔子一样，孟子对道德的认识体现出血缘宗法伦理的特征，并将道德视为政治的基础。二者不同的是，孟子并没有从“天生德于予”（《论语·述而》）的角度出发来论述道德的重要性，而是将人的“四心”视为道德的根源。相较于孔子重视道德内在约束的同时还重视政治制度的外在规范，孟子更为重视人本身的自觉，弱化外在规范对人的约束作用。因此，孟子对政治的认识，更加强调统治者个人的道德自觉。当亲情与政治发生冲突之时，孟子在孔子“亲亲相隐”观念的基础上进一步提出“窃负而逃”的主张。由孔到孟在关于亲情与政治冲突的抉择中，由“隐”到“逃”的演变，体现出春秋晚期到战国中期先秦儒家不断提升道德在政治统治中的作用。孟子此举与战国中期的诸侯政治是相关的。

战国中期，魏国霸权地位逐渐衰落，齐国开始崛起。至公元前 334 年，齐魏互相称王，战国由此进入相王时代。不同于春秋时期为诸侯实现称霸需要树立大国对小国的信誉，战国时期整个天下已不再是春秋时期诸侯林立的局面，诸侯实现称霸也不再需要小国的支持。因此，这一时期诸侯争霸不再像春秋时期的联盟与联盟之间的竞争，而是更多表现为大国之间或者一国对多国（具体表现为合纵与连横）的竞争。据赵鼎新统计，“大规模的战争也直到公元前 405 年才开始频繁出现。有史记载的发生于战国时期的 20 次伤亡人数超过 2 万人的战争中，有 15 次发生在公元前 317 年到公元前 256 年这 61 年间”[①]，可见，战国时期的战争规模、参战人数、战争时间相较春秋时期均有所扩大。孟子约生于公元前 372 年，于公元前 289 年逝世，正处于诸侯相王以及诸侯战争规模逐步扩大、破坏性逐渐变强、战争频繁的历史时期。基于战国中期的政治、社会问题，在周秦之变的宏观视野下，孟子对天下将走向何方的问题也作了思考，其思想主张更多表现出呼吁各诸侯国停止战争、发展民生的意图。当然，正因现实政治、社会环境的恶劣，处于战国中期的庄子在其思想当中表现出对现实的失望。而对以出仕为实践目的的孟子而言，则选择迎难而上，试图突围现实问题。虽然相较于春秋晚期，这一时期诸侯国的数量大大减少，但并没有改变春秋以降诸侯之间均势的境况，因而孟子在理论建构中依然延续着孔子重视道德的思

① 赵鼎新：《东周战争与儒法国家的诞生》，夏江旗译，华东师范大学出版社，2006，第 18 页。

想主张。

基于战国中期的政治、社会矛盾，在天下统一之势尚不明显的情况下，孟子为使各诸侯国停止战争，将国家发展重点由诸侯争霸转向发展民生，提出了王道思想。其理论建构从“四心”出发，并延伸到国家制度层面，将道德视为政治的基础。孟子的思想主张是否对现实政治问题有效解决？我们可以以孟子与魏惠王的谈话为切入点，对孟子王道思想的有效性进行分析。孟子见梁惠王之时，惠王刚刚经历多次战败，[①] 因而当其见到孟子之时便问：“不远千里而来，亦将有以利吾国乎？”（《孟子·梁惠王上》）这里梁惠王所言“利吾国”并不是要实现其称霸的目的，而是为了再次实现魏国崛起。孟子则从发展民生的角度对梁惠王的问题进行回答。孟子的核心论点是君王应重国家公义［“王亦曰仁义而已矣”（《孟子·梁惠王上》）］；臣民做到忠孝仁义，不去为利益争斗；注重发展民生，使民众能够“养生丧死无憾”（《孟子·梁惠王上》）、“七十者衣帛食肉，黎民不饥不寒”（《孟子·梁惠王上》）。只有使民众生活富足，做到孝顺父母、敬爱兄长、忠诚守信等，君王才能够实现“定于一”（《孟子·梁惠王上》）。在与齐宣王谈话之时，孟子甚至提出“保民而王，莫之能御也”（《孟子·梁惠王上》）。应该说，重视农业生产、发展民生、施行王道教化对梁惠王实现魏国再次崛起的目标是有益的。但是从孟子的论证来看，认为只要民众生活富足，就会得到其他国家民众跟随，自有其夸张的成分。

在以军事实力判断诸侯国实力强弱的战国中期，当民生发展不足以提升国家军事实力，那这个国家也不过是其他诸侯国的刀俎之肉。可以说，孟子的问题在于其未将民生与增强国家军事力量相结合。当然对反对战争的孟子来说，他也不可能将发展民生与增强国家军事力量结合起来。因而，魏惠王“迂远而阔于事情”[②] 的评价并不是说孟子的思想主张对于现实问题的解决无效，而是说孟子试图以道德表率、发展民生统一天下的主张过于

---

① 据《史记·魏世家》记载，梁惠王见到孟子之时，谈及“寡人不佞，兵三折于外，太子虏，上将死，国以空虚，以羞先君宗庙社稷，寡人甚丑之。”（汉）司马迁撰，（宋）裴骃集解，（唐）司马贞索引，（唐）张守节正义《史记》（第六册），中华书局，1959，第1847页，可见这一时期魏国无论是外交、军事还是内政都陷入了困境。

② （汉）司马迁撰，（宋）裴骃集解，（唐）司马贞索引，（唐）张守节正义《史记》（第七册），中华书局，1959，第2343页。

理想，并不符合现实政治的价值诉求。但如司马迁所言："余读《孟子》书，至梁惠王问'何以利吾国'，未尝不废书而叹也。曰：嗟乎，利诚乱之始也！夫子罕言利者，常防其原也。故曰'放于利而行，多怨'。"[1] 人们对利益的追求恰恰是国家、社会混乱的原因，因而孟子反对言利、主张言仁的主张实际上也有着从根本上防范社会混乱的意图在其中。

由于孟子的思想主张并未应用于政治实践，所以我们只能从孟子有关当时诸侯政治的阐述来看其思想主张的有效性。从战国中期的时代背景来看，孟子的使民有"恒产"、富民—教民等思想主张对解决各诸侯国的民生困境是有效的。从处理诸侯国之间的关系上来说，孟子道义至上、以王道平治天下的思想，与各诸侯国利益至上、以武力兼并天下的政治诉求格格不入，但是也不能忽略其重要价值。据《孟子·梁惠王下》载，齐宣王趁燕国内乱之际攻打燕国，大获全胜。于是询问孟子是否应兼并燕国，孟子答曰："取之而燕民悦，则取之。……取之而燕民不悦，则勿取。"这里孟子主要是从民心的角度来劝说齐宣王，借以宣扬以民心为基础、以道义为导向的战争观念，他认为如果齐国不能得到燕国民众的认可，那么即使齐国吞并了燕国，对燕国民众而言不过是换了个统治者，并不能改变其生活境遇。然而，齐宣王并未听从孟子的劝诫，选择继续攻打燕国，最终引来其他诸侯国的干预及燕国民众的反抗，只能撤退。以至于齐宣王反省："吾甚惭于孟子。"（《孟子·公孙丑下》）这表明孟子的王道思想在这一时期并非完全没有价值。从齐攻燕的最终结局可见，如何解决国民对新政权的认同问题，是战争结束后统治者所面临的主要问题。从孟子与齐宣王的谈话来看，孟子的王道政治能够有效地解决这一问题。但也正是由于孟子的思想以道德仁义为根基，与利益至上的诸侯政治格格不入，因而各国君王不会采用孟子的思想学说。应该说，与现实君主利益诉求不一致，是孟子思想学说的现实困境。

前文我们在分析孟子王道政治在战国中期有效性的同时，也分析了孟子王道思想与诸侯的政治目标格格不入的现实困境。战国中期以降各诸侯国内已经将道德排除于政治之外，道德不再成为诸侯在争霸过程中的依凭，

---

① （汉）司马迁撰，（宋）裴骃集解，（唐）司马贞索引，（唐）张守节正义《史记》（第七册），第2343页。

道德表率作用已然失去了效果。而孟子的王道政治学说恰恰又是以仁义道德一以贯之，其所言“师文王，大国五年，小国七年，必为政于天下矣”（《孟子·离娄上》），在当时注定是空想。

概言之，孟子的现实困境更多表现为统治者对道德学说的排斥。由于现实社会、政治对于道德伦理的否定，孟子才会在孔子思想的基础上更为重视道德对政治的作用，从而呈现出泛道德化的思想倾向。这种泛道德化思想倾向，与以利益为价值诉求的诸侯政治呈现出对抗性矛盾。具体来说，孟子将道德视为政治的基础，实际上便是在否定诸侯已有政治统治的“正当性”，这对固有政治秩序而言是不可接受的。从孔子到孟子的思想演变呈现出道德在政治当中的地位、价值逐渐强化的趋势，但在同一时期的诸侯政治当中，道德却呈现出地位、价值不断被弱化的趋势。正是由于思想主张与诸侯政治“一强一弱”的演进，孟子的思想与诸侯政治间呈现出对立性。

应该说，孟子面临的困境并非其一人的困境，孟子之后的邹衍亦是如此。邹衍同样看到了各国君王荒淫奢侈、不推行德政的现状，试图以五德终始说来规劝君王。但是最终只能与孟子一样，面临“王公大人初见其术，惧然顾化，其后不能行之”[①] 的现实困境。可见，孟子的困境是战国中期以降，追求道德、肯认道德价值、有理想、有志于改变现状的所有士人的困境。值得说明的是，邹衍虽然也希望各国诸侯能够推行德政，但他与孟子不同的是，他不再只是以道德去劝诫君王，而是试图“作先合，然后引之大道”[②]，先得到君王的重用，再对君王进行引导。由此可见，战国中期，像孟子、邹衍一类的士人对改变现实的渴望以及不被重用的悲凉。也正是孟子的王道思想与诸侯政治呈现出的对立性，一定程度上也使战国中期以后，儒家在诸侯心目中的地位不断弱化，以致秦昭襄王有“儒无益于人之国”（《荀子·儒效》）的认识。

孟子王道政治的价值在于，在从诸侯到民众都在以利益为价值诉求的

---

① （汉）司马迁撰，（宋）裴骃集解，（唐）司马贞索引，（唐）张守节正义《史记》（第七册），第 2344 页。

② （汉）司马迁撰，（宋）裴骃集解，（唐）司马贞索引，（唐）张守节正义《史记》（第七册），第 2345 页。

现实背景下，孟子为整个社会、政治设置了一条追求利益的边界。即人追求利益不能违背人的基本道德——孝、悌、忠、信；不能违背社会的基本规范——仁、义、礼、智，否则社会就会陷入混乱，政治制度就会走向崩塌，君王自身的权势地位也会受到威胁。张伟仁认为，孟子“这种理论促使人们对旧有的许多观念、习惯、制度、规范等重新思考，其潜在的影响力不可忽视”,[①] 此言为我们分析孟子王道政治的价值提供了新的视角。孟子王道政治学说虽然没有受到各诸侯国的重视，但是他把“人”的价值地位提高到了前所未有的高度。这种做法虽然并没有被诸侯承认的可能性，但是它解放了人的思想，冲击了传统观念里人被笼罩在原始宗教阴影之下的思想，一定程度上起着瓦解周制意识形态的作用。

二　秦国独大背景下荀子礼法并重思想的有效性与困境

战国以降，伴随着秦的崛起，诸侯均势的局面也被逐渐打破，演进为秦一国独大的局面。在这一背景下，荀子礼治思想的有效性与困境又分别是什么呢？

不同于孟子关于道德的认识呈现出宗法血缘伦理的特征，荀子对道德的认识呈现出弱化宗法血缘伦理的特征，主要将道德视为个人的修养、行为规范。因而在荀子的政治思想当中呈现出对“礼”的重视。在道德与政治的关系问题上，荀子也不同于孔、孟将道德作为政治基础的主张，而是将道德视为政治的附属。当然这与荀子所处的时代背景有关。不同于孟子思想与诸侯政治呈现出的对立性，荀子看到了政治、社会环境的转变，因而其理论更多体现出对诸侯政治、社会环境的顺应。与先秦儒家对道德的认识不同，韩非更是将道德作为修养的同时，亦赋予道德功利性色彩［“庆赏之谓德”（《韩非子・二柄》[②]）］。不同于先秦儒家，先秦法家思想中对道德的认识更为突出对“公德”的重视，即对政治人物在公共生活中的道德要求（如严格执法、公私分明、安于职守、忠君爱国等）。在关于政治的认识上，荀子延续了孔孟关于统治者政治行为的正当性的主张，所不同的

---

① 张伟仁：《寻道：先秦政法理论刍议》，生活・读书・新知三联书店，2023，第256页。

② （清）王先慎撰，钟哲点校《韩非子集解》，中华书局，2013，第42页。

是孔、孟将是否违背仁义礼智等道德规范作为判断统治者行为是否正当的主要标准，荀子则是将“礼”“法”制度规范作为判断统治者行为是否正当的主要标准。与先秦儒家不同的是，法家更为关注统治的有效性。

战国晚期，军事力量的强弱对国家命运走向的决定性意义相较于战国中期更为突出。如相传长平之战坑杀赵国40余万人，使赵国“壮者尽于长平，其孤未壮”①，赵国自此走向衰弱。据许田波统计，“从公元前356年到公元前221年，秦国在96场有大国卷入的战争中发动了52场战争（占比54%），并取得了其中48场的胜利（占92%）。而在以秦国为攻击目标的联盟战争中，秦国五战三胜”②。由此可见，伴随着秦的崛起，自春秋以降诸侯国之间所形成的均势状态被打破。魏国由于桂陵、马陵之战后，霸权逐渐走向衰落；秦昭襄王时期，通过鄢郢之战、六国伐齐、长平之战等战役，使得当时的齐国、楚国、赵国走向衰亡，统一之势逐渐呈现。

在这一背景下，荀子的理论构建的对象极为明确，即针对秦国制度。对于荀子而言，他只有两个选择：一个是如何改造秦制，另一个是如何阻挡秦的统一。从《荀子》文本观之，荀子的思想当更倾向于前一种。荀子游秦作为战国末年的一场文化事件，其与秦昭襄王、应侯的谈话也体现了儒、法在“何为最好的秩序”问题上的不同解答。《荀子·强国》中，荀子从地理条件、民众生活、官吏素质、士大夫为政、朝廷治理等五个方面对秦制进行了评价，得出“四世有胜，非幸也，数也”的结论，对秦的崛起表示了肯定。但是荀子亦看到了秦制下的民众、士大夫、官员、朝廷治理与古时只是看起来相似，实际上相差很远。荀子以委婉的方式指出秦政“殆无儒”（《荀子·强国》）的缺陷。从字面意思来看，“殆无儒”是说秦政当中缺少儒家；从更深层次来看，缺少儒家是荀子批评秦政之所以看起来会与古时一样，实际是依靠严刑峻法使人恐惧不敢不服从来实现的秩序稳定。所以荀子才会讲：“兼是数具者而尽有之，然而县之以王者之功名，则倜倜然其不及远矣。”（《荀子·强国》）可见，荀子并不像一些学者所认为的

① （汉）司马迁撰，（宋）裴骃集解，（唐）司马贞索引，（唐）张守节正义《史记》（第八册），中华书局，1959，第2477页。

② 〔美〕许田波：《战争与国家形成：春秋战国与近代早期欧洲之比较》，徐进译，上海人民出版社，2018，第61页。

是被秦制的表象蒙蔽[①]，而是在以一种委婉的方式进行表达。

荀子实际上已察觉到秦制完全建立在“暴察之威”之上。荀子云：“礼乐则不修，分义则不明，举错则不时，爱利则不形；然而其禁暴也察，其诛不服也审，其刑罚重而信，其诛杀猛而必，黭然而雷击之，如墙厌之。如是，百姓劫则致畏，嬴则敖上，执拘则最，得间则散，敌中则夺，非劫之以形势，非振之以诛杀，则无以有其下。夫是之谓暴察之威。”（《荀子·强国》）这与秦制的特征是高度一致的。在荀子看来，建立在强权之上的秩序并不会长久，它始终存在着“天下之一合而轧己”（《荀子·强国》）的潜在危机，并不能从根本上防范天下大乱。因此，荀子才会建议秦国“力术止，义术行”（《荀子·强国》），他批评李斯，“今女不求之于本而索之于末，此世之所以乱也”（《荀子·议兵》），就暗含对秦的警示。

荀子正是看到了战国末期诸侯政治的不足，才会试图基于道德之威构建起新的秩序。学者东方朔言：“依荀子，不是独立于政治之外的道德可以塑造客观的秩序，为人们带来‘王道’的理想，而是良好的政治及其蕴含的规范原则可以为人们带来‘群居和一’的合符礼义的生活。”[②] 此言有理，但基于道德之威建立的新秩序，只能借助现实当中的诸侯国来实现。也就是说，这一新秩序奠基于现实政治秩序的“合理性”，而非颠覆性重建。荀子之所以会选择改良诸侯政治，主要原因在于战国末期诸侯政治已相对稳定。诸侯政治已然不像春秋以降至战国中期的诸侯政治——君臣互疑，政治秩序不稳定。而到了战国末期，各诸侯国的中央集权制逐渐确立，君臣关系、中央与地方关系也都相对稳定。故而，与孟子王道政治与诸侯政治呈现出的对抗性特征不同，荀子承认权力为政治的基础，认为施行道德教化的前提是君子拥有权势［“君子非得势以临之，则无由得开内焉。”（《荀子·荣辱》）］。这种将道德纳入政治当中，是对建立在权势之上的诸侯政治

① 余治平认为“荀子以为，理想中的‘古之吏’在秦国大小官吏身上得到了落实，而说这才是‘合乎古道的官吏’，其实是他的一种错觉。因为儒家传说中的上古圣王，他们治下的官吏所表现出来的高素质，完全出于自觉自愿，而一定不是来自任何外在力量的强制和权力胁迫”。余治平：《“荀子入秦”：何以成为一个文化事件？——儒者直面法家治理的精神体验与思想评判》，《孔子研究》2019 年第 6 期。

② 东方朔：《权威与秩序：荀子政治哲学研究》，生活·读书·新知三联书店，2023，第 394 页。

"合理性"的承认。成书于战国晚期的《礼记·文王世子》亦云："君子曰德，德成而教尊，教尊而官正，官正而国治，君之谓也。"[①] 主张君主提高自身的道德修养从而教化臣民。结合战国末期的政治背景，《礼记·文王世子》的作者与荀子一样有着以道德改良政治的意图。

对此，李友广认为"在新旧制度交替的春秋晚期与战国时期，从对人的本质及存在合理性的反思到转向政治制度的设计是诸子从哲学思考向政治实践的回落，而这一时期的政治实践又受到长于治世理论与制度设计的法家的影响，荀子虽守持基本的儒家立场，但道德于政治领域的弱化也是其政治哲学理论的显著特点"[②]。此言是有道理的，但这里的"弱化"是从孟子过度强化道德在政治当中的作用与韩非主张在政治当中排除道德的视角出发，对荀子思想当中道德与政治的关系所进行的中性考量，并不足以概括荀子思想当中所体现的道德与政治关系。从荀子所处的时代背景来看，荀子对道德与政治的思考基于诸侯对"力"的追求以及对"义"的轻视的现实，尤其是当时秦国统治者过度重视力量、利益而忽视道德价值。因而荀子认为，其稳健的政治秩序下潜藏着致命的政治危机。从这一角度看，荀子对道德在政治领域中的地位的强调，是针对诸侯政治当中所存在的隐患进行尝试性弥补，反映出先秦儒家在理论构建中由思考政治秩序的"应然"指向逐渐转变为对政治秩序的"实然"考量。从荀子依然固守的道德立场与诸侯的利益诉求格格不入可见，荀子并未完成这一转变。从秦朝二世而亡的结局来看，荀子对秦国"粹而王，驳而霸，无一焉而亡。此亦秦之所短也"(《荀子·强国》)的论断是正确的。秦朝正因忽视了政治当中的道德价值，对公室宗亲进行屠杀，忽视了君臣之间的道德义务，使朝廷之内君臣异心，在农民起义攻入咸阳前已然趋于崩溃。自秦以后，汉武帝"外儒内法"政治模式的成功实践，虽并不一定是受到了荀子思想的影响，但其政治模式的成功实践表明，荀子以道德改良集权政治的主张是有效的。

---

① (汉)郑玄注，(唐)孔颖达疏，龚抗云整理，李学勤主编《礼记正义》，北京大学出版社，1999，第636页。

② 李友广：《政治视域下的道德因素考量——荀韩哲学思想之比较》，《人文杂志》2022年第4期。

综上，结合荀子所处的时代背景可见，荀子对诸侯政治（尤其是秦政）的分析切中要害，其思想虽不存在与诸侯政治相对立的倾向，但依然面临思想主张不被诸侯所用的现实困境。究其根本原因，是战国末期的诸侯对儒家思想的有效性持怀疑态度。当荀子游秦见到秦昭襄王之时，王问荀子曰“儒无益于人之国”（《荀子·儒效》），很明显这是一个设问句，其潜在的意思即是儒家对治国无用，亦无重用儒家人物的可能。这与梁惠王见孟子时所言“不远千里而来，亦将有利吾国乎”（《孟子·梁惠王上》）的语气并不一样，梁惠王此言还暗含着重用儒家人物的可能。由此可见，儒家虽作为战国晚期的显学，但是其思想主张、价值作用并没有得到各国诸侯的认可。如，战国后期，孟尝君的夫人与门客有私情，孟尝君知道了这个事，对这个事选择了原谅并且助该门客出仕，最后这个门客制止了一场卫国攻齐之事。齐人称赞道：“孟尝君可语善为事也，转祸为功。”[①] 可见在各诸侯国内，道德伦理价值已然被政治功利消解，以功利为目的的价值导向已成为当时自上而下的风气。荀子的礼治思想与战国末年社会风气、诸侯的政治诉求的格格不入，决定了荀子的困境。此外，在政治立场上，荀子延续了孔、孟“从道不从君”（《荀子·子道》）的儒家立场，自“从道不从君”的政治立场出发进行理论建构，先秦儒家必然重视道德的价值。对战国以降王权逐渐集中的趋势而言，这一立场与王权至上的冲突，也注定了先秦儒家的现实困境。

这一时期在先秦士人内部对于秦政的态度也产生了不同取向。与荀子试图改良秦政的立场相左，韩非延续了商鞅的法家立场，认为道德的有效性不足，肯定统治者政治中排斥道德的做法，因而对秦政持整体认可的态度。应该说，虽然荀子与韩非所处时代相近，但二者的时代背景尚有细微差别，即荀子仅看到秦国成为战国末年最强大的诸侯国，而韩非则看到秦有以一国之力对抗五国的实力。这种细微差别，使韩非进一步确信，“当今争于力”（《韩非子·八说》[②]）的事实，从而选择承认诸侯追求“力”的合理性，否认荀子以道德改良诸侯政治的思想主张。与荀、韩的态度不同，一些士人表现出对秦政的强烈愤慨。如齐国士人鲁仲连，他指出：“彼秦

---

① （汉）刘向集录，（南宋）姚宏、鲍彪等注《战国策》，上海古籍出版社，2015，第221页。

② （清）王先慎撰，钟哲点校《韩非子集解》，中华书局，2013，第465页。

者，弃礼义而上首功之国也。权使其士，虏使其民。彼则肆然而为帝，过而遂正于天下，则连有赴东海而死矣。吾不忍为之民也!”[①] 在鲁仲连看来，秦政抛弃礼义而以杀人为荣，以权术支配臣子，像对待俘虏那样对待民众，自己宁可投身入海也不愿在秦国治下生活。对于战国末年士人对秦政的反对态度，明代学者吴师道总结道：“秦自孝公商鞅以来，政俗弥恶，当时动以遗礼义，弃仁恩，虎狼目之。是以鲁连、孔顺义所不臣，盖圣贤之徒之所绝也。凡委质于其国者，虽有忠言嘉谟，皆不得在君子之科。”[②] 可见战国末期，一些士人由于秦政对道德的摒弃，而对秦政持排斥态度，并在政治实践当中帮助六国抵制秦国。如当秦国攻赵之时，鲁仲连说：“吾不忍为之民也！所为见将军者，欲以助赵也。”[③]

三 儒家困境中的应对

孟子的王道政治与诸侯政治呈现出对立性；到了荀子则呈现出适应政治、改良政治的特征。通过对孟、荀对相关事件的评价的梳理可以发现，孟、荀的理论主张对于解决礼崩乐坏的社会现状具有一定的有效性。先秦儒家由于所处时代的不同，面临的困境也各不相同，孟、荀二人对社会、政治乱象的反思与应对，整体呈现出瓦解周制的效果。当然，孟、荀面临的现实困境背后，亦存在着共性，主要表现在三个方面：（1）先秦儒家“从道不从君”（《荀子·子道》）的立场，与东周时期王权不断集中的政治趋势存在本质上的冲突，诸侯是不会允许在政治当中存在一个“力量”来约束自己的权力的；（2）先秦儒家重视道德价值诉求与诸侯政治当中重视功利的价值取向存在冲突；（3）孟、荀的政治理论虽然有各自的特征，但是在其思想当中都表现出对“民”的重视。虽然在其重民的背后，是对君王权位的维护，但是其思想当中所表现出的“立君为民”的意图，与各国诸侯以“支配”为目的的政治统治存在对立。

以上三点，本质上所呈现出的是先秦儒家思想与君王价值诉求之间的

① （汉）刘向集录，（南宋）姚宏、鲍彪等注《战国策》，上海古籍出版社，2015，第422页。
② （汉）刘向集录，（南宋）姚宏、鲍彪等注《战国策》，上海古籍出版社，2015，第134页。
③ （汉）刘向集录，（南宋）姚宏、鲍彪等注《战国策》，上海古籍出版社，2015，第422页。

冲突。郭店楚简《鲁穆公问子思》载：“鲁穆公问于子思曰：‘何如可谓忠臣？’子思曰：‘恒称其君之恶者，可谓忠臣矣。’公不悦，揖而退之。”[①]虽然后来鲁穆公认识到能恒称君恶的臣子的可贵，但是其不悦也说明了先秦儒家在与君王对话过程中说话方式、价值观念并不容易受到君王的喜爱，尤其是战国末期以后伴随着王权的不断集中，先秦儒家的言说方式、价值取向更不为各国诸侯所接受。由此可见，先秦儒家的困境并不在于其思想理论本身，而在于儒者处于“道”“势”之间的抉择当中，始终坚守着对“道”的追求，从而使先秦儒家在出仕道路上陷入郁郁不得志的困顿。

与先秦儒家不同，法家则顺应了君王的价值诉求，如韩非所言：“所说出于为名高者也，而说之以厚利，所说出于厚利者也，而说之以名高，则见无心而远事情，必不收矣。”（《韩非子·说难》[②]）依据此言，可知先秦儒家出仕过程中陷入郁郁不得志之困境的原因在于其主张与君王的价值诉求不相一致，亦可见法家能够被各国统治者重用的原因所在。然而，法家同样试图改变旧有的政治秩序，在与旧势力的政治斗争中，这种革新行为最终导致了他们的悲剧命运。当然，无论是儒家重民立场还是法家君本立场，本质上都是站在统治者的立场上为维护统治者的统治权力（国家利益）服务的治术。这里所谓的法家君本立场之“君”，并非单指君王个人，而是将“君”作为国家制度的一部分而言的。由于君王在国家制度当中的至上地位、关键地位，使得法家思想中所彰显的公权力更多表现为君权。而君王作为君主制度的最大受益者，法家的思想也间接地与君王的价值诉求相契合。与法家不同，先秦儒家思想当中所彰显的公权力更多表现为对民众利益的维护（“足国之道，节用裕民而善臧其余”（《荀子·富国》））、对君王权力的约束、对礼制的彰显，从而维护君王的统治地位。

秦朝二世而亡的教训表明先秦法家思想在新秩序中亦存在有效性不足的问题。汉承秦制，汉初即面临三重危机：“一是天道的危机，二是历史文化危机，三是民心的危机。”[③]基于此，创造新文化成为汉初士人的历史任务，董仲舒思想正是在这一背景下诞生的。董仲舒的思想最终能够被汉武

---

① 李零：《郭店楚简校读记（增订本）》，中国人民大学出版社，2007，第109页。

② （清）王先慎撰，钟哲点校：《韩非子集解》，中华书局，2013，第92页。

③ 蒋庆：《广论政治儒学》，东方出版社，2014，第69页。

帝采用，除其思想本身能够解决当时汉朝统治者所面临的困境以外，更重要的原因在于董仲舒的思想符合汉武帝的价值诉求，从而实现了由先秦儒家“立君为民”的重民立场到董仲舒“屈民而伸君”（《春秋繁露·玉杯》[①]）的君本立场的转变。也就是说，董仲舒的儒学思想是综合先秦儒、法思想的结果，是彰显君王权力的思想。从先秦儒家所面临的困境来看，理论的有效性是被统治者应用于政治实践的必要条件，但不是关键因素。扬君权、弱民权才是儒家思想被汉武帝奉为官方统治思想的关键。

从商鞅三见秦孝公的谈话内容亦可知，商鞅言“霸道”是符合了秦孝公的价值诉求。无论是儒家德治，还是法家“法治”，其都是站在“务为治”的立场上进行的理论建构，都是对“何为最好的政治”问题的思考，其目的都是要实现富国强兵。商鞅“法治”在没有良好的实践效果的情况下，能够被秦孝公认同，并排除旧世族的政治阻力，全力支持变法，这与商鞅“法治”强调功利、君王权力的思想特征契合了秦孝公的价值诉求是分不开的。也就是说，一种思想主张能够被应用于政治实践，并不在于这种理论是否能够有效地解决现实问题，而在于其是否符合君主的政治诉求。也就是说，如果一种理论主张能够实现富国强兵但是却要以损害君主的权力为代价，君主必然不会将这种主张应用于政治实践。君主运用一种主张于政治实践必然是以能够维护、加强君权为前提，从而满足君主“为支配而治理”的政治目的，而理论的有效与否往往是被运用于政治实践以后才能知晓。

汉初，刘邦“惩戒亡秦孤立之败，于是剖裂疆土，立二等之爵”[②]，实行郡国并行制，并且规定，非刘姓者不可为王。这在一定程度上扭转了秦政中去除血缘宗法的做法，是对周制的理性回归。之所以说是理性回归，是说刘邦此举是对秦政之弊的改革，而非实质性地恢复西周分封制。刘邦这种做法，强化了政治当中的血缘伦理因素，即使后来诸侯王威胁到了皇帝的中央集权，汉武帝采用“推恩令”强化中央集权，但是肯认宗法血缘在政治当中的价值这一基本定位在汉制当中被延续了下来。此外刘邦命叔孙通制礼，成为君臣之间的礼仪规范，都为儒家在汉初黄老思想、法家思

---

① （清）苏舆撰，钟哲点校《春秋繁露义证》，中华书局，2019，第 28 页。

② （汉）班固撰，（唐）颜师古注《汉书》（第二册），中华书局，1962，第 393 页。

想、五行学说的角逐当中最终脱颖而出提供了政治条件。可见，董仲舒吸取西周“天命观”，强化宗法血缘在政治当中的地位、价值是与汉初统治者的政治诉求、价值取向相契合的；董仲舒思想当中所体现出的大一统也与汉武帝个人的统治需要相契合，这些都是儒家最终能够成为汉朝官方意识形态的关键所在。应该说，董仲舒恢复了周制下宗教之天的思想，将道德的来源归本于“天”，当然这是基于秦制中君王权力难以被限制，使权力重回理性的恰当做法。他关于道德与政治的思考是基于法家君本位的立场，但他又延续了荀子将道德视为政治道德的做法，亦呈现出以道德改良政治的理论意图。

在传道的理想与出仕的现实需要之间，相较于先秦儒家，汉儒更多倾向于对出仕的渴望，逐渐弱化了对“道”的执着与追求。董仲舒延续了荀子将道德视为政治道德的认识，将先秦儒家的重民立场转变为君本立场，综合儒、法思想，针对法家思想在政治上的有效性不足问题以儒家道德思想对其进行弥补，从而实现儒、法两家在思想层面的合流，具体表现为纳法于儒。即是说，董仲舒吸收了法家君本立场、君主集权思想。这也是儒、法两家在思想立场、思想特征、治国方式等问题上存在对立的情况下，还能实现合流的关键。要实现儒学制度化，汉儒必然要改造先秦儒家思想以应对现实。可以说，董仲舒的儒学思想实际上是针对秦制之弊，以及汉朝政治面临的困境，从先秦文化中汲取“营养”，创造出与汉朝社会、政治相一致的新文化，又恰好与汉武帝加强皇权的政治诉求相契合。董仲舒之所以要站在法家君本立场上，正是因为君本立场是先秦法家被统治者重视的关键，董仲舒的思想创造说明，历史并不能给予我们现成的答案，我们只能从历史中寻找方法，在实践中寻找解决现实问题的答案。

（责任编辑：杨传召）

·经学研究·

观与《易传》的道德哲学[*]

窦晨光[**]

摘　要　《易传》的道德哲学预设了实然与应然、道德与存在的统一。从实然的存在中建立应然的道德有待人的无主体之观，即观卦所言“盥而不荐，有孚颙若”之观，这是《易传》道德哲学的认识论基础。这种无主体之观即无思无为，通过无思无为，人将回归到物我两忘、内外相泯的原初境界中，真实地体验人与万物共同的本源之情。在《易传》中，这种本源之情被称为“天地万物之情”。依《易传》，人通过体会天地万物之情的不同侧面，进而以笃实之践履将其贯彻到其全副生命中，方可实现具体的道德精神。《易传》的道德哲学从理论上正面说明了天道与人道为何可以得到汇通，是完整理解先秦儒家天人之学的一块重要拼图。通过考察《易传》的道德哲学，从商周原始宗教到先秦儒家天人之学间的思想发展脉络亦可得到清楚呈现。

关键词　易传；观；无思无为；道德哲学

长期以来，《易传》作为最重要的儒家经典之一，其关于道德的论述深为人们所重视。但在当代研究中，如何理解《易传》的道德哲学却成了一个棘手的问题。《周易·系辞下》有称：“天地之大德曰生。”《说卦》称：“立天之道曰阴与阳，立地之道曰柔与刚，立人之道曰仁与义。”在当代学者看来，这些论说将“生”与道德、阴阳与仁义并言，正是混淆了实然与应然。徐复观即认为《易传》以阴阳言道德其实是一种夹杂，阴阳的思想框架中是无法建立起真正的儒家道德性命之学的。[①] 劳思光亦认为现实之中

* 本文系陕西省社会科学基金年度项目“《易传》人性论思想研究”（2022C009）阶段性成果。

** 窦晨光，西安外事学院本原儒学院讲师，研究方向为儒家哲学。

① 徐复观：《徐复观全集·中国人性论史·先秦篇》，九州出版社，2014，第199页。

一物之生往往以他物之死为代价，因此《易传》以“生”为“德”将导致道德伦理的坍塌。[①] 冯友兰更直言《易传》在哲学史上的重要性并不在其“道德教训”之中。[②]

面对以上诸种批评，新的研究有必要对《易传》的道德哲学进行新的反思。近年来，一些学者已就此工作进行了初步的推进。如有学者提出《易传》中道德的根基与本体在于其“对生命之忧患意识的挖掘与建构”[③]。有学者主张《易传》的道德伦理思想源于其作者对生活情感的本源性体验。[④] 还有学者认为周人“天”的观念、宗法制下“孝”的观念已为《易传》反身修德的思想埋下了伏笔。[⑤] 这些研究为相关研究提供了重要的启示。在以上诸说的基础上，本文将从认识论的视角进一步考察《易传》的道德哲学，深入辨析《易传》关于道德认知之实现及具体道德观念之建立的论述，系统反思其历史意义与理论意义，以期与学界同仁共同推动相关研究的深入。

一 《易传》道德哲学的认识论基础

《周易·系辞上》有云：“富有之谓大业，日新之谓盛德，生生之谓易。”在《易传》中，道德的本质就是宇宙万有生生不息的变化历程中所呈现出的日新、富有、仁义等精神。本文认为，据《易传》之说而论，人之所以能够从天地中、从生生的历程中认识到此诸道德精神，所凭借的乃是“盥而不荐，有孚颙若”之观。

“盥而不荐，有孚颙若”语出观卦卦辞。观卦为《周易》的第二十卦，其象巽上坤下，其卦爻辞称：

> 观，盥而不荐，有孚颙若。初六，童观，小人无咎，君子咎。六

① 劳思光：《新编中国哲学史（三卷上）》，广西师范大学出版社，2005，第41-42页。

② 冯友兰著，薛晓源绘《中国哲学史新编（第二册）》，人民出版社，1990，第327页。

③ 李佩桦、徐孙铭：《〈易传〉道德哲学新探》，《伦理学研究》2017年第5期。

④ 黄玉顺：《中国哲学的“现象”观念——〈周易〉“见象”与“观”之考察》，《河北学刊》2017年第5期。

⑤ 乐晓旭：《〈周易〉经传超越观念的轴心转向》，《周易研究》2022年第4期。

二，窥观，利女贞。六三，观我生，进退。六四，观国之光，利用宾于王。九五，观我生，君子无咎。上九，观其生，君子无咎。（《周易·观》）

其象辞称：

风行地上，观。先王以省方观民设教。初六童观，小人之道。窥观女贞，亦可丑也。观我生进退，未失道也。观国之光，尚宾也。观我生，观民也。观其生，志未平也。（《周易·观·象》）

这里，“盥而不荐”是说观祭礼的重点在于观“盥”而非观“荐”。“盥”是指祭祀前的净手仪式，“荐”则是供奉牺牲等祭品的仪式。[①] 祭祀前的净手仪式虽属细节，却体现着参与者的虔诚，这远比“荐”时祭品的丰盛更为重要，故祭祀时应“盥而不荐”。“盥而不荐”所追求的便是“有孚颙若”。“孚”意为“信”，这里既指祭者的虔诚，又指神意的浮现，“颙”指额头，此处引申为大，“有孚颙若”就是说祭祀者当以极大的虔诚与祭，这样才能大大地获得神明的庇佑，而“极大的虔诚”正体现在“盥”所代表的祭祀的细节之中。以至诚之心观祭，这正是观祭的根本所在。

那么，人需要经历怎样的准备，才能真正实现此种观呢？观卦的六爻爻辞回答了这一问题。爻辞讲述了六种不同观法，六者呈递进关系，其最高的境界正是以“有孚颙若”为内容的观。

初爻一阴居下，远离上、五两阳，象征着最基础、最低级的观，这便是“童观”。程颐即称：“六以阴柔之质，居远于阳，是以观见者浅近，如童稚然，故曰童观。”[②] “童观”就是指作为人的本能的最普通的观看，也就是作为纯粹的感觉摄入的观，其中没有融入任何理性和智慧的内容，因此象辞称其为“小人之道”，将其与未受过教育的儿童和“小人”相配。不

① （宋）朱熹撰，廖名春点校《周易本义》，中华书局，2009，第98页。另外，汉儒马融认为这里“盥”是指祭祀前的奠酒仪式。见（唐）李鼎祚撰，王丰先点校《周易集解》，中华书局，2016，第139页。

② （宋）程颢、程颐著，王孝鱼点校《二程集》，中华书局，2004，第799页。

过，这种观法虽然简单，却是其他一切观法的基础。

二爻亦为阴爻，同样远离上、五两阳，但相较于初爻，已有进步。王弼称："处在于内，寡所鉴见，体于柔弱，顺从而已。犹有应焉，不为全蒙，所见者狭，故曰'窥观'。"① 这里所说的"犹有应焉"是指从象数上说二为正位，本爻居二而为阴，正与九五之阳相应，可谓"吉爻"，因此王弼谓之"不为全蒙"，以示其有进于初爻。这是从象数上讲的，从义理上说，应如何理解此爻呢？欲解此爻，当先解何谓"窥观"。所谓"窥观"，李零认为是指从门缝中偷看。② 其实这是说从门缝外向宗庙里窥探祭祀活动。这种观在本质上与初爻之观并无不同，仍只是一种纯粹的感觉摄入，缺乏智慧与理性，只适合于古代社会中未受过良好教育的女性，故象辞称其"亦可丑也"，认为这种观是低级的。虽然如此，此种窥探之观却体现出了观者对祭祀活动及其背后丰富的精神世界的强烈的好奇之心，这种好奇之心的本质乃是以少女为代表的青少年对于未知的渴望，正是这种渴望推动了他们不断地提高自身的修养。二爻之观之所以比初爻之观更进一步，义理上的原因就在于此。

三、四爻是指君子之观。三爻之"观我生"指君子应对自己的所作所为进行反省，以权衡进退。与初、二爻的向外之观不同，这是一种向内的反观，相比于前两爻已有大幅进步，可通过自我省察以权衡进退。王弼认为此爻"居下体之极，处二卦之际，近不比尊，远不童观，观风者也。居此时也，可以观我生，进退也"③。不过，此爻仍位于下卦之中，尚有巨大的进步空间。因此，进退之中，仍应侧重于进。象辞所言"未失道也"正是意在勉励君子不应有失道之处，以更好地向前。

比之三爻，四爻已处于相对较高的位置，能对更广阔范围内的情况进行系统、全面的观察，可其爻辞称"观国之光"。在古人看来，一国真正的光彩在于其礼乐教化，而祭祀活动正是礼乐教化的集中体现，这里的"观国之光"其实就是指观祭，如王弼有言："居近得位，明习国仪者也。"④ 祭

① （魏）王弼撰，楼宇烈校释《周易注》，中华书局，2011，第110页。

② 李零：《死生有命 富贵在天——〈周易〉的自然哲学》，香港中文大学出版社，2013，第91页。

③ （魏）王弼撰，楼宇烈校释《周易注》，第111页。

④ （魏）王弼撰，楼宇烈校释《周易注》，第111页。

祀典礼正体现着一国之光，观祭的本质即观一国之政教王化，如程颐有称："当观天下之政化，则人君之道德可见矣。"[①] 此外，爻辞和象辞更说明此时君子应以"宾"的视角来观察，宾并不是王的直接臣属，以宾的视角来观，就是说此时应以一种相对外在的视角来考察祭祀中所体现出的一国之光，以求获得更为客观的认识。

五、上两爻则是指人君之观。其中，九五之象辞称"观民也"，传统上关于此卦有君王观民、自观、为人所观三种理解。如王弼称："居于尊位，为观之主，宣弘大化，光于四表，观之极者也。"[②] 此即以为九五之观乃人君之观民。张载称："观我所自出者。"[③] 此即以是观为人君之自省。朱熹则称："九五阳刚中正以居尊位，其下四阴，仰而观之，君子之象也。"[④] 此说则认为是观乃人君为民所观。对此，笔者认为，九五之观是人君为人所观、观民及自我省察三者的统一。九五居四阴之上，象征着人君引领一国之风尚，正与彖辞所言"大观在上"及象辞所言"风行地上"相应，有"为民所观"之义。人君时时刻刻都在观民，而其观民的同时，又无时无刻不在为民所观，此二者本就是统一的。[⑤] 民众关注国君，是对国君的监督。国君认识到这一点，也应时时刻刻自我监督、自我省察，因而国君之"观我生"又与君、民之互观相统一。而在此互观之中，人君只有以中正之姿为民表率，才能真正引领天下人，如此才可谓"无咎"。

上爻爻辞称："观其生，君子无咎。"关于此爻爻义，历来争议较大，一些学者认为此观是指君王为民所观，如王弼即认为："观其生，为民所观者也"[⑥]，朱熹亦认为："上九阳刚，居尊位之上，虽不当事任，亦为下所观。"[⑦] 另一些学者则认为此爻是指君主之自观，如杨万里即称："上九以刚阳之德而居一卦之极，当无位之地，而负达尊之望，故其志未尝一日不反观其德之出于己者：'吾之德其皆君子耶？'乃无过咎。"[⑧] 当代学者陈鼓应

---

① （宋）程颢、程颐著，王孝鱼点校《二程集》，第 801 页。

② （魏）王弼撰，楼宇烈校释《周易注》，第 111 页。

③ （宋）张载著，章锡琛点校《张载集》，中华书局，1978，第 108 页。

④ （宋）朱熹撰，廖名春点校《周易本义》，中华书局，2019，第 100 页。

⑤ 这一点已有学者论及，见陈鼓应、赵建伟《周易今注今译》，商务印书馆，2007，第 196 页。

⑥ （魏）王弼撰，楼宇烈校释《周易注》，第 112 页。

⑦ （宋）朱熹撰，廖名春点校《周易本义》，中华书局，2019，第 100 页.

⑧ （宋）杨万里著，何善蒙点校《诚斋易传》，九州出版社，2019，第 76 页。

等人认为此卦确是指君王之自省，但方式却非观己，而是观察他人，其称：“‘观其生’，谓观察他人所行，以自考正。”[①] 那么我们应如何认识此卦呢？笔者认为，无论是自观、观人还是为人所观，九五之说已尽，不应再为上九之说。可以注意，有当代学者指出此所谓“观其生”之“其”有“无所指定”之意，“观其生”即“无所指定之观”，这种观是本源性的，是对生活情感本身的领悟。[②] 这一说法非常具有启示性。所谓“观其生”就是指一种与一般情况下的主客对立之观不同的，回归到主客未分、物我两忘、内外相双泯的原初状态之中并进行感受、领悟的观。这是一种全身心地投入、沉浸、忘我、陶醉。此时人与外境已完全融合为一，没有作为所观的对象，也没有作为能观的主体，只有人与万物本来为一的原初情态的自然浮现。这种观就是无所观之观，是先于人对自我与外境之意识的本源之观，也是卦辞中所说的“盥而不荐”之观。只有通过此种观法，“有孚颙若”才能真正地为人所感受、所领悟。

在祭祀中，真正的“有孚颙若”是盈溢于在场所有人全身心之上、弥漫于彼间全时空当中的一种具有笼罩性的情感氛围。这种情感氛围本身很难成为一种被观察的对象。并且，如果某人欲对此氛围进行对象性观察，那么彼将难免不从此氛围中脱离出去，置身其外以行观察，这必然将对此氛围造成破坏。因此，即便彼之观察真有所得，亦已非真正之“有孚颙若”。真正的“有孚颙若”不可能通过一般意义下的对象性观察而被认识到，只有在不经意间，“有孚颙若”才会自然地浮现而起并为人所感受。换言之，只有通过物我两忘的无所观之观，“有孚颙若”才能为人所察觉。而当某人真正感受到“有孚颙若”时，彼时早已遗忘了自身，遗忘了世界，只是全身心地沉浸在此种情感氛围之中，因而上九之象辞又称“观其生，志未平也”。“未平”即是说观者全身心地融入、沉醉于其中，直至仪式结束后还有余音绕梁之感，如《论语》记载“子在齐闻《韶》，三月不知肉味”（《论语·述而》），这正是孔子全身心地、忘我地沉浸于《韶》乐演奏情境之中，以至在表演结束后仍“志未平也”的一个经典案例。

---

① 陈鼓应、赵建伟注译《周易今注今译》，商务印书馆，2007，第195页。

② 黄玉顺：《〈周易〉之“诗”与“思”——黄玉顺易学论文集》，山东人民出版社，2020，第134页。

在观卦中，此种无所指的、本源性的“观其生”乃是最高的观法。作为人君，仅凭五爻所言观民、为民所观和自我省察三者的统一，尚不足以成就真正的“大观在上”。人君若要实现真正的“大观在上”，就应当在祭祀活动这类重大的国家仪式中以最真诚的心态去感受其中所弥漫的巨大的虔诚，并以“有孚颙若”之情来感化天下人，这便是《彖传》所言“盥而不荐，有孚颙若，下观而化也”一说之意。在古人看来，祭祀活动中所笼罩的这种巨大的虔诚就是“神意”浮现的表现。所谓神意浮现，其实就是人君与众人在祭祀中所体现出的洁净精微的心灵本身。实现这种洁净精微的心灵，正是象辞中“先王以省方，观民设教”之说的目的所在，而其方法，便是“神道设教”。《观·彖》称：“观天之神道，而四时不忒，圣人以神道设教而天下服矣。”依其说，四时流行即天之神道，圣人正是在四时流行中物我两忘、内外双泯，与天之神道融合为一，感受并领悟其本来的情态，所以才能真正引领天下人，这便是“神道设教而天下服”。

在《易传》中，观卦所提出的这种“盥而不荐，有孚颙若”之观的思想得到了进一步发展。笔者认为，《系辞》中所提到的“无思无为”就是对“盥而不荐，有孚颙若”之观的一极佳之概括凝练，是为《易传》所理解的汇通天人的思维枢机之所在。

《系辞上》称：“易无思也，无为也，寂然不动，感而遂通天下之故。”所谓“无思”“无为”，并不仅仅是要求人不去想、不去做，更是要人从日常经验中退场，退回到经验之先，回到物我两忘、内外相泯的原初状态。此种体验，正与观卦上九“观其生”之爻辞中所说那种“无所指定之观”“对生活情感的本源性领悟”相一致，这完全可以说是一种对古人祭祀中“盥而不荐，有孚颙若”的境界体验高度理性化、抽象化的概括。在此一境界体验中，人与天地万物浑然一体，无可名状，亦无通常意义下的动静可言，故而可谓“寂然不动”。虽无通常意义下的动静可言，但并不等同于空无一物，此中所见乃是天地万物本来面貌的如如呈现。这种呈现是天地万物原初情态的天然跃动，将伴随着人的无思无为不期然地绽放而出，正如祭者全身心地投入祭祀活动之中，“有孚颙若”之情当不期然地绽放而出一样。并且，在此种状态中，天地万物不是作为外在于人的对象而呈现的，而是将以一种无内无外的、与人浑然一体不可分的方式呈现而出。依《系辞上》之言，这便是“感而遂通天下”。

无思无为中的体验是万物一体的，因而其必然是浑一的。虽然浑一，但在不同情境下，无思无为中所见之感通难免会有不同侧面的凸显。换言之，人在不同情境之下以无所观之观所见虽无不是天地万物浑然一体的本来面貌的如如呈现，其具体体验却有不同之侧重点。实际上，如果读者将《易传》此说与《论语》《孟子》《庄子》等其他先秦文献结合起来看，可发现在先秦诸子的论说中，无思无为的具体实现方式与体验之侧重点其实是非常多样的。例如《论语·子罕》所言“仁者乐山，知者乐水”，正是山水之间所体会到的无思无为；《庄子》中所说的“濠梁之乐”亦有此意；《论语·述而》中所记“子在齐闻《韶》，三月不知肉味”则是艺术欣赏中的无思无为；《论语·学而》中所说的孝悌之情、《孟子》中所说的恻隐之心则是无思无为在人的日常情感中的直接体现。对于这一点，南宋学者杨简有精彩的论述，其称：

> 少读《易大传》，深爱“无思也，无为也，寂然不动，感而遂通天下之故”，窃自念学道必造此妙。及他日，读《论语》“孔子哭颜渊至于恸，从者曰：‘子恸矣。’曰：‘有恸乎？’”则孔子自不知其为恸，殆非所谓“无思无为，寂然不动”者？①

这里，慈湖所提到的《论语·先进》篇所记“颜渊死，子哭之恸”是无思无为在人的日常情感中的直接体现。人之真情流露以至于忘乎所以，在本质上就是一种无思无为。在这种情境下，人不是作为经验主体或意识主体去有意识地表达某种情感，而是在自我意识退场的情况下任此一情境下的原初情感自然地、天然地升起、浮现。“颜渊死，子哭之恸”这一情境中孔子悲伤之情的流露就是无思无为中自然发生的。这其实也是一种无所观之观，也正因如此，孔子才会“自不知其为恸”。《论语》中记载的孔子的这种情感体验在实现方式上正与上古先民在宗教祭祀中“盥而不荐，有孚颙若”的情感体验相一致，其本质都是要求人从主客对立的认知方式中

① （南宋）杨简撰，张沛导读《杨氏易传导读》，华龄出版社，2019，第291页。

退场，体会天地万物浑然一体的本源境界。而无思无为，就是对此种“盥而不荐，有孚颙若”的情感体验方式在认识论上的一极佳之抽象概括。

同时，在《易传》的论述中，这种境界体验还可被概括为“复见天地之心”。《复·彖》称：“复其见天地之心乎?”什么是天地之心呢?在历代学者的诠释中，天地之心就是天地万物所由来的根本，其最显著的两个特征便是寂然至无和生化万物。举例而言，王弼于此称：“复者，反本之谓也。天地以本为心者也。”又称：“然则天地虽大，富有万物，雷动风行，运化万变，寂然至无，是其本矣。”① 北宋大儒欧阳修称：“天地以生物为心者也。”② 程颐称：“一阳复于下，乃天地生物之心也。”③ 朱熹亦称：“积阴之下，一阳复生，天地生物之心几于熄灭，而至此乃可复见。”④ 天地之心的这两个特征正与无思无为境界中的寂然不动、感而遂通两个向度相对应，可以说，所谓天地之心其实就是人在无思无为的境界中寂然不动、感而遂通的本源之心。

相应的，将无思无为中的原初体验落实到日常经验之中，正可谓是以天地之心来替代通常的人我分别之心。在《易传》中，此即可谓“洗心”。《系辞上》即称：“是故，蓍之德圆而神；卦之德方以知；六爻之义易以贡。圣人以此洗心，退藏于密，吉凶与民同患。”

实际上，在《系辞下》的论述中，不独个人的生命境界的提升需要以无所观之观为基础，《周易》的全部智慧其实都是基于上古圣人在不同情境中以无所观之观所得之体会。《系辞下》称：

> 古者包牺氏之王天下也，仰则观象于天，俯则观法于地，观鸟兽之文与地之宜，近取诸身，远取诸物，于是始作八卦，以通神明之德，以类万物之情。

《系辞》此论虽非信史，却体现着《易传》对先民最初造《易》之心

---

① （魏）王弼撰，楼宇烈校释《周易注》，第132页。

② （宋）欧阳修著，李逸安点校《欧阳修全集》，中华书局，2001，第1110页。

③ （宋）程颢、程颐著，王孝鱼点校《二程集》，第818页。

④ （宋）朱熹撰，廖名春点校《周易本义》，第110页。

路历程的理解。这里，伏羲之于天地万象的俯仰观察正与观卦中关于“有孚颙若”的无所观之观相一致。伏羲观于天地万象，并不是站在其外将其视作有待被认识的客观对象，而是回归到万物之中，沉浸于物我相泯、天人不相分的原初状态。只有如此，彼才能真正切实地体察到弥漫于天地间的万物的原初之情，就如同以至诚之心与祭而自然地感受到浮现于其间的“有孚颙若”一样。在《系辞下》的作者看来，通过无所观之观体会的天地万物的原初之情便是伏羲最初创作《周易》卦爻系统的灵感与智慧之源，其创作《周易》卦爻的目的也正在于表达其对此中所见“神明之德，万物之情”的理解，帮助后人“以通神明之德，以类万物之情”。所谓“神明之德”“万物之情”就是指无思无为中所见天地万物本来的情实，《易传》所注重的富有、日新、仁义等道德精神其实皆源于此情实之中。

那么，《易传》究竟是如何从无所观之观中所见之“神明之德”“万物之情”当中凝练出具体的富有、日新、仁义等道德精神的呢？这就需要进一步考察《易传》中的相关论说了。

二 《易传》所论具体的道德精神的形成

实际上，关于如何从“寂然不动，感而遂通”的境界体验中凝练出具体的道德伦理条目来，《易传》中有许多论说。如《乾·象》所言“自强不息”，《坤·象》所言“厚德载物”，其实都可以说是《易传》的作者关于无思无为之境界体验在道德伦理方面的一种凝练与概括。不过，相比于乾、坤两卦，笔者更关注下经中咸、恒、大壮、萃四卦的论说。首先，这是因为此四卦的彖辞皆有论及“观”与“万物之情”或“天地万物之情”，与无所观之观联系紧密；并且，四卦放在一起，亦正可组成一个相对完整的系统，通过对此四卦之彖辞进行考察，读者可对《易传》关于具体道德精神之形成的论说有一全面之了解。其次，如韩康伯所言：“先儒以乾至离为上经，天道也；以咸至未济为下经，人事也。”[①] 相比于乾、坤两卦，下经中的咸、恒等卦的论说更贴近人的日常生活与日常伦理，考察其说，有助

① （魏）王弼撰，楼宇烈校释《周易注》，第387页。

于帮助读者更好地理解《易传》关于人伦日用间的具体德行的认识。再者，相较于乾、坤两卦，当代学界对下经中咸、恒等卦的讨论亦尚显薄弱，有加强之必要。

（一）感通之仁

《易传》对天地万物之情的具体理解首可见于下经第一卦咸卦的彖辞中，其称：

> 咸，感也。柔上而刚下，二气感应以相与，止而说，男下女，是以亨利贞，取女吉也。天地感而万物化生，圣人感人心而天下和平。观其所感，而天地万物之情可见矣。（《周易·咸·彖》）。

咸卦上兑下艮，可被视作来自上乾下坤的否卦六三与上九两爻之互换，六三上而上九下，是为“柔上而刚下”。乾为天，坤为地，若天自处上而地自居下，则天地不交、万物不生，柔上刚下则象征着天气降而地气升，二气感应，故咸为感。宋代易学家朱震于此即称：“六三之柔上，上九之刚下，天地之气感应而上下相与，则亨矣。”① 同时，兑为泽，艮为山，咸又有泽山之象，郑玄称：“咸，感也。艮为山，兑为泽，山气下，泽气上，二气通而相应，以生万物，故曰咸也。”② 山泽之间往往云气弥漫而多生珍禽异兽、灵芝仙草，恰可体现天地相感、万物化生，汉末学者荀爽称：“乾下感坤，故万物化生于山泽”，陆绩亦称：“天地因山泽孔窍以通其气，化生万物也。”③

在先民看来，高山流水之间万物化生、和谐奏鸣，无处不洋溢着一种万物相感通、相喜悦的本源之情，就好似恋爱中的少男少女之间心有灵犀一样，故此又称：“止而说，男下女，是以亨利贞，取女吉。”艮为止，兑为说（悦），“止而说”是指咸卦艮下兑上，“男下女”则是指咸卦柔上刚下之象，也是古礼，此二语是说青年男女相知、相悦进而以礼婚嫁之事，

---

① （宋）朱震：《汉上易传》，九州出版社，2012，第 107 页。

② （唐）李鼎祚撰，王丰先点校《周易集解》，中华书局，2016，第 199 页。

③ （唐）李鼎祚撰，王丰先点校《周易集解》，第 199 页。

先民以为男女相感以悦之情正与高山流水之间洋溢的万物间的感通之情相类似。

男女之间心心相印固可谓感通，但毕竟有所局限，真正能与天地感、万物生相对应的乃是圣人之感通。圣人之感通，于天地万物之间无所不感、无所不通。其与天地万物之感通，非是以万物为外在对象而求感通，而是在俯仰观察之间物我两忘、内外双泯，任万物间的相感以悦之情充盈畅达于身心，在无思无为中见万物之感通，不假丝毫人力而与天地万物为一体。

若高山流水之间，无处不充盈着万物相感相悦之情，此境之下，此情非独圣人可见，常人亦非不能见。而圣人之为圣人，便在于其能将此一特殊情境中所见之情拓展、充实到其全副生命之中，并通过笃实的道德践履将其加以普遍化，从而将其凝练为一种道德精神。这种以天地万物相感通、相喜悦为内容的道德精神便是“仁”。北宋大儒程颢有谓：“仁者浑然与物同体”[①]，仁的本质便是视天地万物无一物非我，圣人于俯仰观察之间物我两忘，任天地万物间原初的相感、相悦之情自然浮现、充盈，这正是仁的发现。既见此情，彼又能将其加以内化，通过日常实践将其落实于人伦日用之间，感人心而天下和平，这又是仁的实现。圣人于此既有此真情实感，又将其所见所感记之于《易》，后之人观其象而玩其辞，则亦可对循其道而发现仁，若再能进而存存不息以守之，则亦可成就仁德。

（二）恒变与日新

《周易》中紧承咸卦的即是恒卦，其彖辞亦有论及“天地万物之情”。《恒·彖》称：

> 恒，久也。刚上而柔下，雷风相与，巽而动，刚柔皆应，恒。恒亨无咎，利贞，久于其道也，天地之道，恒久而不已也。利有攸往，终则有始也。日月得天而能久照，四时变化而能久成，圣人久于其道，而天下化成。观其所恒，而天地万物之情可见矣。

① （宋）程颢、程颐著，王孝鱼点校《二程集》，第15页。

恒卦上震下巽，可以被视作由上坤下乾的泰卦之初九与六四调换所得。初九上居四，六四下居初，是可谓“刚上而柔下”。震为雷、为刚，巽为风、为柔，是亦可谓“刚上而柔下”。雷与风皆为无形之自然现象，恒处于变动之中，正体现了天地万象的恒转、恒动之势，尤其是当雷与风同时出现之际，二者彼此间互助其势，天地万有的恒动之势凸显得尤为明显，此即可谓“雷风相与，巽而动”。宋儒胡瑗称：“夫雷得风则益威，风得雷则愈盛，二者相资，故能助天地生成之功也。”① “巽而动”即顺势而动，这不应被简单地理解为是指处于下位的巽之风顺应处于上位的震之雷而动，现实之中，既不存在风顺雷势，也不存在雷顺风势，所谓“巽而动”是说雷、风皆顺天地之恒动而动，如此才可谓“刚柔皆应”，即刚之雷与柔之风皆顺应天地万物的恒动之情。这一点表现在卦爻上便是初六与九四、九二与六五、九三与上六皆一阴一阳、两两相应。朱震于此称：“夫刚上柔下而不能相与，不可也；相与矣，不能巽而动，不可也。三者之才具，则上下皆应，斯足以尽恒之道。”②

什么是天地的恒动之情呢?《恒・象》认为，天地万物无时无刻不处在运动变化之中，日月运行、寒来暑往，由始而终、终而复始，无不体现着天地万物的运动变化，正是由于此无穷之运动变化，天地万物才能得以恒久。然而在日常经验中人们习惯于通过事物相对成熟而稳定的状态来认识事物，常常对天地万物的恒变之势视而不见，“雷风相与”这种特情境则可帮助人们对天地的恒动之势产生直接的体验。

需要注意，真正的天地万物的恒动之情并非仅是指独立于作为主体的人之外的客观对象世界的恒动，而是指包含着人在内的整个世界的恒动。因此，真正体验此天地万物的恒动之情，同样需要于“雷风相与”之际沉浸其中，任天地万物的恒动之情自然呈现并充盈、弥漫于身心内外。而当人真正如此感受到此天地万物的恒动之情之时，其亦将自然而然地升起与时偕行俱进的心与行。依《恒・象》之说，古之圣人正是于日月轮转、四时流行之中切身体会到了天地的恒久变化之情并与之为一，与时消息、随

① （宋）胡瑗：《周易口义》，载《文渊阁四库全书》（第八册），台湾商务印书馆，1986，第318页。

② （宋）朱震：《汉上易传》，九州出版社，2012，第110页。

时变易、日新又新，如此才能化成天下，故此曰“圣人久于其道，而天下化成”，宋儒张浚于此称：“夫雷风动散，终终始始，与天地为一，生化之理不知何时而有穷已，圣人之道岂异此乎？”① 正是通过圣人的“久于其道”，风雷相与之间的恒动之情便被凝练为日新之精神。

（三）正大与循礼

恒卦之后的大壮卦之彖辞中亦有论及“天地之情”，《大壮·彖》称：

> 大壮，大者壮也。刚以动，故壮。大壮利贞，大者正也。正大而天地之情可见矣。

大壮乾下震上，自初九爻至九四爻皆为刚，六五与上六则为柔，其六爻之象自下而上呈现出阳刚日趋壮大之势，是为“刚以动，故壮”。所谓阳刚日趋壮大，其实指的是事物茁壮成长的态势。在日常经验中，人们所能见到的一切事物的生长（包括人自身的发育成长）都不是无节制、无止境的，而是逐渐趋于成熟、稳定。用《易传》之术语来说，事物之趋于稳定即可曰“利贞”，而依此说，事物发展壮大而逐步趋于稳定，便可谓“大壮利贞”。在先民看来，“大壮利贞”乃是趋于“正”，故又曰“大者正也”“正大”，“正大”便可谓是一种“天地之情”。此种“大壮利贞”的“正大”之情表现在包括人自身在内的一切事物的成长过程中，正是通过切身地感受此情，先民认识到了事物的发展变化总是依循着某种限度、某种准则，相应的，彼亦自然地产生了一种意识，认为人的一切行为亦应依循着某种准则。在《易传》看来，这种意识便是“礼”之观念的源头，《大壮·象》称：“雷在天上，大壮，君子以非礼弗履。”这里，“雷在天上”是大壮之卦象，“君子以非礼弗履”则是其由“大壮利贞”的“正大”之情而凝练出的一种道德观念。这种道德观念可以说便是礼与义，而“非礼弗履”更说明了此种道德精神的真正实现，不仅需要对天地间的“正大”之情有直接的体会，更要能将此情内化为一种立身行事的准则，并通过躬行践履

① （宋）张浚：《紫岩易传》，台湾广文书局，1974，第300~301页。

将其实现在生命的全历程当中。

（四）荟萃与富有

《易传》中对“天地万物之情”的另一直接论说可见于《萃·彖》中，其称：

> 萃，聚也；顺以说，刚中而应，故聚也。王假有庙，致孝享也。利见大人，亨，聚以正也。用大牲，吉，利有攸往，顺天命也。观其所聚，而天地万物之情可见矣。

萃卦上兑下坤，兑为悦（说），坤为顺，是为“顺以说”。其寓意是说处于上位的人应以和悦之道待下，如此处于下位者才能真心顺从之。上下相悦固为和睦之道，但如果居上位者只是一味地以和悦之道待下，则很难不导致混乱，因而此又救之以“刚中而应”。所谓“刚中而应”于卦象上是说萃卦之九四、九五居中而为刚，引申来说，则是指居上位者当坚持原则性。既能以和悦之道待下，又能坚持原则，则上下自然和睦团结，这便可谓“聚”。在古代社会中，此上下之“聚”即是指朝堂上君臣之“聚”，君臣既能和睦于朝堂，则更可至宗庙而祭祖先，告慰先祖之英灵、追忆先祖之事业、继承先祖之精神，同时行孝子祭祀之礼以汇聚天下之人心，这便是“王假有庙，致孝享也”，程颐有称：“祭祀，人心之所自尽也，故萃天下之心者，无如孝享。”[①]《萃·彖》认为，以纯孝之祭祀汇聚天下之民心，可谓聚人心以正道，必能感召有德之人，是则又可谓“利见大人，聚以正也”。祭祀能汇聚天下民心，故宜用大牲，是为“用大牲，吉，利有攸往，顺天命也”。朱震称：“萃聚之世，物之所聚者大，故所用不可不大。”[②]正如以虔诚之心与祭，“有孚颙若”之情将自然浮现，若君臣上下果能凝聚，又能以纯孝之心行祭以汇聚天下人之心，则伴随人才荟萃的“聚”之情亦将自然浮现，为人所观，如此便可谓“观其所聚，则天地万物之情可见矣”。

如何理解此“聚”之情呢？“聚”之情首先是指理想社会中的人才荟萃

① （宋）程颢、程颐著，王孝鱼点校《二程集》，第930页。

② （宋）朱震：《汉上易传》，九州出版社，2012，第153页。

之情景，同时更是指洋溢于此情景中众人无论上下皆相互欣赏、相互钦佩、相互引以为荣的原初情感，这种情感若概括言之，便是《系辞》所言“富有”之精神。《系辞》所谓“富有”是一种广大包容的精神，也是一种分享的精神。《萃·象》所言此种古代君臣上下人才荟萃、众人相团结的“聚”之情正是此种广大包容的富有之精神的一个重要体现，人若能真正体会此情并于寻常日用之间切实地践履之，在待人接物之际皆能笃行一广大包容之心，则距天地包容万物的富有之精神亦不远矣。这可谓富有之精神的实现。

咸、恒、大壮、萃四卦的彖辞揭示了《易传》关于具体道德观念之形成的认识。依其说，人无思无为之中将自然地体会到天地万物间所洋溢、浮现的“天地万物之情”，通过体会此种原初之情的不同侧面，进而将其普遍地实现在全副的生命中，于是便有了种种具体的道德精神。

对人的道德修养与人格养成而言，仅有具体的德还是不够的，人需要在长期的、艰苦卓绝的道德实践中进行磨炼，才能真正成就自己的道德性。在《易传》中，《系辞下》的“忧患九卦”系统论述了此一道德修行的阶段与历程。于此，笔者曾作有较详细的讨论，读者可参考之。①

三　《易传》道德哲学的价值与意义

在道德哲学上，《易传》主张人应通过无思无为回归到内外相泯、物我两忘的原初情境当中，体会其中天地万物本原的、天然的跃动与感通，进而将此种体验贯彻到全幅生命历程中，从而实现种种道德精神。这一思想既有鲜明的理论特色，又与先秦儒家在天人哲学上的一贯立场相一致。系统地考察《易传》的道德哲学对于当代学者理解先秦儒家天人哲学的理论建构与历史发展脉络均有着重要的意义。

（一）《易传》道德哲学的理论意义

对理解先秦儒家天人哲学的理论结构而言，《易传》的道德哲学有着不

① 窦晨光：《行神明之知——唐君毅的〈易传〉研究及其启示》，《东方哲学与文化》第7辑，中国社会科学出版社，2022，第139～154页。

可或缺的价值。具体来说，强调代表着超越向度的天道和以仁义为标识的人道的统一是先秦儒家尤其是孔孟哲学的一贯主张。在《论语》中，孔子便有将上古圣王尧舜的德行与天并举，称“唯天为大，唯尧则之”（《论语·泰伯》）。然而，孔子虽有此赞，却罕有直接论及天道与人道之关系，故子贡有叹“夫子之言性与天道，不可得而闻也”（《论语·公冶长》）。而后，《中庸》通过提出“天命之谓性”的命题对天命与人性进行了统一，强调人性乃是天之所予人者，但对于天命与人性的具体内容，《中庸》却只道出了一个“诚”字，有欠清晰。依其说，读者并不清楚“诚”何以是天之道，人自尽其诚又何以能够参赞天地之化育。再后，《孟子》继承了《中庸》关于性、命统一的主张，通过对四端之心的揭示，无可争辩地指明了好善恶恶乃是人之本性，并在此基础上进一步提出“尽其心者，知其性矣，知其性则知天矣”（《孟子·尽心上》）的著名命题，完善了先秦儒家心、性、天三者三位一体的理论构造。可是孟子始终没有正面论证为何尽心、知性便能知天，仅仅是在心性与天之间近乎独断地画上等号，严格来说，这其间实有着巨大的逻辑跳跃。[①] 可见，在天人问题上，《论语》《中庸》《孟子》虽有明确的主张，却始终缺乏有力的论证，而《易传》的道德哲学则能很好地弥补先秦儒家天人哲学在论证上的空白。

在《易传》看来，超越的天道于人而言并不神秘。所谓天道，就是人在无思无为之间所见到的人与天地万物共同的本来面貌。儒者所说的仁心与感通，就是此间洋溢的天地万物之情，这是包括人在内的天地万物原初的、天然的跃动，是无内无外、无所不在的，自然地体现在人心当中。当人将此种无思无为间的原始体验贯彻到其全副生命当中时，也就实现了人道，故人道与天道天然就是统一的。

实际上，《易传》的这一观点与《论语》《中庸》并无二致。《论语》与《礼记》皆有将道德与天地相配的表述。《论语》有称：“天何言哉！四时行焉，百物兴焉，天何言哉？”（《论语·阳货》），《礼记》有言“博厚配地，高明配天”，“溥博如天，渊泉如渊。”（《礼记·中庸》）。然而《论语》《礼记》皆未正面说明实然的天地何以能与应然的道德相一致，只有通过

---

① 冯耀明：《“超越内在”的迷思：从分析哲学观点看当代新儒学》，崇文书局，2023，第295~314页。

《易传》所言无思无为，读者才能真正地理解《论语》《礼记》中此诸论说的完整意涵。

（二）《易传》道德哲学的思想史意义

同时，《易传》的道德哲学也有助于当代学者更好地认识先秦儒家天人之学的发展脉络。《易传》从论述祭祀活动之要义的观卦卦辞“盥而不荐，有孚颙若”中提炼出“无思无为”的认知方式并将其发展为汇通天人的不二法门，正揭示出先秦儒家天人之学由商周原始宗教中一步步洗去蒙昧、走向理性的发展历程。

在殷商时代的原始宗教中，人们十分重视祭祀，诸多历史研究和考古发现表明当时人们的祭祀活动频繁、祭祀规模宏大，且往往多有血腥而残酷的人牲祭祀活动。[①] 通过祭祀以求得天人之间的交流、获取神明对人事的庇佑，这是殷商原始宗教中的一个重要观念。殷周鼎革，周人一改殷人的厚祭之风，主张薄祭，并强调应通过祭祀时虔诚的敬畏之心来致福，不应一味追求祭品的丰厚，《周易》中所言“盥而不荐，有孚颙若”，以及“东邻杀牛不如西邻之禴祭，实受其福”（《周易·既济·九五》），皆是周人这一心态的写照。

周人的这一主张体现出其在天人关系的理解上与殷人相比已有了更高程度的发展。在殷人的理解中，祭祀活动的本质在很大程度上就是人与人之间的交易关系的变形，其想法大体上是通过祭祀将人与人之间的交易活动拓展到人与神明之间。在这一思想中，神明并没有真正获得相对于人的超越地位，祭祀神明的活动也没有使人获得任何精神上的升华。相比之下，在周人那里，祭祀更多被视作一种表达人对天地与祖先的诚敬之情的仪式，周人希望通过虔诚的敬畏之心获得神明的庇佑，与殷人“与神明交易”的观念相比，这一观念真正赋予了神明以相对于人的超越地位，并已隐约指出这种超越地位所代表的是一种精神境界上的提升。

《易传》所代表的先秦儒家继承了周人天人观，并在其旧有观念基础上作出了进一步的发展，指出了古人所崇拜的天地神明的本质其实就是人在

① 王平、〔德〕顾彬：《甲骨文与殷商人祭》，大象出版社，2007，第17页。

无思无为之境界中的原初体验，祭祀中“盥而不荐”诚敬的态度其实就是无思无为的精神境界的一种特殊表现，正是这种境界体验赋予了人心灵的升华，这种无思无为的体验才是汇通天人的不二之途。在这里，商周时期原始而蒙昧的宗教思想彻底蜕变为一种富有理性精神的哲学思辨与道德实践理论。正是通过考察《易传》的道德哲学论说，从商周宗教思想到先秦儒家天人哲学之间的变化轨迹和发展脉络才能清晰地呈现在学者面前。

此外，《易传》的这一由无思无为以汇通天人、构建仁义的哲学思辨与道德论说也具有着超越时代的实践意义和现实价值。今天的普通读者依然可以循着《易传》的指引来提升精神境界和道德修养，这是《易传》留给人类的一笔永恒的精神财富。

（责任编辑：杨传召）

《仪礼》丧奠之位辨

钟　诚[*]

摘　要　《仪礼》丧奠之设，自《士丧礼》始死奠至《既夕礼》朝祖后降奠于堂下，经、注皆明言丧奠陈设之位，然而在还车以后祖奠、遣奠之位，经、注皆未明言。贾公彦以为设奠于柩西，敖继公则以为设奠于柩东，后世说丧奠之位者遂歧为二说。本文比对贾、敖之异同，兼述其设奠、撤奠往来之节，以见二者各自所遵循之礼例，以评断何者更符合丧礼之原则。

关键词　丧奠之位；《士丧礼》；《既夕礼》；

丧礼于尸柩未葬，殡停于堂上、庭中之时，必设饮食于其侧，是为“奠”。丧奠之义，郑玄曰：“鬼神无象，设奠以冯依之。”李如圭云：“自始死至葬之祭曰奠，不立尸，奠置之而已。”朱子云：“自葬以前，皆谓之奠。其礼甚简，盖哀不能文，而于新死者，亦未忍遽以鬼神之礼事之也。”[①] 当此之时，设饮食供死者之魂灵凭依，不专立尸，而仅以祭品奠停于地，故称之为“奠”。

《士丧礼》记载始死、小敛时奠于尸东，大敛之后奠于室中；《既夕礼》记载既迁柩朝庙，则奠于西阶之上；及载柩于车，乃降奠于柩西。以上设奠，经、记及注皆明言其处，故诸家于此皆无异说，及堂下设祖奠、遣奠之位，经、注皆未明言，贾公彦《仪礼疏》以为二奠皆设于柩车之西。及敖继公《仪礼集说》始倡“奠于尸右”之说，则以为凡奠皆当设于尸柩右侧，故还车之后，尸首南向，则祖奠、遣奠皆当设于柩车之东，与贾疏异。自后诸家之说祖奠、遣奠之位，有从贾疏在柩西者，如郝敬、张尔岐、张

---

* 钟诚，清华大学中国经学研究院博士研究生，主要领域为先秦礼学与经学。

① 以上详见（清）胡培翚《仪礼正义》卷二十六，江苏古籍出版社，1997，第1649页。

惠言，亦有以敖说柩东为是者，如盛世佐、江筠、胡培翚、黄以周。

丧奠之位，设于东抑设于西，其所遵循之礼例各不相同，所蕴含之礼亦大相径庭，故尝试比对其例，考察其义，以确定何者更符合丧礼之原则。

一 贾、敖之异

《士丧礼》记载士人始死，以平日饮食奠于其东侧，此为始死之奠。次日，小敛于室内，遂举尸而陈于堂中俠床之上，亦奠停饮食于其东侧，此为小敛之奠。及第三日大敛，纳尸于棺，殡诸西阶上，遂布席于室奥，而设饮食于席东，不复奠于尸侧，此为大敛之奠，亦称“殡奠”。其后，停殡每日之朝夕哭奠、每逢朔日之朔月奠，皆设奠于室中，与殡奠相同，不复设于尸侧。

及《既夕礼》记载启殡就圹前，先迁柩而朝于祖庙，席与所奠亦随柩升堂，奠于西阶之上，所谓从奠，与启殡前之奠为一；荐车既设于堂下，乃更换新奠，设之如故，此为朝祖之奠。朝祖毕，降柩而载于庭中车上，席、奠又随之而降，设于柩西，所谓降奠，与朝祖之奠为一；饰车、陈明器毕，撤去降奠，众人推还柩车，使南向庙门，示将离去，称为“祖”，遂设祖奠。次日即葬日，柩车将出，遂设大遣之奠，亦称“葬奠”。荐马出，乃撤遣奠、苞牲体，然后柩车行。

自始死至迁祖之奠，其设奠之位历代注疏皆无异议，然于祖奠、迁奠，其位则有东、西两说。《既夕礼》设祖奠节云：“布席，乃奠如初，主人要节而踊。”郑注：“车已祖，可以为之奠也，是之谓祖奠。”经文直云“乃奠如初”，郑亦不另注设奠之位，贾公彦释曰：

> 云“主人要节而踊”者，祖奠既与迁祖奠同车西，又皆从车而来，则此要节而踊，一与迁祖奠同。[①]

是贾疏以祖奠与迁祖奠同在柩车之西，所谓“乃奠如初”也。然敖继公《仪礼集说》则以为祖奠当在柩车之东：

---

① （汉）郑玄注，（唐）贾公彦疏《仪礼注疏》卷三十八，龚抗云整理《十三经注疏》，北京大学出版社，2000，第857页。

布席于柩西则北上，柩东则南上，与初大敛时举鼎以下之仪也。是虽所奠异处，而面位则同，故以“如初”蒙之。①

至葬日清晨，将撤去祖奠，经云：“执烛，侠辂，北面。”郑注：“照彻与葬奠也。”葬奠即遣奠。贾疏以为烛在柩车西者，为照人以撤去祖奠；烛在柩车东者，未设之前，葬奠之馔先预陈于柩东，故照人以取持：

二人执烛侠辂北面，一人在辂东，一人在辂西，辂西者照祖奠，辂东者照葬奠之馔，故注云“照彻与葬奠也”。②

敖继公则云：

烛在辂东者，照彻祖奠与设遣奠；在辂西者，照改设祖奠也。③

则以为祖奠与遣奠皆设于柩车之东，故烛在柩车东者，照人以便其撤去祖奠与设葬奠；烛在柩车西者，以撤奠后将改设于序西南，而以烛火照亮路径。

及撤祖奠，经云：“彻者东。”郑注：“由柩车北，东适葬奠之馔。”贾疏则曰：

东适葬奠之馔，取而设于柩车西也。④

① （元）敖继公：《仪礼集说》卷十三，《景印摛藻堂四库全书荟要·经部·礼类》第50册，台湾世界书局，1985，第472页。此处敖氏引《既夕记》“祝馔祖奠于主人之南”以证祖奠之在柩东，此为混“馔”与“奠”为一说，黄以周《礼书通故》虽与敖氏同持柩东之说，亦非而难之曰：“凡奠先馔，馔与奠异，故郑注下遣奠‘东方之馔’引此《记》文，以明馔位不以为奠也。敖说非。……既祖乃馔，既馔乃奠。”详见（清）黄以周《礼书通故》第十一《丧祭通故》，《黄以周全集》第三册，上海古籍出版社，2014，第523页。

② （汉）郑玄注，（唐）贾公彦疏《仪礼注疏》卷三十九，龚抗云整理《十三经注疏》，北京大学出版社，2000，第869页。

③ （元）敖继公：《仪礼集说》卷十三，《景印摛藻堂四库全书荟要·经部·礼类》第50册，台湾世界书局，1985，第479页。

④ （汉）郑玄注，（唐）贾公彦疏《仪礼注疏》卷三十九，龚抗云整理《十三经注疏》，北京大学出版社，2000，第871页。

经于遣奠之设亦未明言其位，而贾疏知其当设于柩车西者，盖以设遣奠讫，“奠者出，主人要节而踊”，郑云：“亦以往来为节。奠由重北西，既奠，由重南东。”既云“奠由重北西”，则奠者经重北向西，而设奠于柩西也。是以贾疏云：

> 奠来时由重北而西，既奠由重南而东。此奠馔在辂之东，言由重北者，亦是由车前明器之北，乡柩车西设之，设讫，由柩车南而来者，礼之常也。①

贾疏根据郑注所说设奠往来之路径，而推知遣奠之在柩车西；然敖氏《仪礼集说》于此处则云：

> 注曰：“亦以往来为节。”继公谓，奠者亦从柩北而西，乃出也。②

敖氏虽亦引郑注，然所述之路径为“从柩北而西”，与郑说“奠由重北西”全然不同，且其持奠于柩东之说，故以此为撤去祖奠而改设于柩西北之路径，与郑注本义完全相悖。综上所述，贾疏以祖奠、遣奠皆设于柩车西；敖氏以遣奠、祖奠皆设于柩车东，贾疏之说犹与郑义相符。

敖氏以前诸疏，于祖奠、遣奠之设位皆无持柩东说者③，自敖氏首倡祖奠、遣奠设于柩东之说，从者甚众，盛世佐、江筠、凌廷堪、胡培翚、黄以周皆以为祖奠、遣奠当设于柩东，而于设奠柩西之说多作批评，笔者将于下章详述之。

---

① （汉）郑玄注，（唐）贾公彦疏《仪礼注疏》卷三十九，龚抗云整理《十三经注疏》，北京大学出版社，2000，第871页。

② （元）敖继公：《仪礼集说》卷十三，《景印摛藻堂四库全书荟要·经部·礼类》第50册，台湾世界书局，1985，第480页。

③ 如《礼记·檀弓上》“曾子吊于负夏”节，孔颖达《礼记正义》云：“迁柩向外而为行始，谓之祖也。妇人降，即位于阶间，乃设祖奠于柩西。至厥明，彻祖奠，又设遣奠于柩车之西。然后彻之，苞牲，取下体以载之，遂行。此是启殡之后至柩车出之节也。”见（汉）郑玄注，（唐）孔颖达疏《礼记正义》卷七，龚抗云整理《十三经注疏》，北京大学出版社，2000，第251页。魏了翁《仪礼要义》亦云：“祖奠与迁祖奠同在车西。”见（宋）魏了翁《仪礼要义》卷三十八，《文渊阁四库全书·经部·礼类》第104册，台湾商务印书馆，1986，第740页。

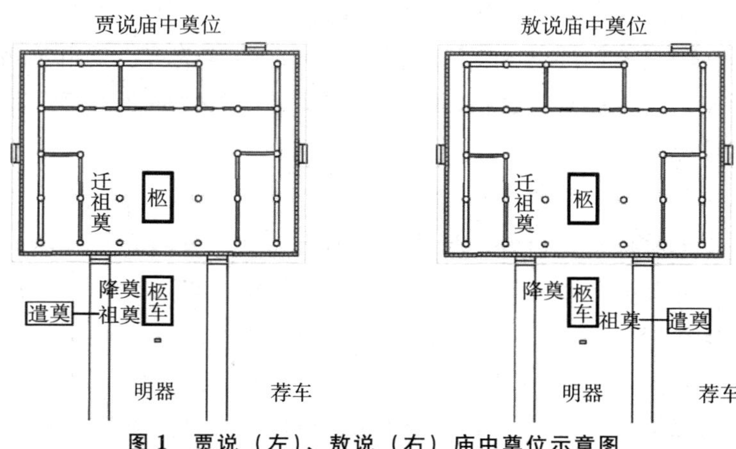

图1　贾说（左）、敖说（右）庙中奠位示意图

二　敖氏“奠于尸右”说考

敖继公以为祖奠、遗奠之必设柩东者，以其所发明之礼例“奠于尸右”：

（始死奠）死而奠之，如事生也。此时尸南首，东乃其右也。奠于其右，若便其饮食然。记曰：“即床而奠，当腢。”①

敖氏于始死之奠即阐明其说，认为奠于尸身之右侧，就如便其右手饮食一般。其后诸奠，除大敛、朝夕哭、朔月奠设于室中者外，敖氏皆以“奠于尸右”为说：

（从奠）继公谓：席设于柩西，亦差近于柩。奠设于席前，亦当柩少北。柩北首，西乃右也，于此奠焉，与奠于尸右之意同。②

（祖奠）注曰：“祝馔祖奠于主人之南，当前辂，北上，巾之。”谓此时与？如记所云，则是布席于柩东少南，东面而奠于其东也。柩已

① （元）敖继公：《仪礼集说》卷十二，《景印摛藻堂四库全书荟要·经部·礼类》第50册，台湾世界书局，1985，第424页。

② （元）敖继公：《仪礼集说》卷十三，《景印摛藻堂四库全书荟要·经部·礼类》第50册，台湾世界书局，1985，第466页。

南首，故奠于此，亦奠于尸东之意也。[①]

敖氏此说为其首创，不见于郑注，亦不见于诸疏。始死之奠，《记》云："即床而奠，当腢。"郑注："腢，肩头也。"贾疏云："尸南首，则在床东，当肩头也。"[②] 虽云奠当肩头，初不云其在尸之左右。然敖氏"奠于尸右"之说影响甚广，即如郝敬之赞同贾疏，持祖奠、遣奠在柩西之说，亦不免以"尸右"说"当腢"[③]。其不从敖氏者尚如此，其从敖氏说设奠柩东者，全都以"奠于尸右"为依据，如凌廷堪《礼经释例》：

窃谓：小敛以前，奠于尸东者，此时尸南首，奠在其右也；迁柩以后，奠于柩西者，此时柩北首，奠亦在其右也；至还车向外后，柩复南首，故奠于柩东，仍在其右矣。[④]

今郑注未有"奠于尸右"之说，从敖说者甚至以此质疑郑义。《既夕礼》朝祖节，"席升，设于柩西。奠设如初，巾之"，郑注："席设于柩之西，直柩之西，当西阶也。从奠设如初，东面也。不统于柩，神不西面也。不设柩东，东非神位也。"[⑤] 郑以"东非神位"解释设奠柩西而非柩东之义，然黄以周《礼书通故》"丧祭通故"则持"奠于尸右"之说以质郑，云：

以周案：敛时南首，奠在尸东；朝祖时北首，奠在柩西；祖奠、

---

① （元）敖继公：《仪礼集说》卷十三，《景印摛藻堂四库全书荟要·经部·礼类》第50册，台湾世界书局，1985，第472页。"注"当为"记"。"尸东"即前所云"尸右"。

② （汉）郑玄注，（唐）贾公彦疏《仪礼注疏》卷四十，龚抗云整理《十三经注疏》，北京大学出版社，2000，第888页。

③ 《士丧礼》始死"奠于尸东"，郝敬云："尸东，尸右当肩。时尸在房南牖下，南首，以东为右，如生人饮食右便也。"见（明）郝敬《仪礼节解》卷十二，《四库全书存目丛书·经部》第八七册，齐鲁书社，1997，第516页。又卷十三《既夕礼》"降奠，当前束"，郝敬云："当柩车西之前束。束有前后。柩北首，奠当尸右肩也。"与敖说无异。见（明）郝敬《仪礼节解》卷十三，《四库全书存目丛书·经部第八七册》，齐鲁书社，1997，第535页。

④ （清）凌廷堪：《礼经释例》卷八，北京大学出版社，2012，第197页。

⑤ （汉）郑玄注，（唐）贾公彦疏《仪礼注疏》卷三十八，龚抗云整理《十三经注疏》，北京大学出版社，2000，第842页。

> 大遣奠南首，奠当主人之南，亦在柩东。凡奠之统于尸柩者，皆在其右当腢，其或东或西者，以尸之南首、北首而别也。注说“东非神位”，似泥。[①]

郑注尚且遭受质疑，遑论孔贾之疏。《既夕礼》祖奠节，“布席，乃奠如初”，盛世佐《仪礼集编》径直驳斥“旧说”。[②] 江筠《读仪礼私记》释此节，亦持“尸右”之说，而以经“降奠当前束”为奠当尸右之证，以为柩既南首，则奠亦当随尸右转移而设于柩东。[③] 又葬日将撤祖奠时，“执烛，侠辂，北面”，胡培翚《正义》又引江筠之说，以为郑注“照彻与葬奠”皆谓辂东之事，而辂西之烛仅为照改馔西北之路径，与敖说相同，而以此驳贾疏奠设柩西之说。[④]

以上诸说，或非贾疏，或疑郑义，其说皆本于敖氏“奠于尸右”。然敖氏之以祖奠、遣奠当设于柩东者，亦恐非其一己私见，或为当时常见之仪。按唐《开元礼》“品官丧仪”，自始死至大敛、朝夕、朔月、殷奠，设奠皆如《士丧礼》。然自启殡奠至祖奠、遣奠及宿止之奠，皆停馔于柩东[⑤]。及《政和五礼新仪》《明会典》，所载丧奠之仪皆同于《开元礼》，此或为敖氏所常见之仪，而为奠设柩东之本也。

---

① （清）黄以周：《礼书通故》第十一《丧祭通故》，《黄以周全集》第三册，上海古籍出版社，2014，第522页。

② 盛世佐《仪礼集编·既夕礼》云：“世佐案：亦《记》‘馔于主人之南’，则其在柩东也明矣。旧说在车西，非是。”见（清）盛世佐《仪礼集编》卷二十九，《文渊阁四库全书·经部·礼类》第111册，台湾商务印书馆，1986，第391页。

③ 出自江筠《读仪礼私记》，转引自（清）胡培翚《仪礼正义》卷二十九，江苏古籍出版社，1997，第1865页。

④ 胡培翚《仪礼正义》云：“江氏筠云：‘注谓照彻与葬奠，只说得辂东之烛。盖祖奠之彻与葬奠之设，俱在辂东照之，其彻者之改设于西北，则在辂西照之。’今案：贾疏谓辂西之烛照彻祖奠，则似祖奠之设在西，误矣，故江氏易之，但据下云‘彻者入设于西北’，则注所云‘照彻’者，自谓照其彻而设于西北，注仍兼辂东、辂西言也。”见（清）胡培翚《仪礼正义》卷二十九，江苏古籍出版社，1997，第1885~1886页。

⑤ 萧嵩等撰《大唐开元礼》卷一百三十八，《文渊阁四库全书·史部》第646册，台湾商务印书馆，1986，第820页：启殡后，不朝于祖，遂迁柩于殡东席上，众人哭，“祝与进馔者各以奠升，设于柩东席上”。第824页：后载柩輴上，引輴至庭位，遂设祖奠，“祝帅执馔者设祖奠于輴东，如大敛之仪”。既祖，升柩于輀车，乃设遣奠，“祝与执馔者设遣奠于柩东，如祖奠之礼”。第825页：车出殡宫，道上宿止时，“柩车到，入凶帷，停于西厢，南辕，祝设几席于柩车东”，又云“凡停宿，进酒脯之奠于柩东，如朝奠之仪”。

三　再考奠于柩西

祖奠、遣奠之设于柩东，或为唐以来所见常仪，敖氏“奠于尸右”之说或本于此，然贾公彦为《仪礼疏》、孔颖达撰《礼记正义》，及杨复之作《仪礼图》，其祖奠、遣奠皆设于柩西而不设柩东，虽与时仪相异，然则与经注相符。

今再考奠于柩西之说，《既夕礼》迁柩朝祖节，“席升，设于柩西。奠设如初，巾之”。郑注：“席设于柩之西，直柩之西，当西阶也。从奠设如初，东面也。不统于柩，神不西面也。不设柩东，东非神位也。”[①] 葬前一日，迁柩朝于祖庙，北向设于两楹之间；席、奠从升设于柩西，当西阶之上。此时，席与丧奠皆东面而设，不统于堂中之柩者，郑以“神不西面”释之，又不设之于柩东如始死、小敛者，郑以“东非神位”解之。贾疏解释郑注甚详：

> 云“从奠设如初，东面也”者，如初，谓如殡宫朝夕设奠于室中者，从柩而来，此还是彼朝夕奠脯醢、醴酒，据神东面设之于席前也。云“不统于柩，神不西面也”者，谓不近柩设奠，若近柩，则统于柩，为神不西面，故不近东统于柩。知神不西面者，特牲、少牢皆设席于奥，东面，则天子诸侯亦不西面可知。云“不设柩东，东非神位也”者，此亦据神位在奥不在东而言也。若然，小敛奠设于尸东者，以其始死，未忍异于生。大敛以后，奠皆设于室中，亦不统于柩。此奠不设于室者，室中神所在，非奠死者之处故也。[②]

贾疏于此辨析郑氏三条注解至明。（1）从奠随柩至祖庙堂中，其陈设之法亦同于朝夕设奠室中之时，席在西而奠在东。（2）经云“席升，设于

① （汉）郑玄注，（唐）贾公彦疏《仪礼注疏》卷三十八，龚抗云整理《十三经注疏》，北京大学出版社，2000，第842页。

② （汉）郑玄注，（唐）贾公彦疏《仪礼注疏》卷三十八，龚抗云整理《十三经注疏》，北京大学出版社，2000，第842页。

柩西”，郑以为从奠当设于席东而不设于席西，席位之面向又不统于尸柩者，是以亡者神灵之席不得西面而设，此从《特牲馈食礼》《少牢馈食礼》神席皆东面而设可知。（3）不设奠于柩东同始死、小敛之奠者，以东方非亡者神灵所当之位，此则据大敛、朝夕诸奠之在室中而不在柩东可知。

郑玄既云“东非神位”，而始死、小敛之奠皆在尸东者，贾疏释之以“以其始死，未忍异于生”。始死、小敛时，虽设奠共神灵凭依，然此时犹不忍以亡者视之；至大敛奠以后，乃确认其亡者（鬼神）之身份，遂不复以生人之礼事之矣。何以知其然？《士丧礼》馔殡奠之节，“奠席在馔北”，郑注云：“大敛奠而有席，弥神之。”贾疏云：“云‘弥神之’者，以其小敛奠无巾，大敛奠有巾，已是神之。今于大敛奠，又有席，是弥神之也。”[①]大敛之后，尸入棺柩而停殡于西阶上，遂为亡者神灵设席于室，而设奠于席侧，其牲体规格与《士虞礼》越发相近，而不复奠于尸身东侧者，此即所谓“神之”也。始死、小敛之时，奠皆设于尸身东侧，以此奠虽供鬼神凭依，然犹仿效生前馈养之礼，以尸身尚在，故不另设神席，此即所谓“未忍异于生”。

《礼记·檀弓上》子游辨小敛之奠曰：“于东方。”曾子曰：“于西方，敛斯席矣。”《记》云：“小敛之奠在西方，鲁礼之末失也。”小敛之奠，曾子以为奠于西方且设席者，是小敛时已视其为亡者，即所谓“神之”也，作《记》者乃以此为“礼之失”；而子游之以为奠于东方且不设席者，以小敛之时犹未忍以亡者视之，故以为得礼也。小敛奠、大敛奠之间，盖以生人之礼与鬼神之礼事亡者之分岭，故其位不同，又有设席与否之别。

又殡奠（大敛奠）节，经云：“乃奠。烛升自阼阶。”郑注：“执烛者先升堂照室，自是不复奠于尸。”既云“自是不复奠于尸”，则郑以既殡以后之奠，皆统于席而不统于柩，此所谓以鬼神之礼事之矣。郝敬《仪礼节解》云：“柩在殡，奠亦于室西，与始死奠尸东异。始死生事之，既殡神事之。”[②] 凌廷堪《礼经释例》云：“凡奠席皆东面设之，无席之奠则统于

---

① （汉）郑玄注，（唐）贾公彦疏《仪礼注疏》卷三十七，龚抗云整理《十三经注疏》，北京大学出版社，2000，第807页。

② （明）郝敬：《仪礼节解》卷十三，《四库全书存目丛书·经部八七》，齐鲁书社，1997，第534页。

尸……从奠用席，不统于柩者，既殡则以神事之，不同未殡时也。”[①] 综上所述，则自既殡以后，其设于室中者皆统于席；不设于室中者，从奠、朝祖奠、降奠，及至祖奠、遣奠，皆当统于奠席而不统于柩也。

又朝祖以后，设奠不于室中者，贾疏云：“此奠不设于室者，室中神所在，非奠死者之处故也。”[②] “室中神”即祖庙之神，死者朝祖于堂上，自然不得干犯庙神之位，故设奠于堂上。而设于西阶上者，郑以“东非神位”解之，疏则云：“此亦据神位在奥不在东而言也。”[③] 魏了翁《仪礼要义》亦云：“设宿奠于柩西，据神位在奥不在东。”[④] 皆以此柩西设奠之位承接自此前在室奥之方位。此后，降奠、祖奠、遣奠之设奠堂下者，贾疏皆以为在柩西，亦以死者神位常在西而不在东。

综上所述，可知贾疏之说奠于柩西者，皆本于郑注“神位”之义，敖氏不解郑注，故常以“奠于尸右”为说，其于朝祖从奠节云：

> 柩北首，西乃右也，于此奠焉，与奠于尸右之意同。不统于柩，奠宜统于席也。不去席者，先已用席，则不变之。且尸柩之奠，亦宜异也。[⑤]

敖氏虽亦赞同郑注而持“不统于柩，奠宜统于席也”之说，却认为设奠于西阶上为“与奠于尸右之意同”，则是又统于柩（尸）矣，殊为矛盾。此外，敖氏又以“不去席者，先已用席，则不变之”释奠席之设，此则不解大敛奠以后为神设席之义，不辨此时亡者之神位在席而不在柩，故径以凡奠皆在尸右为说也。其他从敖氏之说者，越发不知设奠席之设其义何在，至以“奠宜从柩”为说，如凌廷堪《礼经释例》：

① （清）凌廷堪：《礼经释例》卷八，北京大学出版社，2012，第200页。

② （汉）郑玄注，（唐）贾公彦疏《仪礼注疏》卷三十八，龚抗云整理《十三经注疏》，北京大学出版社，2000，第842页。

③ （汉）郑玄注，（唐）贾公彦疏《仪礼注疏》卷三十八，龚抗云整理《十三经注疏》，北京大学出版社，2000，第842页。

④ （宋）魏了翁：《仪礼要义》卷三十八，《文渊阁四库全书·经部·礼类》第104册，台湾商务印书馆，1986，第732页。

⑤ （元）敖继公：《仪礼集说》卷十三，《景印摛藻堂四库全书荟要·经部·礼类》第50册，台湾世界书局，1985，第466页。

> 小敛以前奠于尸者，疏云："以其始死，未忍异于生。"此说是也。大敛以后奠于室者，既殡，则以鬼神之礼事之矣。还柩以后奠于柩者，盖柩既离殡宫，则奠宜从柩，不能复设于殡宫之室也。疏云："此奠不设于室者，室中神所在，非奠死之处也。"此说失之。[①]

此不唯以贾疏之说为"失之"，又以为"奠宜从柩"，则几乎视奠席为虚设矣。试问若朝祖之后奠皆从柩，则每奠之必设席者何意？其他从敖说者，皆以丧奠之所以或设于东或设于西者，无他原因，以奠宜在尸右，故随尸首之南北而改易方位也。

其以柩东为说者，其依据如下：降奠之节，经云："降奠，当前束。"郑注："下迁祖之奠也。当前束，犹当尸腢也。亦在柩车西，束有前后也。"[②] 从敖说者遂以经"降奠当前束"及郑注"犹当尸腢"皆为"奠于尸右"之证，以为敖说得经注之旨。[③] 然笔者认为，经文云"当"者多矣，皆云当某处以定位，故设奠"当腢""当前束"亦当同理。

详论之，则奠之统于尸如始死、小殓者，恐亦不能以"尸右"为设奠于东之原则。《既夕礼》朝祖时，郑云"不统于柩者，神不西面也"[④]，若伸郑义，则始死、小敛奠之统于尸者，亦当以东面为正。如此，则设奠统于尸如始死、小敛时，所以不设于尸西而必设于尸东东面者，盖以"神不西面"而已，本无关尸左尸右。

又经注之所以未明言祖奠、遣奠之设位，盖以承顺上文，毋庸赘述，经文简明，而注疏无违，诸说之以还车后祖奠改设柩东者，皆未能免于弥缝之劳。

---

① （清）凌廷堪：《礼经释例》卷八，北京大学出版社，2012，第197页。

② （汉）郑玄注，（唐）贾公彦疏《仪礼注疏》卷四十一，龚抗云整理《十三经注疏》，北京大学出版社，2000，第847页。

③ 如江筠《读仪礼私记》："又云'降奠当前束'，注云'犹当尸腢也'。此经设奠，总犹斯意。从奠、迁祖奠及降奠时，柩俱北首，则西乃尸右，故奠俱于柩西少北。祖奠及遣奠时，柩俱南首，则东乃尸右，故奠俱于柩东少南。"转引自（清）胡培翚《仪礼正义》卷二十九，江苏古籍出版社，1997，第1865页。

④ （汉）郑玄注，（唐）贾公彦疏《仪礼注疏》卷三十八，龚抗云整理《十三经注疏》，北京大学出版社，2000，第842页。

四　试论设奠柩西之义

迁柩朝祖时，丧奠及席之所以设于西阶上，郑注“不设柩东，东非神位也”，贾疏云“此亦据神位在奥不在东而言也”①。贾疏如此解说，似以奠席之设于西阶上乃承继自殡宫设奠于奥。诸从贾疏之说者，亦据此以释奠席之设于西阶上，李如圭《仪礼集释》云：“奠设如初，如于宫殡席前东面也，殡宫设于奥，此设于柩西耳。”② 郝敬《仪礼节解》云：“布席柩西，设从迁之奠，加巾，如在室，不奠于柩东，鬼神尚西也。”③ 张尔岐《仪礼郑注句读》云：“此宿奠从殡宫来，还依室中东面设法，设之于席前也。”④ 皆以从奠之设位为比照殡宫室中设位，故当在柩西。

然笔者认为，从奠之设于西阶上，与殡奠、朝夕奠之设于室奥，其义不尽相同：朝祖之礼，其义盖为尸柩将葬而先至祖庙辞行，郑注所谓“将出，必辞尊者”；柩停两楹之间，席、奠则设于西阶之上，此与殡时停柩寝宫西阶上正同，而与室奥之位并无必然联系。《礼记·檀弓上》子游曰：“饭于牖下，小敛于户内，大敛于阼，殡于客位，祖于庭，葬于墓，所以即远也。故丧事有进而无退。”既云“殡于客位”，则大敛后尸柩之殡于西阶上者，几乎以宾客视之矣，然此时奠与席犹设于室奥主位，则亡者之身份仍介于宾主之间；至朝祖时，奠与席则径设于西阶上客位，则是全然以宾客之礼待之。《礼记·坊记》亦称：“丧礼每加以远。浴于中溜，饭于牖下……葬于墓，所以示远也。”郑玄注：“远之，所以示崇敬也。”⑤ 亡者之身份，从主人逐渐转变为宾客，盖亦丧礼“所以即远”之义。

① （汉）郑玄注，（唐）贾公彦疏《仪礼注疏》卷三十八，龚抗云整理《十三经注疏》，北京大学出版社，2000，第842页。

② （明）李如圭：《仪礼集释》卷二十三，《文渊阁四库全书·经部四·礼类二》，台湾商务印书馆，1986，第395页。

③ （明）郝敬：《仪礼节解》卷十三，《四库全书存目丛书·经部》第八七册，齐鲁书社，1997，第534页。

④ （清）张尔岐：《仪礼郑注句读》卷十三，《文渊阁四库全书·经部·礼类》第108册，台湾商务印书馆，1986，第182页。

⑤ （汉）郑玄注，（唐）孔颖达疏《礼记正义》卷五十一，龚抗云整理《十三经注疏》，北京大学出版社，2000，第1650页。

又大敛后乃设奠席，此为神设席之法，自是则以鬼神事之，不以生人之礼，前已详述。故迁柩朝祖时，既设席于西阶上，奠则从席而设，不复统于柩，既以神事之，乃不得复以生人之礼事之，此亦“丧事有进而无退”之义。然席、奠之设既不统于柩，又随之而为升降者，柩以奉体魄，奠以事精神，① 二者并行不悖，相关联而不相涉。今尸柩之设，自内而外，自上而下，所以即远；丧奠所以凭依精神，始奠于尸东，又奠于室奥，再奠于庙堂，终奠于庭中，亦所以即远也。朝祖后还车南向，将送而葬之，是愈为宾客也，故席、奠亦当常设于柩西而东面，正当宾客之位而不得复设于柩东，此亦丧事有进而无退之义。综上所述，可知设于柩西之说犹得丧奠之礼义。

后世不明奠席之设乃为神设位，既设席则奠不复统于柩而统于席，又不解丧奠之设亦由近而及远，不知丧奠之始于生人而终于鬼神礼、始在阼位而终在客位，故以为奠与席皆随尸柩之右而设，既还车之后又迁之于尸柩东，此则不独视神席为虚置，又有违于“丧事有进而无退”之义，是近乎推柩而反之矣。

结　论

丧奠之设，至《既夕》载柩于车后，其设祖奠、遣奠，经文皆未明言其位，郑注亦然。贾疏以为二奠皆设于柩西，盖以经文上下承接，且未见易位柩东之文；又据郑注言设奠往来之节，知郑亦以祖奠、遣奠当设于柩西。及敖继公首倡“奠于其右，若便其饮食然”之说，遂以为柩车南首时，祖奠、遣奠皆当设于柩东，当尸之右也；既以二奠在东，故其设奠往来之节亦不从郑说。后世之从敖说者，或质疑郑注，或弥合曲说。

今比较贾、敖东西二说可知，贾说都遵循于郑注，而敖说则自为一解。其从敖者，多以其得礼经之旨，以为“奠于尸右”之礼例可贯通解释经文

① 始死奠，胡培翚《正义》引诸家说设奠之义：“张氏尔岐曰：‘丧礼凡二大端，一以奉体魄，一以事精神。楔齿缀足，奉体魄之始；奠脯醢，事精神之始也。’《礼经释例》云：‘若然，则葬乃奉体魄之终，祭乃事精神之终也。’《荀子》曰：‘葬埋，敬藏其形也。祭祀，敬事其神也。’”见（清）胡培翚《仪礼正义》卷二十六，江苏古籍出版社，1997，第1650页。

之奠位：始死、小敛皆奠于尸东，是时柩北首，此奠于尸右也；迁柩朝祖及载柩庭中时，从奠、朝祖奠及降奠皆奠于柩西，是亦在尸柩右侧；其经文未明言者，祖奠、遣奠之位，敖氏则循其“奠于尸右”之礼例，以还车之后，尸柩既南首，故设奠当在柩东如始死、小敛时也。其说简明，既不违经文，又合乎后唐宋以来丧奠常仪，故其附庸者众。

然详味经、注，设奠之位本无关尸柩之左右。始死、小敛时，奠设尸东，犹以生人之礼待之，故设于尸侧；既殡以后，乃设席设奠于奥，始以鬼神之礼事之，而不复奠于尸侧矣。朝祖时，席、奠虽设于柩西，亦非统于柩而统于席，郑注曰：“不统于柩，神不西面也。”奠既统于席而不统于柩，则敖氏所谓“与奠于尸右之意同”者非。又席、奠不设室奥者，以室奥为庙神所在；又不设于柩东如始死、小敛者，以其非神位所在。若然，奠、席之设于柩西者，实当西阶之上，与殡时同在客位，而非随尸柩之左右而为转移也。故堂下之祖奠、遣奠，亦当设于柩西，同在客位可知。

《檀弓上》云：“饭于牖下，小敛于户内，大敛于阼，殡于客位，祖于庭，葬于墓，所以即远也，故丧事有进而无退。”尸柩之设，自内而外，自上而下；丧奠之设，自东而西，自生人礼而鬼神礼，皆“所以即远”之义。今既外柩南向之矣，则不得复还柩向内；既客位设奠矣，亦不得复设于阼，此“丧事有进而无退”之义也。综上所述，则郑、贾二奠设于柩西之说，犹符合于丧礼之义。

（责任编辑：李文娟）

明王之道探论

——《孔子家语·王言解》与《大学》之气象传承及民本思想意蕴*

董雪霏　王文东**

摘　要　精研《孔子家语·王言解》可以发现，孔子称述的“明王之道”与《大学》概述的“三纲”精神相吻合，与《大学》阐述的“八目”及相关内容亦契合。《大学》背后的指向应与《王言解》一致，是“明王”。“明王之道”的逻辑顺序“明王—官能—爱民”，同样也是“大学之道”的逻辑顺序，即“天子—治理—化民”。《大学》的“格物”就是指君王要参透、悟透“得民、安民、惠民”是“平天下”之基与本，方可为“致知”，亦即“物格而后知至”。《大学》之“致知”即《王言解》之“政之至”，即“无刑民”。《王言解》“四海之内无刑民矣”与《大学》“必也使无讼乎”是遥相呼应的最理想的治理画面。

关键词　《王言解》;《大学》; 明王之道; 民本思想

曾子所著《大学》影响深远，其言“大学之道”“三纲”“八目”，张本继末，创发经意，一向明确。然而，“大学之道”背后的“主角”是什么，或“谁”要学“大学之道”，却颇为笼统。览观许多古今注疏，在这重要枢机关键上，或“绕道而行”或将“主角”指向普通个体，这在留给后世学人无限解读空间的同时，无疑也平添了困惑。透过文献史料，我们可以清晰发现，自“大道之行”滑至“小康之治”再降至春秋时期的“黄钟

* 本文系国家社科基金重大项目“中华民族道德生活中的价值认同研究”（22&ZD039）子课题阶段性成果。

** 董雪霏，中央民族大学哲学与宗教学学院博士研究生，研究方向为先秦儒学；王文东，中央民族大学哲学与宗教学学院教授，博士生导师，研究方向为中国传统伦理思想。

毁弃，瓦釜雷鸣”，所呈现的“帝王之制，坦然明白”[①] 到“帝王之道，日以陵夷”至“君王荒怠，道缺法圮”的颓废之势，责任主体均明确指向“君王”。实际上，精研《孔子家语·王言解》，我们可以发现，孔子称述的“明王之道”与《大学》概述的“三纲”高度吻合，与《大学》阐述的“八目”十分契合，与《大学》细述的内容非常融合。对两者进行比照后发现，其叙事逻辑一致。即，以实现天下治理为目标——明王或君王先以修身为本——再经由治国理政的次第而实现。只是《王言解》论述的“明王之道”是结果性语言，即实现天下治理之道，“明王”“原本”就是这样做的；而《大学》论述的“大学之道”是过程性语言，即实现天下治理之道，某“主角”必须经由“物格”方可实现“天下平”。既然两者结构及义理如此契应，而《王言解》的“主角”明确为“明王”，那么我们认为《大学》的“主体”是有确指的。“振叶以寻根，观澜而索源。”[②] 源头问题不清，会直接影响对义理的理解。本文探赜索隐，通过相关比较以揭明作者在书写之初赋予《王言解》文本的民本思想意蕴。

一 “明王”的思想来源

《王言解》是曾子单独向孔子请教时的情景，而这次曾子独享“小灶”的受教过程，也颇值得玩味。首先，夫子一上来并没有直接传授内容，而是以“士与大夫之言”“君子之言”“王言”[③] 递进的方式，引起曾子注意。为了进一步加深曾子的“铭心”之感，夫子对曾子两次询问都不回应，待曾子由“下席”而“肃然而惧，抠衣而退，负席而立”[④] 之后，夫子方对曾子讲授“明王之道”。夫子在内容上“举其宏纲，撮其机要”，在形式上“不愤不启，不悱不发”，这无疑极大加深了曾子对“明王之道”的认识，强化了其对“明王之道”的深刻印象。反观曾子生活时代的君王们的所为，与夫子称述的“明王之道”形成的“云泥之差”，无疑带给了曾子极大的心

---

① 张启成、徐达等译注《文选全译四》，贵州人民出版社，1994，第 3228 页。

② 王运熙、周锋：《文心雕龙译注》，上海古籍出版社，2012，第 343 页。

③ 杨朝明、宋立林主编《孔子家语通解》，齐鲁书社，2013，第 18 页。

④ 杨朝明、宋立林主编《孔子家语通解》，第 19 页。

理冲击和思考。

所谓“明王之道”，是指尧舜禹为代表的夏商周三代明君，以不忍人之心行不忍人之政，敬顺天命、修德爱民。先秦儒家经典中常有“先王”“王道”“明王”的论述，除个别篇章有特指，如《尚书·金縢》周公曰：“未可以戚我先王。”[①] 其中“先王”指大王、王季、文王等周氏族领袖。大部分指夏商周三代明君，如“洪范”由禹传至箕子，箕子为周武王陈九条天地之大法，为“王道”最早出处，“无偏无陂，遵王之义。无有作好，遵王之道。无有作恶，遵王之路。无偏无党，王道荡荡。无党无偏，王道平平。无反无侧，王道正直”[②]。君主应没有偏私，为民父母，天下为公。在《召诰》中，召公认为殷商“先王”是圣明的，“后王”则残害百姓，导致殷商统治者失去天命。《说命》记载了殷商帝王武丁与贤臣傅说的故事，傅说总理百官，向王进言：“呜呼！明王奉若天道，建邦设都，树后王君公，承以大夫师长，不惟逸豫，惟以乱民。”[③] 明王顺应天道建立邦国，不是为了享乐，而是为了治理民众。《旅獒》中太保劝诫周武王“明王慎德，四夷咸宾”[④]，明王修德怀远，即可四夷宾服。《礼记·礼运》里孔子对“大道之行”进行了描述，后面“今大道既隐，天下为家……故谋用是作，而兵由此起。禹、汤、文、武、成王、周公，由此其选也”[⑤]，孔颖达注疏：“前明五帝已竟，此明三代俊英之事。孔子生及三代之末，故称今也。”[⑥] 孔子为春秋末人，述而不作，所“述”必然是夏商周三代明君治理精华，以图天下归道。孔子反复论述三代圣王制礼，礼是上以承天之道，下以治民之情。在《礼器》中也说明三代之礼指向为一，“三代之礼一也，民共由之。或素或青，夏造殷因。”[⑦] 孙希旦注曰：“愚谓三代之礼，异于迹而不异于道。”[⑧]《礼记》中孔子对明王有多种论述，如《乐记》中孔子曰：“礼乐之情同，

① 李学勤主编《尚书正义》，北京大学出版社，1999，第332页。
② 李学勤主编《尚书正义》，第311页。
③ 李学勤主编《尚书正义》，第249页。
④ 李学勤主编《尚书正义》，第327页。
⑤ 李学勤主编《礼记正义》，北京大学出版社，1999，第660页。
⑥ 李学勤主编《礼记正义》，第660页。
⑦ （清）孙希旦：《礼记集解》，中华书局，1989，第653页。
⑧ （清）孙希旦：《礼记集解》，中华书局，1989，第653页。

故明王以相沿也。”[①]《哀公问》中孔子对哀公强调：“昔三代明王之政，必敬其妻、子也，有道。”[②]《表记》中孔子曰：“昔三代明王，皆事天地之神明，无非卜筮之用，不敢以其私亵事上帝。”[③] 总之，先王制礼作乐，是为了同民心而出治道。孔子去世之前，还在呼唤明王：“夫明王不兴，而天下其孰能宗予，予殆将死也。”[④]

《王言解》是彰明王之道的，而曾子所著《大学》亦被学界公认是阐发“王道”思想的，这难道是巧合吗？我们先看《王言解》与《大学》关于“道与德”的论述比照：

《王言解》	《大学》
夫道者，所以明德也；德者，所以尊道也。是以非德道不尊，非道德不明。	大学之道，在明明德。
上之亲下也，如手足之于腹心；下之亲上也，如幼子之于慈母矣。上下相亲如此，故令则从，施则行，民怀其德，近者悦服，远者来附，政之致也。	亲（新）民。
至礼不让而天下治，至赏不费而天下士悦，至乐无声而天下民和。	止于至善。
是故昔者明王内修七教……	自天子以至于庶人，壹是皆以修身为本。
故明王之政，犹时雨之降，降至则民悦矣。是故行施弥博，得亲弥众。	有斐君子，终不可谊兮者，道盛德至善，民之不能忘也。
故视远若迩，非道迩也，见明德也。	康诰曰：“克明德。”
是故人君先立仁于己，然后大夫忠而士信，民敦俗璞，男悫而女贞，六者，教之致也。	为人君，止于仁；为人臣，止于敬；为人子，止于孝；为人父，止于慈；与国人交，止于信。
上敬老则下益孝，上尊齿则下益悌，上乐施则下益宽，上亲贤则下择友，上好德则下不隐，上恶贪则下耻争，上廉让则下耻节，此之谓七教。	上老老而民兴孝，上长长而民兴弟，上恤孤而民不倍，是以君子有絜矩之道也。
所谓天下之至明者，能举天下之至贤者也。	见贤而不能举，举而不能先，命也；见不善而不能退，退而不能远，过也。

---

① 杨天宇：《礼记译注》，上海古籍出版社，1997，第 628 页。

② 杨天宇：《礼记译注》，第 657 页。

③ 杨天宇：《礼记译注》，第 731 页。

④ 杨天宇：《礼记译注》，第 73 页。

续表

《王言解》	《大学》
田猎罩弋，非以盈宫室也；征敛百姓，非以盈府库也。	未有上好仁而下不好义者也，未有好义其事不终者也，未有府库财非其财者也。

《王言解》经曾子一一询问，夫子一一阐明了何为“不劳不费”“七教”“明王之守”“三至”。《大学》的结构经二程调整后，也是一一阐明了纲领、纲目，即朱熹所言，第一章之后每一章都对应了第一章的夫子之论。通过以上分析，我们可以清晰地看到，从篇章内容要旨上看，《王言解》中，夫子所称的主体是古代明王，所确指的是“明王之道”，所重言的是君王“明德”，所强调的是君王“得众”，所描述的目标是“至善”，而这恰与《大学》的纲领“大学之道，在明明德，在亲（新）民，在止于至善”①十分吻合。

二 《王言解》与《大学》的思想传承和主体指向

关于《大学》背后的主角，我们以几位前辈的典型阐释为例，加以分析。东汉遍注群经的郑玄云：“名曰《大学》者，以其记博学，可以为政也。”② 孔颖达注疏曰：“此《大学》之篇，论学成之事，能治其国，章明其德于天下。”③ 郑玄认为《大学》一文说明博学可以为政，潜在含义为此篇可供读书人学习，用于将来从政。朱熹于宋孝宗淳熙十六年（1189），六十岁时作《大学章句序》。他认为《大学》为古代教育总纲，“大学之书，古之大学所以教人之法也”④。朱子继承二程对《大学》结构的重新编排后，对《大学》用功极深，以期于对治国修身给予启示，“然于国家化民成俗之意、学者修己治人之方，则未必无小补云”⑤。朱子强调“明明德”是关键，而“明德”即仁义礼智之性。“《大学》‘明明德’乃是为己功夫。”⑥ 明代

① （宋）朱熹：《四书章句集注》，中华书局，2011，第4页。
② （唐）孔颖达等：《礼记正义》，上海古籍出版社，1990，第1592页。
③ （唐）孔颖达等：《礼记正义》，第981页。
④ （宋）朱熹：《四书章句集注》，第2页。
⑤ （宋）朱熹：《四书章句集注》，第3页。
⑥ 黄士毅编《朱子语类汇校》，上海古籍出版社，2016，第281页。

王守仁在《大学问》中阐释为“大人者，以天地万物为一体者也，其视天下犹一家，中国犹一人焉。若夫间形骸而分尔我者，小人矣。大人之能以天地万物为一体也，非意之也，其心之仁本若是，其与天地万物而为一也。”[①] 这里，王守仁对《大学》背后的主角有相对明确的指向，即“大人”。张兴老师从经学诠释的角度，认为汉唐与宋明的《大学》注解出现分歧，“汉唐时期学者的《大学》注解则完全是以政治为核心，尤其是以国君与大臣为核心。而宋明时期学者的《大学》注解主要是从道德角度出发，尤其以个人的道德修养为核心”[②]。再进一步分析，张兴老师认为汉唐学者与宋明学者一般都将《大学》的行为主体理解为君子，但朱子将《大学》行为主体视为学者，发生了巨大改变，“郑玄与孔颖达一般将其理解为‘为政者’，而宋明时期的朱子与阳明则将其理解为学者，尤其是朱子，不仅仅是将《大学》的行为主体视为学者，扩而言之，《中庸》的行为主体，甚至整个四书的行为主体都被其认为是学者，而且是有道德的学者”[③]。

“以讲经立门户，纷纭辩驳，其说愈详而经亦愈荒”[④]。我们抛却门户之见，在对两部经籍进行比照后，再将孔子与曾子生活的时代纳入分析框架，就不难发现《大学》背后的主角应是有明确指向的。司马迁云：“是以孔子明王道，干七十余君，莫能用，故西观周室，论史记旧闻，兴于鲁而次《春秋》，上记隐，下至哀之获麟，约其辞文，去其烦重，以制义法，王道备，人事浃。”[⑤] 乱臣贼子出于私利挑拨战事带来的直接后果，是百姓遭殃、秩序破坏、国家支离破碎。

孔子恰恰生活在这样的时代背景下，由“吾少也贱，故多能鄙事”[⑥] 的苦难经历所引发的对黎民疾苦的铭心感同，恐怕是其思想和精神的滥觞，我们从孔子“一字之贬，严于斧钺”所修的《春秋》中即可窥其阃奥。孟子评述《春秋》：“世衰道微，邪说暴行有作，臣弑其君者有之，子弑其父

① （明）王守仁：《王阳明全集》（中），上海古籍出版社，2012，第 803 页。
② 张兴：《经学视野下的〈大学〉学史研究》，中国社会科学出版社，2019，第 246 页。
③ 张兴：《宋代〈大学〉思想演变研究》，中国社会科学出版社，2021，第 15 页。
④ （清）纪昀：《阅微草堂笔记》，上海古籍出版社，2010，第 39 页。
⑤ 张大可注释《史记全本新注》，华中科技大学出版社，2020，第 367 页。
⑥ （宋）朱熹：《四书章句集注》，第 105 页。

者有之，孔子惧，作《春秋》。"[①] 透过后世的陈述，同样能深切感受到夫子对天下安宁、社会安稳、民众安顿的浓厚关怀。《论语》记载："孟氏使阳肤为士师，问于曾子。曾子曰：'上失其道，民散久矣。如得其情，则哀矜而勿喜！'"[②] 这里，曾子向来人回答说，如果发现民众犯错，不要得意，根本上来说是上位者失道所致。同样，我们能感受到曾子对民众的深厚关怀。

人类社会自古及今一直呈金字塔结构，而这座塔的稳定与否，核心在于上位者。正如夫子所言："王者有似乎春秋……春秋致其时而万物皆及，王者致其道而万民皆治。"[③] 《孔子家语·五仪解》记载："哀公问于孔子曰：'夫国家之存亡祸福，信有天命，非唯人也。'孔子对曰：'存亡祸福皆己而已……能知此者，至治之极也，唯明王达此。'"[④] 董仲舒《天人三策》云："孔子曰'人能弘道，非道弘人'也。故治乱废兴在于己，非天降命不得可反，其所操持悖谬失其统也。"[⑤] 从这些记载中我们明显看出，国家的安危存亡主要由君王负责。

与孔子和曾子同时代的君王又是如何作为的呢？《孔子家语·问礼》记载，鲁哀公向孔子请教大礼，孔子对曰："卑其宫室，节其服御，车不雕玑，器不彫镂，食不二味，心不淫志，以与万民同利。古之明王，行礼也如此。"[⑥] 紧接着鲁哀公问，今天的执政者为什么不能依古代明王而行呢？孔子回答："今之君子，好利无厌，淫行不倦，荒怠慢游，固民是尽。以遂其心，以怨其政。忤其众，以伐有道。"[⑦] 夫子解释说：今天的君王，为了私欲，置国不顾，用尽民利，违道而行。从中我们可清晰地感受到，古代明王与"今之君王"在"正德、利用、厚生"上高下立判。

《贤君》记载，当鲁哀公问孔子"当今之君，孰为最贤"时，孔子明确回答"丘未之见也"[⑧]。周德衰微，至孔子生活的时代已没有"明王"可主

① 钱逊注释《孟子诵读本》，中华书局，2016，第 85 页。
② （宋）朱熹：《四书章句集注》，第 178 页。
③ 杨朝明、宋立林主编《孔子家语通解》，第 80 页。
④ 杨朝明、宋立林主编《孔子家语通解》，第 68 页。
⑤ （汉）班固：《汉书》，中华书局，1962，第 2500 页。
⑥ 杨朝明、宋立林主编《孔子家语通解》，第 48 页
⑦ 杨朝明、宋立林主编《孔子家语通解》，第 49 页。
⑧ 杨朝明、宋立林主编《孔子家语通解》，第 149 页。

持天下了。因此，孔子作为时代之“木铎”，想要做的是把上古帝王治国精华保存下来，努力将脱轨的“华夏车轮”扶正。“依史所载，三王治道奉天命、行天讨，以德治世或以仁行政。儒家的德治、仁政或皆可归于‘王者之迹熄’后对王道制度的重新设计或安排”①。夫子带领诸弟子干七十君、理六经、传王道，是为了呼唤明王一统天下！君主“明明德”，即可实现“明王之道”。

在这样的分析框架下，我们来看《王言解》和《大学》，会发现两者呈现同样的气象和文脉。《大学》建构了从“古之欲明明德于天下者，先治其国”② 到“国治而后天下平”③ 的闭环治理模型。值得注意的是，紧跟上述章句，曾子不间断地引用了《康诰》《太甲》《帝典》《盘铭》《诗》中“周虽旧邦”“穆穆文王”等夏商周三代君王的例证。

当发现两部经籍在“道与德”“对民”“至善”等纲领纲目及“修身”等核心要义和元素上的高度吻合后，一个关键枢机也呈现在我们面前。《王言解》文本有12处“明王”，旗帜鲜明地表明此为“明王之道”。如此看来，《大学》背后的指向应该跟《王言解》一样，即当世之“君王”的目标是通过“大学”而成为“明王”。《大学》从开头到结尾，并没有角色转换的任何迹象。如果“大学”背后的主体是普通人，就会出现使人无法理解的问题，因为普通人原本就是“民”，为何要“亲民”？最重要的在于“治国平天下”不是儿戏。《易经·系辞传》云：“子曰：德薄而位尊，知小而谋大，力小而任重，鲜不及矣。”④ 如果将“大学之道”的主角定位为君王，“治国平天下”的目标及修习次第是合乎逻辑、顺理成章的。

三 《王言解》与《大学》的民本思想指向

“无为而治”是我国上古社会一种由来已久的理想政治模式。子曰：“无为而治者，其舜也与？夫何为哉？恭己，正南面而已矣。”⑤ 《老子》

① 王文东：《天之道与人之礼——〈春秋〉经传主体思想》，人民出版社，2016，第133页。
② （宋）朱熹：《四书章句集注》，第5页。
③ （宋）朱熹：《四书章句集注》，第5页。
④ 高亨：《周易大传今注》，齐鲁书社，1983，第574页。
⑤ （宋）朱熹：《四书章句集注》，第152页。

云："故圣人云：我无为而民自化，我好静而民自正，我无事而民自富，我无欲而民自朴。"① 因此《王言解》首段夫子论述"明王之道"逻辑如下：明德—内修七教，外行三至—不劳不费。最终达到的是"不劳不费"的境界，途径为明王之"七教三至"。

首先起点是明王要"明德"，夫子下面论述，"凡上者，民之表也，表正则何物不正?"② 君主能够修德敬业，官员、百姓自然会效仿，"其身正，不令而行；其身不正，虽令不从"③。如《大学》纲旨为"修身为本"，君主"明明德"，其言行举止呈现于百官，其为国为民深思远虑，百官及民众自会体察，因此民风淳朴、政治清明。其实历史的经验已经说明了"以德治国"之重要性及其深远影响。韩非与李斯俱为荀子学生，荀子思想已与孟子有诸多分歧之处，除"天人之分"和"化性起伪"之外，"荀子对'法'的看重已经是对孔子以至孟子的'德治'或'仁政'追求的歧出了"④。所以法家集大成的韩非主张"明主之国，无书简之文，以法为教；无先王之语，以吏为师"⑤。李斯同样秉持此种治国理念，据《史记·秦始皇本纪》："丞相李斯曰：'五帝不相复，三代不相袭，各以治，非其相反，时变异也。'"⑥ 子曰："殷因于夏礼，所损益，可知也；周因于殷礼，所损益，可知也。其或继周者，虽百世，可知也。"⑦ 孔子精研经典，体悟到朝代更替变化而其长治久安的治国核心理念没有变，只有"一以贯之"才能天下太平。客观上看，李斯辅佐秦始皇在建朝初期稳定局势与思潮是有一定贡献的，但是，没有体悟上古帝王"以德治国"的深意。

如《王言解》夫子所言，君主明德修身、知人任贤，民众即可安居乐业，和谐富足。这种由上而下的影响贯穿整篇《王言解》，如"昔者帝舜，左禹而右皋陶，不下席而天下治。夫如此，何上之劳乎？政之不平，君之患也；令之不行，臣之罪也。若乃十一而税，用民之力，岁不过三日，入

① 高亨：《老子正诂》，清华大学出版社，2004，第161页。
② 杨朝明、宋立林主编《孔子家语通解》，第20页。
③ （宋）朱熹：《四书章句集注》，第135页。
④ 黄克剑：《由"命"而"道"先秦诸子十讲》，中国人民大学出版社，2010，第190页。
⑤ （先秦）韩非：《韩非子》，岳麓书社，2015，第182页。
⑥ 张大可注释《史记全本新注》，第183页。
⑦ （宋）朱熹：《四书章句集注》，第60页。

山泽以其时而无征，关讥市廛皆不收赋，此则生财之路，而明王节之，何财之费乎？”[①]。舜任用禹与皋陶，不劳民伤财，即可无为而治。《大学》也有对应的章句，“是故君子先慎乎德。有德此有人，有人此有土，有土此有财，有财此有用”[②]。君主有德，才能感化官员与民众，才能拥有一统天下的实力。《史记·五帝本纪》中司马迁已经把上古帝王如何修身化民的过程表述清楚了，“帝尧者……能明驯德，以亲九族。九族既睦，便章百姓。百姓昭明，合和万国……舜年二十以孝闻……舜耕历山，历山之人皆让畔；渔雷泽，雷泽上人皆让居；陶河滨，河滨器皆不苦窳”[③]。《史记》为太史公博览古籍又实地考察撰写而成，上古历史不仅清晰可考，其中也蕴含了中华民族一脉相承又博大精深的思想精髓。《五帝本纪》之后的《夏本纪》《殷本纪》《周本纪》都表现了“明王之道”的具体实践，突出了明王以修身为本。《夏本纪》云：“桀不务德而武伤百姓，百姓弗堪，乃召汤而囚之夏台，已而释之。汤修德，诸侯皆归汤，汤遂率兵以伐夏桀。”[④] 君主不修德爱民，民众自会归顺于修德爱民的新主，成为“新民”。《殷本纪》记载了商朝第一位君主成汤“网开一面”的故事，实际也预示了三十六个小国归顺于成汤。《周本纪》云：“西伯阴行善，诸侯皆来决平。于是虞、芮之人有狱不能决，乃如周。入界，耕者皆让畔，民俗皆让长。虞、芮之人未见西伯，皆惭，相谓曰：‘吾所争，周人所耻，何往为，只取辱耳。’遂还，俱让而去。”[⑤] 西伯修德，推崇仁义、礼让，教化诸多民众，诸侯认为西伯为“受命之君”，虽然最终是武王伐纣，建立周朝，但在西伯时已有诸多诸侯民众归顺。“七教”的核心为“教之致”，即“是故人君先立仁于己，然后大夫忠而士信，民敦俗璞，男悫而女贞，六者，教之致也”[⑥]。也是君主身体力行，然后官员忠诚信义，最后民风淳朴。《王言解》“三至”的核心也是要求君主能够任贤爱民，“是故仁者莫大乎爱人，智者莫大乎知贤，贤

---

① 杨朝明、宋立林主编《孔子家语通解》，第 19 页。

② （宋）朱熹：《四书章句集注》，第 12 页。

③ 张大可注释《史记全本新注》，第 51 页。

④ 张大可注释《史记全本新注》，第 82 页。

⑤ 张大可注释《史记全本新注》，第 102 页。

⑥ 杨朝明、宋立林主编《孔子家语通解》，第 20 页。

政者莫大乎官能。有土之君修此三者，则四海之内供命而已矣”[①]。

“明王—官能—爱民”，即“明王之道”的逻辑顺序，同样也是“大学之道”的逻辑顺序，即“天子（君王）—治理—化民”。君主只有“明明德”，才能感染、感化贤者，天子君王所属团队才能“官能”，才能形成制度设计，才能感化旧民和归顺的“新民”。从结构梳理后的对应中判断《大学》应是“新民”而不是“亲民”，但无论是禅让还是武取，其共性均是被别族（家）替代。既然不是某个氏族或家族能长期掌控天下，受夫子思想的影响，曾子自然知道，无论谁控制天下或占领部分领土（即有土之君），唯有有德的君王执政，方能让黎民百姓受益，吸引更多的“新民”归顺归服。以天子为代表的治理集团与百姓是两个不同的主体，治理集团的主要职责是管理，百姓的职责是顺服；对于良知的治理集团来说终极的目标是“至善”，也就是达到最理想的“大道之行”的治理状态。目标确定以后，需要制订行动计划：知、定、静、安、虑、得，即《大学》的纲要。具体来说，知道目标以后先要“定”，“定”的反意是无规则的“动”，这里需要强调的是：上位者实现“至善”的目的不能动摇。这个“定”字前面是“有”，“知止而后有定”[②]。接下来需要静，“定而后能静”，是“定”的延伸，在为“得”到目标创造条件；接下来是“安”，“静而后能安”；接下来是“虑”，也就是行动前的计划安排，“安而后能虑”；最后是“得”，“虑而后能得”。值得注意的是，“明明德”和“新民”有“动”态意象，而“至善”是静态追求。然而，自“定”开始是静态意象，而慢慢转换到“得”的动态意象。自“知”到“得”，曾子指出实现至善的前后关系不能乱，即“物有本末，事有终始，知所先后，则近道矣”[③]。此句有承上启下的作用，接下来则是上位者按“物格至天下平”的“近道”次第具体实施。

经过上述《王言解》与《大学》的比照后，我们认为，《大学》的“格物”就是指君王要参透、悟透“得民、安民、惠民”才是“平天下”之基与本，方可为“致知”，亦即“物格而后知至”。

---

① 杨朝明、宋立林主编《孔子家语通解》，第 24 页。

② （宋）朱熹：《四书章句集注》，第 4 页。

③ （宋）朱熹：《四书章句集注》，第 4 页。

《王言解》中，孔子特别向曾子强调了“明王之道”的关键，孔子曰：“昔者明王之治民也……哀鳏寡，养孤独，恤贫穷，诱孝悌，选才能。此七者修，则四海之内无刑民矣。上之亲下也，如手足之于腹心；下之亲上也，如幼子之于慈母矣。上下相亲如此，故令则从，施则行，民怀其德，近者悦服，远者来附，政之致也。”[①] 此段核心思想为明王要关爱百姓，实现“无刑民”，让民众真正信服，并使远者归顺，成为“新民”，此为“政之致”。此段有三处谈到不动刑罚而用教化和感化对待民众：一处为“此七者修，则四海之内无刑民矣”[②]；一处为“无市而民不乏，无刑而民不乱”[③]；一处为“是故兵革不动而威，用利不施而亲，万民怀其惠”[④]。

四　民本思想的历史价值和当代意义

诚如金字塔是由下而上搭建的，正所谓“基础不牢，地动山摇”，表面上看，“明王之道”是自上而下的“以德治国”，实际上，此“德”等同于“为民服务”！金春峰先生考察甲骨文与金文，认为“德”最初为政治范畴，“‘德’最原始的含义并非后世所常说的‘道德’与‘德行’，而是统治者对民众所施行的‘全生’‘保生’政策，引申为统治者对民众的恩惠德泽”[⑤]。“以民为本”是孔子思想的终极指向，儒家经典中随处可见。“民乃国家之本，君主的使命之一在于保护民众，这是春秋经传道德史观评价历史、人物、时事时贯穿的一条基本的原则性的认识。”[⑥] 正如《论语》所云：“因民之所利而利之”“四海困穷，天禄永终”。[⑦]

此思想是一脉相承的，我们观察《尚书》，几乎每一篇都可得出“明王之道”必须“以民为本”的结论。《尚书》自两宋之际始有辨伪，但古代先王的德业事功总是有迹可循的，如《墨子·兼爱》云：“何知先圣六王之亲

① 杨朝明、宋立林主编《孔子家语通解》，第22~23页。
② 杨朝明、宋立林主编《孔子家语通解》，第23页。
③ 杨朝明、宋立林主编《孔子家语通解》，第23页。
④ 杨朝明、宋立林主编《孔子家语通解》，第23页。
⑤ 王守常编《师道师说·金春峰卷》，东方出版社，2016，第60页。
⑥ 王文东：《天之道与人之礼——〈春秋〉经传主体思想》，第655页。
⑦ （宋）朱熹：《四书章句集注》，第180页。

行之也？子墨子曰：'吾非与之并世同时，亲闻其声、见其色也；以其所书于竹帛、镂于金石、琢于槃盂，传遗后世子孙者知之。'"[①] 中华文化之所以未曾中断，还得益于我们祖先始终能"守经达变"，虽历无数"时移世易"，终不因器与术而"变天之道，绝地之理，乱人之纪"。因此，我们做学术研究应以尚其精神、取其要义为主。如《周易·系辞传》所言："彰往而察来，而微显阐幽。"[②]

我们选取《尚书》中部分章节说明"以民为本"之思想源远流长。《尧典》曰："克明俊德，以亲九族。九族既睦，平章百姓。百姓昭明，协和万邦，黎民于变时雍。"[③]《大禹谟》云："德惟善政，政在养民。"[④]《五子之歌》云："皇祖有训：民可近，不可下。民惟邦本，本固邦宁。"[⑤]《盘庚》云："无总于货宝，生生自庸，式敷民德，永肩一心。"[⑥]《康诰》云："惟乃丕显考文王，克明德慎罚，不敢侮鳏寡，庸庸，祗祗，威威，显民。"[⑦]

不仅如此，"以民为本"为君主"以德治国"的思想指向也多见于先秦诸多典籍，如《老子》云"圣人无常心，以百姓心为心"[⑧]；《左传·桓公六年》随国大夫季梁云"夫民，神之主也。是以圣王先成民，而后致力于神"[⑨]；《战国策·齐策四》赵威后云"不然，苟无岁，何以有民？苟无民，何以有君？故有舍本而问末者耶"[⑩]；《晏子春秋》云"婴闻之，卑而不失尊，曲而不失正者，以民为本也"[⑪]。

上述经籍所论，足以说明"得民、安民、惠民"才是君王"平天下"之根要。古代"明王"正是明此理而得"政之致"。如果君王参不透此理，何谈为政？因此，我们认为这才是《大学》"格物"的本义。韩非子曰：

---

① 孙怡让校注《墨子间诂》，浙江大学出版社，2017，第176页。
② 高亨：《周易大传今注》，第580页。
③ 李民、王健：《尚书译注》，上海古籍出版社，2012，第1页。
④ 李民、王健：《尚书译注》，第20页。
⑤ 李民、王健：《尚书译注》，第72页。
⑥ 李民、王健：《尚书译注》，第132页。
⑦ 李民、王健：《尚书译注》，第203页。
⑧ 高亨：《老子正诂》，第350页。
⑨ （魏晋）杜预：《春秋左传集解》，上海古籍出版社，1988，第88页。
⑩ （汉）刘向集录《战国策》，上海古籍出版社，1978，第418页。
⑪ 陈涛译注《晏子春秋》，中华书局，2007，第213页。

"理者，成物之文也。"[①] 王船山说："理者，物之固然，事之所以然也。"[②] 我们认为，所谓"格物"就是要参透"物"承载的根本之"理"，那么君王能"得民、安民、惠民"自然才是其"理"所在，而非其他。君王能知其理，方可称其"知本"，能"知本"，方可称其"知至"。孔子作为中国文化的集大成者，自然知道古代明王"得民、安民、惠民"为治国之要，孔子的民本思想"坦然明白"，因此才反复申明"无刑民""必也使无讼乎"。

朱子认为《大学》传文"子曰：'听讼，吾犹人也，必也使无讼乎！'无情者不得尽其辞。大畏民志，此谓知本"[③] 对应经文"物有本末，事有终始，知所先后，则近道矣"[④]。我们认为"物有本末"这句为承上启下，不用注解，这点明代方孝孺与李贽也都提及，李贽认为："况三纲领、八条目有传，而'本末'不过经中字眼，何必有传？"[⑤] 唯一的例外是第五章"此谓知本，此谓知之至也"[⑥]，"此谓知本"，程子认为是衍文，朱子认为"右传之五章，盖释格物、致知之义，而今亡矣"[⑦]，因此作了《补传》。实际上《论语》中也出现过重复感叹之语，如："贤哉，回也！一箪食，一瓢饮，在陋巷。人不堪其忧，回也不改其乐。贤哉，回也！"[⑧] "禹，吾无间然矣。菲饮食，而致孝乎鬼神；恶衣服，而致美乎黻冕；卑宫室，而尽力乎沟洫。禹，吾无间然矣。"[⑨] "此谓知本"应为强调感叹之意，不是衍文。对应《王言解》与《大学》，实际"格物致知"对应的章节正为第四章、第五章，即"此谓知本。此谓知本，此谓知之至也"[⑩]，应合两章为一章。"格物致知"郑玄解为"格，来也。物，犹事也"[⑪]。后代学者基本认同。我们认为此处"格"字更重感通之意。《尚书·大诰》曰："洪惟我幼冲人，嗣无

---

① （先秦）韩非：《韩非子》，第 50 页。

② （清）王夫之：《张子正蒙注》，古籍出版社，1956，第 143 页。

③ （宋）朱熹：《四书章句集注》，第 7 页。

④ （宋）朱熹：《四书章句集注》，第 4 页。

⑤ 幺峻洲：《大学 中庸说解》，齐鲁书社，2009，第 50 页。

⑥ （宋）朱熹：《四书章句集注》，第 8 页。

⑦ （宋）朱熹：《四书章句集注》，第 8 页。

⑧ （宋）朱熹：《四书章句集注》，第 85 页。

⑨ （宋）朱熹：《四书章句集注》，第 103 页。

⑩ （宋）朱熹：《四书章句集注》，第 8 页。

⑪ （唐）孔颖达等：《礼记正义》，第 1592 页。

疆大历服。弗造哲迪民康，矧曰其有能格知天命！”[①] 主角依然是君主，“格物”之“物”，应为天地万物的规律之类，而这些规律已具体运用在了实际的生产生活中了，比如“古六历”等，在《淮南子·天文训》《史记·律书》《史记·历书》《史记·天官书》《汉书·律历志》中都有明确的记载。君主感通万事万物，目的是“明明德”而教化“新民”，达到“止于至善”。那么感通万事万物而体悟到的“致知”是什么？即“听讼，吾犹人也，必也使无讼乎！无情者不得尽其辞。大畏民志”[②]。此段经文所接续的上段经文恰恰是“道盛德至善，民之不能忘也。《诗》云：‘於戏前王不忘！’君子贤其贤而亲其亲，小人乐其乐而利其利，此以没世不忘也。”[③] 这里特别强调了君王若能“盛德至善”则“民”之不能忘。“大畏民志”郑玄解为“大畏其心志，使诚其意不敢讼”[④]，这种解法与《王言解》中孔子论述的“昔者明王之治民也……哀鳏寡，养孤独，恤贫穷”[⑤]，以及《论语》记载的“百姓足，君孰与不足”[⑥] 的主张背道而驰。朱子解为“盖我之明德既明，自然有以畏服民之心志，故讼不待听而自无也”[⑦]。其实字面意思可直译为：敬畏民众心志，谨慎考虑民众意见，以教化而不是以刑法为主，最高理想为天下“无刑民”。如《礼记·王制》所云：“侀者，成也，一成而不可变，故君子尽心焉。”[⑧]

《大学》之“致知”即《王言解》之“政之至”，即“无刑民”。“大畏民志”是上古帝王治国理政之心得，熟读先秦典籍可知上古帝王还承担了教化民众的职责。《说苑·君道》记载了大禹“下车泣罪”的故事，感人至深，大禹出行遇见罪人，下车为之哭泣，询问：“你为何要犯罪呢？”大禹反省：“尧舜之人，皆以尧舜之心为心；今寡人为君也，百姓各自以其心为心，是以痛之。”[⑨] 清康熙帝学习《尚书》之心得为：“天生民而立之君，

① 李民、王健：《尚书译注》，第191页。
② （宋）朱熹：《四书章句集注》，第7页。
③ （宋）朱熹：《四书章句集注》，第7页。
④ （唐）孔颖达等：《礼记正义》，第1599页。
⑤ 杨朝明、宋立林主编《孔子家语通解》，第22页。
⑥ （宋）朱熹：《四书章句集注》，第128页。
⑦ （宋）朱熹：《四书章句集注》，第7页。
⑧ 杨天宇：《礼记译注》，第160页。
⑨ （汉）刘向撰，赵善诒疏证《说苑疏证》，华东师范大学出版社，1985，第6页。

非特予以崇高富贵之具而已，固将副教养之责，使四海九州无一夫不获其所也。”[①] 因此《王言解》“四海之内无刑民矣”与《大学》“必也使无讼乎”是遥相呼应的最理想的治理画面。钱穆先生说：“治国史之第一任务，在能于国家民族之内部自身，求得其独特精神之所在。”[②] 近百年来国人基本是用西方理论和观点看世界，甚至用于研究国学，谈论“政治”“制度”“哲学”这类词语时实际已经偏离了古人的理念与认知。钱穆先生认为孔子所言，已指出了我国政治理论根本不在主权上着眼，“并不是政治上的主权应该谁属的问题，而是政治上的责任应该谁负的问题”[③]。

“以民为本”是上古帝王总结的治理精髓，在春秋晚期被孔子传承并教授学生，在“失道”的时代，孔子与曾子“知其不可而为之”[④]，呼唤明王，寄望于后世。汉朝立国之初，叔孙通就引导刘邦重新认识了儒家思想，后“董仲舒天人三策与贾谊政事疏，两篇大文，奠定了西汉一代政治之规模”[⑤]。自此儒家思想成为国家主流意识形态，通过与选拔官员、科举考试、官学系统结合，渗透至历朝历代士大夫、读书人心灵。潜移默化中，家国情怀、以民为本成为真正信奉儒家思想的学者的毕生价值追求。纵使没有达到“大道之行”的画面，也始终在砥砺前行。

孔子绍续道脉、存续法脉、延续文脉，其思想体现于“天下有道”的空间向度上；其精神体现于“百世不迁”的时间向度上；其行为体现于“虽覆一篑，进，吾往也”[⑥] 的追求上。《王言解》正是其“托志”的载体。继孔子之后，曾子殷殷百虑的所冀、研精覃思的所志，可谓一脉相承、一以贯之。《大学》当是曾子“承志”的载体。这“托志”与“承志”，已跃然于两部经典之上。有夫子与曾子之“述”而留下的“大道”与“大学”，我们后世子孙当以弘道为己任！

（责任编辑：秦树景）

---

① 杨峰、张伟：《清代经学学术编年》，凤凰出版社，2015，第 98 页。
② 钱穆：《国史大纲》，商务印书馆，2011，第 11 页。
③ 钱穆：《国史大纲》，第 85 页。
④ （宋）朱熹：《四书章句集注》，第 149 页。
⑤ 钱穆：《国史大纲》，第 96 页。
⑥ （宋）朱熹：《四书章句集注》，第 108 页。

“善”何以实现？

——论《性自命出》“凡人虽有性，心无定志”

马雨豪[*]

摘　要　《性自命出》开篇提出“凡人虽有性，心无定志”，所要解决的核心问题是：“善”何以实现？在《性自命出》作者看来，“性”既有自然的“喜怒哀悲之气”与耳目之“好恶”，也有“性爱”的道德倾向，其内在倾向是“善”“不善”的。而作为自然之情的“悦”所提供的动机不必然是道德的，人心虽能作选择，但因“善不善”的混杂倾向而不能定“志”于“善”。故《性自命出》强调“习”与“教”的后天教化，以“道”治“心”，以“礼”“乐”节制“不善”、涵养“善”，试图从内、外两方面弥补道德动机不足，以期最终能实现“善”。《性自命出》对孟子与荀子皆有所启发，其思想关联值得进一步思考。

关键词　《性自命出》；性；善；心；习

《性自命出》自出土以来，受到学界极大重视，李零称其为“它在郭店儒家简中是内容最重要的一篇”①，陈来称其为“郭店竹简中最有哲学性的一篇”②。学界尤其重视“性”这一概念，李零说：“从文义看，也许题为《性》更合适。”③但过度聚焦于“性”反而会遮蔽《性自命出》开篇提出的命题：“凡人虽有性，心无定志。”④这涉及三个层层递进的问题：第一，

---

*　马雨豪，复旦大学哲学学院中国哲学专业硕士研究生，主要研究领域为先秦儒学。

①　李零：《郭店楚简校读记》，中国人民大学出版社，2007，第135页。

②　陈来：《竹帛〈五行〉与简帛研究》，生活·读书·新知三联书店，2009，第11页。

③　李零：《郭店楚简校读记》，第135页。

④　本文引用简文主要参照李零所著《郭店楚简校读记》，如有特殊情况则会加以说明。

人所有之“性”具体是什么？第二，为什么强调“虽”字，即“性”与“（心无）定志”之间有什么关联？第三，“心”最终如何实现“定志”？这三个问题分别对应紧随其后的“待物而后作，待悦而后行，待习而后定”三句。《性自命出》提出，性是“善不善”的，人却“心无定志”，可能定志于“善”，也可能定志于“不善”。因此，《性自命出》详细讨论了诸如“道”“教”“礼”“乐”等内在修养与外在教化的手段，最终要使人自觉地定志于性中之善。这才是《性自命出》真正要解答的问题：“善”何以实现？

一　“待物而后作”：《性自命出》的人性论

在讨论“性”之前，首先要略论其根源问题：“性自命出，命自天降。”《性自命出》仅此一处言及“命”与“天”，且后文两次提出“唯人道为可道也”的说法。这暗示我们，《性自命出》的重心始终在“人”而非“天”，如东方朔所说：“天道性命在本篇中始终是点发的、遮诠的，这种点发与遮诠也可以说是‘存而不论’的。……本体论的面向即便有，也只是高高地挂搭在‘天’上（‘性自命出，命自天降’），孔子‘天道远，人道迩’的精神被直承下来。”①

《性自命出》对性作了三重定义②：

> 喜怒哀悲之气，性也。及其见于外，则物取之也。
> 好恶，性也。所好所恶，物也。
> 善不善，性也，所善所不善，势也。

“性”由外部的“物”或“势”所引发，是在人与宇宙、与社会的相互交往中呈现的，此即“待物而后作”。本文将依次分析此三重定义。

---

① 东方朔：《〈性自命出〉篇的心性观念初探》，载武汉大学中国文化研究院编《郭店楚简国际学术研讨会论文集》，湖北人民出版社，2000，第 328 页。

② 有学者直接忽视了“善不善，性也”这一关于性的定义，如颜炳罡认为：“《性情》的作者对性下了两个定义：（一）‘喜怒哀悲之气，性也。’（二）‘好恶，性也。’”见颜炳罡《郭店楚简〈性自命出〉与荀子的情性哲学》，《中国哲学史》2009 年第 1 期。但“善不善，性也”的命题十分重要，不应忽视。

汤一介认为“喜怒哀悲之气，性也”的说法存在混淆：“在先秦典籍中，‘性’和‘情’的含义所指尚有未明确分开者。”[①]“喜怒哀悲”通常被视作情，但《性自命出》称性为“喜怒哀悲之气”，从“气”字可见分别。何谓气？何益鑫认为，气既是“存在”的，又是“运动”的。当它静止时，我们是无法感知它的存在的；而它运动时，我们能够感受到情感运动的过程及结果[②]。此种以气论性的思想还可见于《大戴礼记·文王官人》：

> 民有五性，喜怒欲惧忧也。喜气内畜，虽欲隐之，阳喜必见。怒气内畜，虽欲隐之，阳怒必见。欲气内畜，虽欲隐之，阳欲必见。惧气内畜，虽欲隐之，阳惧必见。忧悲之气内畜，虽欲隐之，阳忧必见。五气诚于中，发形于外，民情不隐也。

陈来分析说：“这是认为人有五性，五性就是喜怒欲惧忧五气。五气属于内，属于中，阳表示情。喜气内畜，必有喜情发于外。这种思想与《性自命出》的讲法是一致的。”[③] 综上，《性自命出》区分了“性”与“情”，“性”表示人天生具备的内在倾向，“情”是性在外物作用下所呈现的具体情感，“气”则是形容情未发时静存于性的状态。

《性自命出》为何采用“气”这一概念？《文王官人》“民情不隐也”的说法提供了一种可能：在外物刺激下，内在于性的气发显为情，这一过程是天生的、自然而然的，并且是难以作伪的。《性自命出》后文亦有两处论“情”：

> 闻笑声，则鲜如也斯喜。
>
> 凡至乐必悲，哭亦悲，皆至其情也。

“鲜如”，李零认为犹“粲然”，形容笑貌，但他没有作具体解释[④]。《荀

① 汤一介：《“道始于情”的哲学诠释——五论创建中国解释学问题》，《学术月刊》2001年第7期。

② 何益鑫：《竹简〈性自命出〉章句讲疏》，上海三联书店，2020，第70~71页。

③ 陈来：《竹帛〈五行〉与简帛研究》，第22页。

④ 李零：《郭店楚简校读记》，第140~141页。

子·荣辱》有“俄而粲然有秉刍豢稻粱而至者”一句，杨倞注“粲然”为“精絜貌”①；《荀子·非相》有“欲观圣王之迹，则于其粲然者矣，后王是也”一句，杨倞注“粲然”为“明白之貌”②。综合来看，“粲然”指纯粹、明白，在此形容笑貌自然无伪。“至其情也”，林志鹏说：“‘至’训为达，指聆乐之悲感与居丧之恸哭皆为人情的自然流露。”③“乐必悲”之“必”字也表明，情感发作是难以刻意掩饰的。

“好恶，性也”的提法比较特殊，因为儒家经典常常将“好恶”或“爱恶”与“喜怒哀悲”并举为“情”：

> 何谓人情？喜怒哀惧爱恶欲七者，弗学而能。（《礼记·天运》）
> 好恶喜怒哀乐臧焉，夫是之谓天情。（《荀子·天论》）
> 性之好、恶、喜、怒、哀、乐谓之情。（《荀子·正名》）

此处为何以“性”论“好恶”？陈来支持以“好恶”指情欲活动，认为“‘好恶，性也’是说好恶之情是内在本性的表现”“好恶是属于‘情’”，只不过在先秦时期“情”和“性”区分并不明确④。这是将“好恶”与“喜怒哀悲”一样都视作情。何益鑫提出了不同看法：“作者至少在关于‘喜怒哀悲’的问题上，已经很明确地区分了‘性’与‘情’。……既然已经作出了区分，作者就没有理由在同一章中再次混淆二者。”⑤进而，何益鑫认为：“这里的‘好’‘恶’是指人生而具有的内在的好恶倾向。”⑥笔者支持何益鑫的说法，在受外物刺激而产生具体情感之前，人就内具好恶倾向，这种倾向保证了人在受到“所好所恶”之物的刺激时会产生相应的好恶情感。

很多学者认为，“好恶”只是价值中立的自然情感倾向。王国明认为：

---

① （清）王先谦：《荀子集解》，沈啸寰、王星贤点校，中华书局，1988，第65页。
② （清）王先谦：《荀子集解》，第80页。
③ 林志鹏：《郭店竹书〈性自命出〉上篇约注》，《经学文献研究集刊》2017年第2期。
④ 陈来：《竹帛〈五行〉与简帛研究》，第78页。
⑤ 何益鑫：《竹简〈性自命出〉章句讲疏》，第94页。
⑥ 何益鑫：《竹简〈性自命出〉章句讲疏》，第95页。

“这里所说的‘喜怒哀悲’与‘好恶’大抵同义，均指向情感的表达。”[①]李红丽认为，“好恶”即《礼记·礼运》中“饮食男女”一类的“欲”。[②]王中江亦认为：“仅从‘喜怒哀悲之气’和‘好恶’来看，《性自命出》所说的‘性’，也许就是没有道德价值的人生而具有的自然之性。”[③]《性自命出》的确以生理欲望来讨论“好恶”：“目之好色，耳之乐声，郁陶之气也，人不难为之死。”“好色”“乐声”的倾向亦是“气”的表现。白奚更进一步认为：“《性自命出》的作者就在道德评价的层面上肯定了人的自然本性的合理性。”[④]

但“人不难为之死”的说法表明，《性自命出》注意到顺从欲望可能导致负面后果，并非完全肯定自然本性的合理性。再者，《性自命出》讨论了好恶倾向的具体内容，即“爱类七，唯性爱为近仁”与“恶类三，唯恶不仁为近义”。其中，“性爱”“乃是人性固有之‘好’的一种”[⑤]，尽管“近仁”不完全是“仁”，但具有正面的道德价值。遗憾的是，《性自命出》没有具体说明“七”与“三”所指为何[⑥]，只能猜测“唯”字强调除“性爱”“恶不仁”之外，其余“好恶”都并非近“仁”“义”，但不一定就是“恶”，也可能是价值中立的自然好恶。所以，《性自命出》实则认为人性中有多种好恶倾向相互交织，既有与道德相关的“性爱”，也有“好色”“乐声”这样价值中立的自然欲望。

顺此，《性自命出》更进一步提出“善不善，性也”的说法。有学者认为“善不善”指的是分辨道德善恶的能力。李天虹说：“所谓‘善不善，性

---

① 王国明：《郭店儒简〈性自命出〉与荀子“化性起伪”说析论》，《管子学刊》2022年第3期。

② 李红丽：《〈性自命出〉情感哲学研究》，《孔子研究》2016年第6期。

③ 王中江：《简帛文明与古代思想世界》，北京大学出版社，2011，第185页。

④ 白奚：《从郭店儒家简看荀子礼法互补治国理论的思想渊源》，《中原文化研究》2017年第3期。

⑤ 何益鑫：《竹简〈性自命出〉章句讲疏》，第95页。

⑥ 李零认为，“爱类”和“恶类”属于情欲，其中“爱类七”可能指文中提及的“圣”“智”“仁”“义”“忠”“信”“孝弟”等好的道德，而“恶类三”可能指“不仁”“不义”“不忠不信”。见李零《郭店楚简校读记》，第155~156页。但若按李零的说法，人生来的所有“好”都是指向善的，而所有的“恶”都是指向不善的，人性则过于完美无瑕。再者，“爱类七”何以单独言“仁”，“恶类三”何以单独言“义”，而轻视其他的美好品质？故不取此观点。

也’，可能是说人具有分辨、判断善恶、好坏的本能。”[①] 竹田健二说：“人作出善恶判断，这也是性的能力，善恶判断的对象则被认为是势。”[②] 但如果将“善不善”理解为分辨善恶的能力，“势”则指被判断为“善”或“不善”的对象，与后文“出[③]性者，势也”的说法相冲突，因为“势”的功能是引发“性”，而不是作为“性”判断善恶的对象。而且，《性自命出》说：“知义者能入之。”“义”，郭沂解释说：“从‘终者近义’一语看，义为外在的道德范畴。”[④] 《性自命出》又说：“义也者，群善之蕝也。”“蕝”，刘钊据《说文》“朝会束茅表位曰蕝”，认为“蕝”有“表”义[⑤]，亦是外在的标准。因此，判断善恶的能力需要后天“入之”，而非天生具备。

何益鑫注意到“好恶，性也”与“善不善，性也”之间的关联性。他认为，“好恶”已经有“善不善”之分，如“性爱”与“恶不仁”便是善的体现。所以，“善不善”即是说，“有的好恶是善的”，而“另外的好恶则没有那么好”，“但这些好恶，在一个现实的人身上同时存在”[⑥]。“善不善”体现为一种内在倾向，郭振香说：“人的本性皆具有善良与不善良的端绪。”[⑦] 在特定的“势”的作用下，性会发显为善或不善的行为。

但与“善不善”似乎矛盾的是后文“未教而民恒，性善者也”的表述。何益鑫支持季旭升的观点，认为“性善”是统治者（“君子”）的品质[⑧]。但独以君子之性为善，又违背“四海之内，其性一也”的说法。抑或，君子本性是“善不善”，经过后天修养而成为“善”，但这又与“性自命出，命自天降”的先天性相矛盾。梁涛根据此处的“性善”，结合前文“爱类七”

---

① 李天虹：《郭店竹简〈性自命出〉研究》，湖北教育出版社，2002，第139页。

② 〔日〕竹田健二：『郭店楚簡「性自命出」·上博楚簡「性情論」の性說』，载浅野裕一主编『古代思想史と郭店楚簡』，汲古書院，2005，第185頁。原文如下：“人間が善悪を判断するのも性の作用としてであり、その善悪の判断の対象は勢であるとされている。”

③ “出”，刘钊说：“‘出’意味引发。……引发天性者是形势。”见刘钊《郭店楚简校释》，福建人民出版社，2005，第94页。而李零读为“绌”，见李零《郭店楚简校读记》，第140页。但不论何种读法，均不影响对“势”的一个基本理解，故本文不作更加深入的探讨，姑且依从刘钊之说理解为“出”。

④ 郭沂：《〈性自命出〉校释》，《管子学刊》2014年第4期。

⑤ 刘钊：《郭店楚简校释》，第95页。

⑥ 何益鑫：《竹简〈性自命出〉章句讲疏》，第105页。

⑦ 郭振香：《〈性自命出〉性情论辨析——兼论其学派归属问题》，《孔子研究》2005年第2期。

⑧ 何益鑫：《竹简〈性自命出〉章句讲疏》，第233页。

“恶类三”的表述，称其为“‘性善’论”：“人具有了仁、爱、忠、信之情或性，便不再是被动地接受外在的规范和支配，而表现出主体的自觉和自由。从这个意义上说，他便是‘性善’者了。”[①] 梁涛注意到主体自觉之于善的重要性，但并未否认性同样有“不善”的一面，也未能说明主体为何选择“善”而不是“不善”。王中江则认为：“《性自命出》有‘未教而民恒，性善者也’的说法，孤立和直观地看，很容易说《性自命出》也是主张‘性善论’的，但如果同上面的内容结合起来讨论，这里的说法就应当理解为‘民性’中有“善”的方面，而不能说民性全是善的。”[②] 沿此说法，“恒”不能理解为行为上能恒久向善，而应如刘钊所说，指“长有向善之心”[③]。这句话的含义是：“不教导民众而民众恒有向善之心，是因为民众性中有善。”正如王小虎所说：“应该将其当作一个整体来看，即主要主张‘自然人性论’，但有了‘性善’的倾向，而非‘性善’的正式提出和完成。”[④]

综上，《性自命出》之“性”包含“善”“不善”两面，仅仅“待物而后作”不足以确保人行“善”而不行“不善”。故《性自命出》说：“仁，性之方也。性或生之。”“或”字说明，“仁”虽内在于“性”，善的生成只是可能。

二 “待悦而后行”：道德行动如何可能

《性自命出》认为，推动人实践的动机是“悦”，是谓“待悦而后行”，其定义是“逆性者，悦也”以及“快于己者之谓悦”，即迎合自身意志，令自己快乐。《性自命出》又说：“用身之忭者，悦为甚。”李零释“忭”为“忭急”[⑤]，郭沂说：“身体表现最为急切的，要数喜悦。”[⑥] “悦”提供了一个人行动的强烈动机，但“用身之忭”并不意味着在“善”的意义上用身，

① 梁涛：《郭店竹简与思孟学派》，中国人民大学出版社，2008，第 147 页。

② 王中江：《简帛文明与古代思想世界》，第 185 页。

③ 刘钊：《郭店楚简校释》，第 103 页。

④ 王小虎：《〈性自命出〉“性善”倾向和“性”“情”关系的哲学解释与来源》，《哲学动态》2023 年第 12 期。

⑤ 李零：《郭店楚简校读记》，第 142 页。

⑥ 郭沂：《〈性自命出〉校释（续）》，《管子学刊》2015 年第 01 期。

人同样可能对"不善"之事感到"悦"并行动,即"人不难为之死"。

所以,《性自命出》提出:"凡人虽有性,心无定志。""有"字点出"善"与"不善"的倾向皆内在于人,但"心"不总能选择"善"。此处的"志"虽可以广义地理解为人心中的各种意向,但"定志"特别强调是要定于"善",如竹田健二所说:"虽然不管什么人都具备性,但并非谁都具备在心中生成意愿进行道德行为的志。"①

"志"与"悦"不同,"悦"是自然而然的,"志"则需要主体的反思与认可。《性自命出》说:"乐欲怿而有志。""怿",郭店本原作"睪",郭沂读为"择":"'乐欲择'谓快乐要有选择。孔子说:'益者三乐,损者三乐。乐节礼乐,乐道人之善,乐多贤友,益矣;乐骄乐,乐佚游,乐宴乐,损矣。'(《论语·季氏》)依作者立场,当然要选择'益者三乐',摒弃'损者三乐'。"②"志"即主体自觉地在种种"乐"中有所"择"。

这一主体即是"心"。《性自命出》说:"凡心有志也,无与不可,人之不可独行,犹口之不可独言也。"③"与",郭沂解作"参与物"④。何益鑫则认为,心的活动并非时时刻刻需要外物参与,而且下一句是在强调心志的重要性而非外物。因此,他认为"与"指的是"心志的参与"⑤。不过,"心志的参与"过于笼统,"与"可以理解为"认可",如《论语·先进》"吾与点也",皇疏曰:"既叹而云吾与点也,言我志与点同也。"⑥ 所以,这段话意为:"人心可以发出志向,人不能独自行动,必须有心志的认可才能行动,就像口不能离开心志作用而说话。"《性自命出》又说:"君子执志必有夫广广之心。"谢君直据此认为,"心"是道德人格生命的主宰,"志"反映"心"的普遍活动方向,通过"心"才能确立"定志"的情况。⑦ 梁

---

① 〔日〕竹田健二:『郭店楚簡「性自命出」·上博楚簡「性情論」の性説』,载浅野裕一主编『古代思想史と郭店楚簡』,第 181 页。原文如下:"人間には誰でも性が備わっているが、その心に道徳的行為をなそうとする志が生まれつき備わっているのではない。"

② 郭沂:《〈性自命出〉校释(续)》,《管子学刊》2015 年第 01 期。

③ 其中,"可,人之不可"为李零所补,原文缺,而上博《性情论》并无此段。见李零《郭店楚简校读记》,第 136 页。

④ 郭沂:《〈性自命出〉校释》,《管子学刊》2014 年第 4 期。

⑤ 何益鑫:《竹简〈性自命出〉章句讲疏》,第 115~116 页。

⑥ 程树德:《论语集释》,中华书局,1990,第 811 页。

⑦ 谢君直:《郭店儒简〈性自命出〉与荀子心术观之对比》,《哲学与文化》2012 年第 4 期。

涛对“心”作了细致区分：“第一段的‘心亡定志’，实际是说心自己不能确定意志的方向，不能直接表现为自主、自觉的道德行为，而必须或以外在之物，或以喜悦之事，或以后天积习为条件和依据；而第二段的‘凡心有志也’，则是针对心与外物交接中的自主、能动性而言，心的选择可以决定并支配性。”[①] 现实中，人的行动受到“不善”倾向影响，往往“心无定志”。“凡心有志也”则从潜在能力出发，指出人有能力作出道德选择，关键在于能不能自觉“定志”。

《性自命出》描绘了自然状态下的用心的情况：“凡用心之躁者，思为甚。”心虽提供了自由思考的可能，但思考内容是混杂的，甚至可能出现“求其心有伪也”的情况，进而“伪斯吝矣，吝斯虑矣”，意即“人一旦有欺诈的言行，内心就会感到羞耻不安；内心羞耻不安，就会为之谋虑掩饰”[②]。可见，“心”可能作伪为恶，并不必然选择善。

《性自命出》意识到用心求伪的问题，强调人需确立向善的自觉之心：

> 有其为人之节节如也，不有夫柬柬之心则采。
> 人之巧言利词者，不有夫诎诎之心则流。

“节节”，季旭昇释为“谨慎节制貌”[③]。“柬柬”，李零读为“謇謇”，认为似是形容人的诚信。[④]“采”，郭沂读为“彩”，指彩饰、浮华，与《荀子·乐论》“其文章匿而采”（邪匿浮华）之“采”同义[⑤]。人虽能对外做出“节节”的样子，但如缺乏自觉的“柬柬”之心，则可能流于浮华。“诎诎”，刘昕岚释作“朴拙无巧”[⑥]。“巧言利词”或是承孔子“巧言令色，鲜矣仁”（《论语·学而》）之语，指虚伪的言辞。如果缺乏“诎诎”之心，则“巧言利词”流于虚伪。这皆是强调真诚地、自觉地用心的重要性。问

① 梁涛：《郭店竹简与思孟学派》，第149页。
② 郭沂：《〈性自命出〉校释（续）》，《管子学刊》2015年第1期。
③ 郭沂：《〈性自命出〉校释（续）》，《管子学刊》2015年第1期。
④ 李零：《郭店楚简校读记》，第142页。
⑤ 郭沂：《〈性自命出〉校释（续）》，《管子学刊》2015年第01期。
⑥ 刘昕岚：《郭店楚简之〈性自命出〉篇笺释》，载武汉大学中国文化研究院编《郭店楚简国际学术研讨会论文集》，第346页。

题在于，如何巩固“柬柬之心”与“詘詘之心”而不流于“不善”乃至“恶”呢？

三 “待习而后定”：学以定于“善”

《性自命出》提出“待习而后定”，强调通过“习”来“定志”。“习”偏重于主体自觉学习，如后文“独处则习父兄之所乐”[①] 是“独处”的自学，与圣人施加的外在的“教”略有区别。当然，《性自命出》也注重“教”：“教，所以生德于中者也。”“中”，指人的内心[②]。德与善不同，不能理解为“生善于中”，应如何益鑫所说，理解为“人的一种特殊的‘用心’。……内心已经处于德的用心状态，则由此而出的生存活动，便是有德之行，是‘近义’之行”[③]。“生德于中”意味着脱离了“善”“不善”兼有的原始状态，进入定于善的较为成熟的状态。

“习”与“教”之所以能够成立，在于人不只有性，更有心，有能力从“善”“不善”的交织之中作出自觉选择。《性自命出》通过对比人与动物来说明这一点：

> 牛生而长，雁生而伸，其性使然，人而学或使之也[④]。

白于蓝认为，“长”读为“枨”，表示抵触[⑤]；“伸”读为“陳”，是说雁生来就会排列成阵列[⑥]。何益鑫认为：“动物的本能与动物的现实性是高度一

---

① 此段原作：“凡于路毋畏毋独言独处则习父兄之所乐。”李零断句为：“凡于路毋畏，毋独言独处，则习父兄之所乐。”见李零《郭店楚简校读记》，第139页。但于义难通，故本文采纳刘钊断句：“凡于路毋畏，毋独言，独处则习父兄之所乐。”见刘钊《郭店楚简校释》，第105页。

② 如清华简《心是谓中》：“心，中。”

③ 何益鑫：《竹简〈性自命出〉章句讲疏》，第159~160页。

④ 原文缺“使然，人”，李零据文义补此三字，见李零《郭店楚简校读记》，第140页。此外，何益鑫对此提出了一些看法，值得参考：“但对于动物来说，它的性与它的现实是高度一致的，无需以‘使’字强调其决定意义。故我们改为‘其性然也’，相当于说，……其性如此。”见何益鑫《竹简〈性自命出〉章句讲疏》，第117页。

⑤ 白于蓝：《简牍帛书通假字字典》，福建人民出版社，2008，第269页。

⑥ 白于蓝：《简牍帛书通假字字典》，第334页。

致的。而人性只是人的现实性的一种潜能。从人性到人的现实性，还有一个实现的过程，也就是后天教化的过程。”① 这是说人可以发挥动物所不具备的主体性，通过学的后天功夫改变用心方式，定志于性中内具之善。陈慧等注意到《性自命出》与《荀子》在“人禽之辨”② 上的关联：“在告子和荀子看来，‘学’是改造人性的关键因素。……‘性’潜在的能力（包括‘学’、‘习’的能力）是一回事，人怎样真正去参与这个过程又是另外一回事。……在个人实际的发展进程中，‘学’本身如果不是比‘性’的作用更加重要，那至少也同等重要。”③

“善”“不善”之性与能自觉选择的心，均是人先天具备的。但心如何作出选择，取决于后天的“教”：

> 四海之内，其性一也，其用心各异，教使然也。

有学者认为，《论语·阳货》中“性相近也，习相远也”的说法“与《性自命出》‘四海之内，其性一也’的说法是一致的。孔子所谓的‘近’按照我们的理解其实就是‘同’，‘同’当然就是‘一’了”④。但孔子对“近”字的用法是有讲究的，如“刚毅木讷近仁”（《论语·子路》），不能说“刚毅木讷”等同“仁”。东方朔指出，“盖孔子言性实乃兼才而言，故有上智下愚之说”，“才”乃个人所独具的禀赋，如“柴也愚，参也鲁”（《论语·先进》），并不因为“学”而变化，虽“相近”而不可能全同。⑤ 此处孔子言“性”，尚未明确与“善不善”之道德要素相关联。“习相远”与“教使然”也有区别。孔子言“习”，更相信“习”的主体力量，“仁远乎哉？我欲仁，斯仁至矣”（《论语·述而》）。《性自命出》应当会认可“仁”并不

① 何益鑫：《竹简〈性自命出〉章句讲疏》，第118页。

② 不止是孟子，荀子同样重视“人禽之辨”：“故学数有终，若其义则不可须臾舍也。为之人也，舍之禽兽也。”（《荀子·劝学》）孟子与荀子在“人禽之辨”这一命题上有许多异同之处，在此暂不赘述。

③ 〔澳〕陈慧、廖明春、李锐：《天、人、性：读郭店楚简与上博竹简》，上海古籍出版社，2014，第39页。

④ 宋立林：《郭店简〈性自命出〉人性论疏解》，杨朝明主编，2021年《孔子学刊》第12辑。

⑤ 东方朔：《〈性自命出〉篇的心性观念初探》，载武汉大学中国文化研究院编《郭店楚简国际学术研讨会论文集》，第324页。

远，毕竟“仁，性之方也”，但可能会质疑，“我欲仁”如何轻易可能。既然“心无定志”，“欲仁”并不会比“欲不仁”更可能。所以，《性自命出》强调“教”的外部作用，以改变“用心各异”、不能“定志”的状况。

性虽是天生具备的，但在实践中如何发显并不固定。《性自命出》详细讨论了性与外部世界的交互方式：“凡性，或动之，或逆之，或交之，或厉之，或出之，或养之，或长之。”本文主要讨论“养”与“长”两种方式。“养”，《性自命出》说：“养性者，习也。”“养”即涵养本然便具备的善性，“习”则是“习也者，有以习其性也”，通过学习树立心的主体自觉，使性的发作固定于善。“长”，《性自命出》说：“长性者，道也。”“长”意为“增长”，其途径是“道”，通过外在的道的教化，使人性依循正确的道的教导而趋向于善。

《性自命出》提出以道治心，是谓“心术”：

> 凡道，心术为主。道四术，唯人道为可道也。其三术者，道之而已。

“心术”，何益鑫区分了三种用法，并且认为这里“主要指向了运心的方法”[①]。林志鹏也认为，“心术”即“治心之道、导心之术”[②]。问题在于，“道四术”如何理解？李零认为：“道有四术，其中第一术是‘心术’，即心理感化的方法，而‘心术’属于人道；其他‘三术’即‘诗’、‘书’、‘礼乐’，它们都是从心术派生，并受心术指导。”[③] 何益鑫在此基础上将“人道”等同为“心术”[④]。但这存在两个问题。其一，为何不直言“唯心术为可道也”，而要采用“人道”的新说法呢？其二，“诗”、“书”和“礼乐”“其始出皆生于人”（《性自命出》），为何被排斥出“人道”？丁四新认为，“唯”是语助词而无义[⑤]，那么“道四术”皆是“人道”，逻辑上能够通顺。

---

① 何益鑫认为，“心术”这一概念大体有三种用法：一，泛指心的活动；二，指心的活动的轨迹或方式；三，指心的活动的方法，亦即规范性的道路（治心之术）。唯有第三种具有规范性的意涵。见何益鑫《竹简〈性自命出〉章句讲疏》，第138~139页。

② 林志鹏：《郭店竹书〈性自命出〉上篇约注》，《经学文献研究集刊》2017年第2期。

③ 李零：《郭店楚简校读记》，第153~154页。

④ 何益鑫：《竹简〈性自命出〉章句讲疏》，第142页。

⑤ 丁四新：《玄圃畜艾》，中华书局，2009，第50页。

不过，《性自命出》中“唯”的用法皆表示“只有”，这里的“唯”更可能是同义。赵建伟从“人”字着手，认为：“‘道四术’即是说‘道’具体落实为四种，这就是《黄帝四经》与《易传》等所谓的天、地、人、鬼神四道。……‘道之而已’的‘道’用为‘导’，谓遵循；此三道难以言说，但遵循而已。”[①]《彖传·谦》明确列举了四道：“天道亏盈而益谦，地道变盈而流谦，鬼神害盈而福谦，人道恶盈而好谦。”这一说法最大的问题是缺乏文本依据，但就义理来看，《性自命出》的确有较强的推崇“人道”的思想倾向。这首先有其时代背景，子产就说过：“天道远，人道迩，非所及也，何以知之。”（《春秋左传·昭公十八年》）《论语》中也认为“人能弘道，非道弘人”（《论语·卫灵公》），“夫子之言性与天道，不可得而闻也”（《论语·公冶长》）。后世荀子更是强调“人道”：“先王之道，……道者，非天之道，非地之道，人之所以道也，君子之所道也。”（《荀子·儒效》）其次，《性自命出》仅“性自命出，命自天降”一处论“天”，几乎将“天”悬置。《性自命出》紧接着说“《诗》《书》礼乐，其始出皆生于人”，并经过圣人[②]“论会”“逆顺”“节文”“出入”的制作而最终成为“教”，这一过程没有任何人类之外的力量参与。综上，此处强调“人道”正是要与神秘学说划清界限，只讨论属人的教育之道。

“道”作为教化的方法，其特征是贯通内外：

> 道始于情，情生于性。始者近情，终者近义。知情者能出之，知义者能入之。

道奠基于“喜怒哀悲”一类的自然之情与“性爱”这样的道德情感。人自然所发好恶之情能够耦合性爱之仁，这便是道的发端，但此时尚未形成充分的道德自觉，故仍近于朴素的、“善”“不善”混杂的情。通过对情加以反思，最终能“知情”，自觉意识到内具的善，“出之”为“道”。道最终

① 赵建伟：《郭店竹简〈忠信之道〉、〈性自命出〉校释》，《中国哲学史》1999年第2期。

② 何益鑫据《史记》中孔子晚年删《诗》《书》、定礼乐的记载，认为“圣人”指孔子。如是，则“人道”的现实意味更加浓厚。见何益鑫《竹简〈性自命出〉章句讲疏》，第149~157页。

“近义”，即客观化为道德规范。学者通过学习“义”，能够“入之”，使道德规范内化于心，培养起道德自觉。《性自命出》说：“恶类三，唯恶不仁为近义。”此处不类比“性爱”言“性恶”，且与外在的义相关联，很可能是说，“恶不仁”并非全然发自本性，需要经过“道”的后天教化才能充分实现。《性自命出》又说：“闻道反己，修身者也。”“闻道”是向外接受之“教”，“反己”是自主反思之“习”，“修身”是贯通内外的功夫。

《性自命出》又重点讨论了“礼”和“乐”两种教化方式。其论“礼”说：“礼作于情。”《礼记·礼器》中的一段话可作参照：“是故君子之于礼也，非作而致其情也，此有由始也。”孙希旦注解说：“作，起也。作而致其情，谓本无此情，而起而强致之也。内有恭敬之情，则外有交接之礼，故礼之所由始，始于心之敬也。”[①] 制作礼的基础在于“情”，一方面是强调不应扭曲自然之情，另一方面也说明礼有“性爱”这样的善倾向为依据。但人还内具种种不善倾向，所以礼发挥“节”的功效予以遏制。经过礼的教化，人能成为“君子”，形成对礼的自觉认同：“君子美其情，贵其义，善其节，好其容，乐其道，悦其教，是以敬焉。”“悦其教”说明，人经过礼的学习、熏陶，能够“悦”于“教”，形成充分的道德动机。

《性自命出》更重视“乐”。音乐与人心之间相互影响：“其声变，则心从之[②]，其心变，则其声亦然。”故选择合适的“乐”是很重要的：

> 凡古乐龙心，益乐龙指，皆教其人者也。

“古乐”即指“《赉》、《武》、《韶》、《夏》”这样的雅乐。“龙”，林志鹏认为读作“砻”，训为砥砺，谓“聆听古乐之目的在砥砺自己的心志”[③]。“益乐”即“溢乐”，同于“淫乐”[④]。“龙指”，林志鹏认为：“疑读为‘宠

① （清）孙希旦：《礼记集解》，沈啸寰、王星贤点校，中华书局，1989，第656页。
② “心从之”乃李零据下文文义补。见李零《郭店楚简校读记》，第141页。
③ 林志鹏：《郭店竹书〈性自命出〉上篇约注》，《经学文献研究集刊》2017年第2期。
④ “淫”与“溢”相近，如《墨子·非乐上》引《尚书·虞夏书》说：“启乃淫溢康乐。”而儒家对“淫乐”一直持有批判态度，如《礼记·乐记》说：“凡奸声感人，而逆气应之；逆气成象，而淫乐兴焉。”

嗜’。宠者，贵爱也。‘嗜’从赵建伟、刘钊读，指嗜欲。”[①] “皆教其人”之“教”，则读为“效”[②]。这是说，“古乐”砥砺人的心灵，使人心定于善；“益乐”则会诱发人的不当欲望，引人向不善。故择乐不可不慎。

发自真情的“乐”（“古乐”）能够净化人心：“凡声，其出于情也信，然后其入拨人之心也够。”“够”，当从裘锡圭读为“厚”[③]，刘钊释为“深”[④]；“拨”，陈伟读为“祓”，指去掉心中的不纯成分[⑤]。即，“乐”的教化能祓除人心之诈伪，砥砺人定志于善。

相比起“礼”，《性自命出》更推崇“乐”：

> 乐，礼之深泽也。

东方朔评论说：“外在的仪规只有深入到人的内心的情感世界中去，才能真正发挥作用，否则，便难免表里不一，礼亦徒具虚文而毫无生命内容。”[⑥]《性自命出》推崇教化，并非要以外在力量迫使人行善，而是要辅助人心树立起道德自觉，定志于性中本然具备的善倾向。故《性自命出》说：

> 凡学者求其心为难，从其所为，近得之矣，不如以乐之速也。虽能其事，不能其心，不贵。

何益鑫认为，“从其所为”应从“礼”“乐”对举的关系来看，“得之”就是“得其心”，实际上就是“得其心德”[⑦]。“乐”最能触动人心、贴合人的真情，所以最能引导人诚心向善，故为“速”。

至此，《性自命出》认为人性中内具“善”与“不善”的倾向，人心虽能够自由选择，却不必然能定于善，故需“待习而后定”。经过外在教化

---

① 林志鹏：《郭店竹书〈性自命出〉上篇约注》，《经学文献研究集刊》2017 年第 2 期。

② 林志鹏：《郭店竹书〈性自命出〉上篇约注》，《经学文献研究集刊》2017 年第 2 期。

③ 荆门市博物馆：《郭店楚墓竹简》，文物出版社，1998，第 182 页。

④ 刘钊：《郭店楚简校释》，第 96 页。

⑤ 陈伟：《郭店竹书别释》，湖北教育出版社，2002，第 188～190 页。

⑥ 东方朔：《〈性自命出〉篇的心性观念初探》，载武汉大学中国文化研究院编《郭店楚简国际学术研讨会论文集》，第 327 页。

⑦ 何益鑫：《竹简〈性自命出〉章句讲疏》，第 200 页。

与内在学习，人能够将教化内化于心，自觉地接受并定志于善，真正实现了善。

余 论

《性自命出》极大地推进了孔子“性相近也”的命题，其心性论受到学界重视。丁为祥注意到《性自命出》与《孟子》思想之间的关联，认为其“对人性与命、天、心、情、习等多重关系的思考几乎可以充当《孟子》性论的导读与指南”[①]。但不论是“喜怒哀悲”之“情”还是“性爱”之“仁”，都是从实存的角度对“性”的描述，仍位于“生之谓性”的层面。《孟子》则对自然之性与道德之性作了明确的区分，将“性”更提上一层：

> 口之于味也，目之于色也，耳之于声也，鼻之于臭也，四肢之于安佚也，性也，有命焉，君子不谓性也。仁之于父子也，义之于君臣也，礼之于宾主也，智之于贤者也，圣人之于天道也，命也，有性焉，君子不谓命也。(《孟子·尽心下》)

劳思光分析说，“性也，有命焉”的前一“性”字是“本有之功能”之义，而后一“性”字即取“主体性”之义。[②] 可以说，唯有后一“性”才是“人”之“性”，这也正是“人无有不善”(《孟子·告子上》)的真正含义：每个人都是道德主体，都可以自觉地作出“善”的价值选择，故曰：“心之官则思，思则得之，不思则不得也。”(《孟子·告子上》)至于种种“不善”，并不是人不具备此道德主体，而是人放弃道德主体而陷溺于欲望之中。而《性自命出》并未提出“沛然莫之能御也”(《孟子·尽心上》)式的天生具足的道德本心，性是“善”“不善”混杂的。何益鑫也指出：“简文的‘求其心’与孟子的‘求放心’，虽然都是说‘求心’，但意思是有所不同的。孟子的‘求放心’，是指找回被放掉的‘良心’。而在七十子的时代，还没有‘良心’之说，……简文的‘求其心’，乃是源于‘生德于中’的

① 丁为祥：《从〈性自命出〉看儒家性善论的形成理路》，《孔子研究》2001年第3期。

② 劳思光：《新编中国哲学史（一卷）》，广西师范大学出版社，2005，第146页。

目的而来的对内心的关切。”[①] 故而，“教”至关重要，必须通过外在力量以培养起定志于善的道德心。

《性自命出》或许对荀子的影响更大。[②] 就“性”而言，王国明认为，《性自命出》的“性”与《荀子·礼论》“本始材朴”的“性”一致，而“人的价值与尊严不在天命所降之性，全在人后天发用心志所起之伪”[③]。荀子云“性者，本始材朴也”（《荀子·礼论》），既有“饥而欲饱，寒而欲暖，劳而欲休”的自然欲望（《荀子·性恶》），也有“凡生天地之间者，有血气之属必有知，有知之属莫不爱其类”（《荀子·礼论》）的近似“性爱”的情感。就“心”言，《性自命出》认为“其用心各异，教使然也”，不同于孟子天生充沛的道德本心，[④] 其更重视经过后天教化以形成正确的“用心”方式，与荀子经过“诵数以贯之，思索以通之，为其人以处之，除其害者以持养之”之学习教化而能“使心非是无欲虑也”（《荀子·劝学》）的思路是一致的。从性伪关系来看，《礼论》云“称情而立文”“无性则伪之无所加，无伪则性不能自美”，重视“情”与礼乐教化的协调统一。同样，荀子《乐论》对《性自命出》也多有吸收，李美燕就指出：“以人性本然的真实之情作为建构礼乐教化的起点，以使人在礼乐教化的熏陶下变化气质，作为移风易俗的基础，见诸《荀子·乐论》、《礼记·乐记》及郭店

---

① 何益鑫：《竹简〈性自命出〉章句讲疏》，第199页。

② 颜炳罡列举了二者用语上的近似之处，如《性自命出》“刚树之也，刚取之也；柔之约，柔取之”的说法，在《劝学》中转化为“强自取柱，柔自取束”；“四海之内，其性一也，其用心各异，教使然也”，在《劝学》转化为“干、越、夷、貉之子，生而同声，长而异俗，教使之然也”，等等。见颜炳罡《郭店楚简〈性自命出〉与荀子的情性哲学》，《中国哲学史》2009年第1期。

③ 王国明：《郭店儒简〈性自命出〉与荀子“化性起伪”说析论》，《管子学刊》2022年第3期。

④ 王小虎认为，《性自命出》凸显了“心”的主体性，而“孔孟之间儒者在延续这条思路的基础上更进了一步，找到了‘心’的主体性并提升其哲学地位，从而使得笼罩人生的外在的主宰力量转向内在的心性修养成为可能。”不过，王小虎也承认，《性自命出》之“心”与《孟子》之“心”有很大差距：“其所提升的‘心’的哲学地位主要体现在反思的知觉功能，……而不是宇宙间的终极之善的价值和意义。……由于其在‘心’中没有本体的依据，现实之人又各不相同，所以只能依赖后天环境的习染养成。就此而言，其与孟子的‘良知’和‘良能’之先后关系一目了然。”见王小虎《〈性自命出〉“性善”倾向和“性”“情”关系的哲学解释与来源》，《哲学动态》2023年第12期。由此说法来看，心的主体性或许启发了孟子思想，但《性自命出》之“心”似乎更接近于荀子。

竹简《性自命出》的乐教理念皆有其一脉相承的脉络。"[①] 但有所不同的是，《性自命出》中的"礼"与"乐"更关注个人美德修养，而《礼论》与《乐论》有强烈的政治诉求[②]。

综上，《性自命出》所探讨的"'善'何以实现"的问题，对孟子与荀子均有启发，深刻影响了后世儒学心性论以及道德教化理论的发展。孟子与荀子分别以各自的方式吸收了《性自命出》的相关理论，既有继承，也有差异，不能简单地将《性自命出》归属于孟子或荀子一系。

（责任编辑：张兴）

① 李美燕：《〈荀子·乐论〉与〈礼记·乐记〉中"情"说之辨析——兼与郭店竹简〈性自命出〉乐论之"情"说作比较》，方勇主编《诸子学刊》第二辑，上海古籍出版社，2009。

② 例如《乐论》说："故乐也者，治人之盛者也。"这明确将"乐"作为政治治理的重要手段。

齐桓晋文正谲论*

武振伟**

摘　要　孔子“晋文公谲而不正，齐桓公正而不谲”之评论，历代阐释评论不一，公义与尊王是阐释齐桓与晋文正谲的重要维度，其他如会盟、气度、用兵等方面的事例也多用来阐释齐桓之正与晋文之谲。有无贤臣辅佐、在位时间长短、历史情势不同等因素是造成齐桓与晋文正谲的重要原因。综观历代学人的齐桓晋文正谲论，在晋文公的比照下，齐桓公的行为方式更为符合儒家的道德标准，反映了儒家基于尊王与礼义的政治理想。

关键词　孔子；齐桓公；晋文公；正谲

西周灭亡，周室东迁，王权衰微，如《穀梁传·昭公三十二年》所言：“天子之在者，惟祭与号”，周王室的存续有赖于霸主政治的施行，“因了一班霸主‘尊王’的权术，君臣间的礼制才谨严了”①。齐桓公开启了春秋霸权迭兴的序幕，晋文公继齐桓公而起，二君霸业相当，后世评价中，多将齐桓公、晋文公并称，齐威王“高祖黄帝，迩嗣桓文”（陈侯因齐敦铭文），齐宣王向孟子问询“齐桓、晋文之事”（《孟子·梁惠王上》），桓、文霸业影响可谓深远。齐桓、晋文对东周政治的贡献，如宋代沈棐所言：“当周之衰，诸侯跋扈，陵傲天子，君臣之礼扫地殆尽，所赖于振兴者，二霸而已。”② 南宋朱熹对桓文霸业的贡献有一精准概括：“桓文所以有功于王室

* 本文系 2023 年度山东省人文社会科学课题“齐桓霸业与东周政治研究”（2023JCXK061）研究成果。

** 武振伟，齐文化研究院研究员，主要研究方向为齐文化与地方文化、中国书院史。

① 童书业：《春秋史》，上海古籍出版社，2010，第 145 页。

② （宋）沈棐：《春秋比事》卷二，文渊阁四库全书本。

者，盖当时楚最强大……若非桓文有以遏之，则周室为其所并矣。"[①] 虽然桓文并称，但孔子对晋文公与齐桓公的评价却截然不同，《论语·宪问》："子曰：'晋文公谲而不正，齐桓公正而不谲'。"孔子为何做出这样的评价，《论语》并没有记载，自汉代以降，历代学者多有对齐桓公与晋文公的正谲之论，有的以孔子之评价为二君霸业优劣之凭据，如沈棐言："此圣人即《春秋》之旨以定二伯之优劣也。"有的则认为正谲非以霸业优劣论，只是就其用兵而论，如明代王樵言："夫子盖即其用兵而论之，非为伯功之优劣言也。"[②] 历代学者对于齐桓、晋文正谲的争论不一，甚至大相径庭。近人时贤也颇有论谲正者，余全介不仅分析了晋文公谲之十端，而且探讨了造成晋文公之谲的深层次原因。[③] 钟志强分析了晋文公待人似"正"实"谲"的政治表现及政治心理。[④] 为晋文公正名者不少，如蔡艳认为："用孔子论人的全面、客观的观点来分析晋文公在建霸中的行为，以此说明晋文公符合儒家的传统道德。"[⑤] 关序华以《左传》记载为据，认为晋文公正而不谲，而非谲而不正。[⑥] 在已有的研究成果中，鲜有将齐桓、晋文之正谲放在一起进行讨论的，本文拟全面厘清历代正谲论之思路，并从齐桓公、晋文公的行为方式角度进行全方位的比较分析。

一　公义与尊王：齐桓晋文正谲论的重要维度

两汉时期，对于齐桓公、晋文公的评价，受孔子的评价影响不大，如董仲舒言："齐桓，晋文擅封、致天子，诛乱，继绝，存亡，侵伐，会同，常为本主。曰桓公救中国，攘夷狄，卒服楚，至为王者事。晋文再致天子，皆止不诛，善其牧诸侯，奉献天子而复周室，《春秋》予之为伯，诛意不诛辞之谓也。"（《春秋繁露·王道》）虽然对齐桓、晋文的霸政有批评，但又褒扬其尊周室、救诸侯之举。《盐铁论·遵道》言："晋文公谲而不正，齐桓

---

① （宋）李明复：《春秋集义》卷十九，文渊阁四库全书本。

② （明）王樵：《春秋辑传》卷五，文渊阁四库全书本。

③ 余全介：《"晋文公谲而不正"疏解》，《孔子研究》2013 年第 5 期。

④ 钟志强：《晋文公为政的"谲""正"艺术》，《领导科学》2018 年第 6 期。

⑤ 蔡艳：《"晋文公谲而不正"辨》，《西南民族学院学报（哲学社会科学版）》1996 年第 S6 期。

⑥ 关序华：《〈左传〉析疑（四）》，《荆门大学学报（哲学社会科学版）》1996 年第 4 期。

公正而不谲，所由不同，俱归于霸。”应劭《风俗通义·皇霸》言：“孔子称：‘民到于今受其赐。’又曰：‘齐桓正而不谲，晋文谲而不正。’至于三国（秦、宋、楚），既无叹誉一言……皆无兴微继绝、尊事王家之功。”① 可见，汉代对齐桓、晋文之议论主要是从其功绩着眼，并未有正谲之分野。

对“晋文公谲而不正，齐桓公正而不谲”的疏解始于东汉后期，开始以具体事例阐释齐桓公之“正”与晋文公之“谲”。郑玄注“晋文公谲而不正”曰：“谲者，诈也，谓召天子而使诸侯朝之。仲尼曰：‘以臣召君，不可以训。’故书曰：‘天王狩于河阳。’是谲而不正也。”马融注“齐桓公正而不谲”曰：“伐楚以公义，责苞茅之贡不入，问昭王南征不还，是正而不谲也”②。郑玄的注本于《左传》，《左传·僖公二十八年》记载，晋文公召周襄王参加温之会，“是会也，晋侯召王，以诸侯见，且使王狩。仲尼曰：‘以臣召君，不可以训。’故书曰：‘天王狩于河阳。’言非其地也，且明德也。”郑玄是将《左传》所记与晋文公之谲联系起来了，将以臣召君视为晋文公“谲”的表现。马融的注也是本于《左传》，《左传·僖公四年》记载，齐桓公率诸侯伐楚，管仲代表桓公责问楚国：“尔贡包茅不入，王祭不共，无以缩酒，寡人是征。昭王南征而不复，寡人是问。”《公羊传》对齐桓公伐楚有高度评价：“楚有王者则后服，无王者则先叛，夷狄也，而亟病中国。南夷与北狄交，中国不绝若线。桓公救中国，而攘夷狄，卒怗荆，以此为王者之事也。”《穀梁传》也记载：“桓公曰：‘昭王南征不反，菁茅之贡不至，故周室不祭。’”可以看出，郑玄和马融分别是从两个事例对齐桓、晋文之正谲进行了注解。齐桓公之正，是正在以公义伐楚，责楚不向周王室进贡苞茅，而晋文公之谲，是借城濮战胜之威，以诸侯召天子，以臣召君，对天子不敬，有不臣之心。魏晋时杜预两次对晋文公“谲而不正”作出阐释，为《春秋·僖公二十八年》“晋侯入曹，执曹伯，畀宋人”注曰：“执诸侯当以归京师，晋欲怒楚使战，故以与宋，所谓谲而不正。”又为《左传》“是会也，晋侯召王，以诸侯见，且使王狩”注曰：“晋侯大合诸侯，而欲尊事天子以为名义。自嫌强大，不敢朝周，喻王出狩，因得尽

① （清）刘宝楠：《论语正义》，中华书局，1990，第570、571页。

② （清）阮元：《十三经注疏》（清嘉庆刊本），中华书局，2009，第5456页。

群臣之礼，皆谲而不正之事。”[①] 杜预认为，晋文公以臣召君、欺诈诸侯。唐代孔颖达为之所作正义曰：“谲，诈也，谓晋文公召天子而使诸侯朝之，是诈而不正也。齐桓公伐楚，实因侵蔡而遂伐楚，乃以公义责苞茅之贡不入，问昭王南征不还，是正而不诈也。”[②] 孔颖达还是在郑、马所论两事基础上阐释发挥说，晋文公“诈而不正”，而齐桓公“正而不诈”，将孔子所言“谲”释为“诈”，将“正”释为“公义”。《春秋》三传对晋文公召王的阐释是一致的，《穀梁传·僖公二十八年》：“讳会天王也。”东晋范宁为之作注曰：“实会天王，而文不言天王，若诸侯自共盟然，是讳之也，所谓谲而不正。”[③]《公羊传·僖公二十八年》阐释曰：“不与致天子也”，“不与再致天子也”。《公羊》《穀梁》都是以晋文公召王为其谲而不正之解。

至宋代，理学兴起，对齐桓、晋文之正谲多有评论，伐楚是否遵循正道成为二伯正谲的关键。朱熹的阐释影响较大，其阐释曰：“晋文公名重耳，齐桓公名小白。谲，诡也。二公皆诸侯盟主，攘夷狄以尊周室者也，虽其以力假仁，心皆不正，然桓公伐楚仗义执言，不由诡道，犹为彼善于此；文公则伐卫以致楚，而阴谋以取胜，其谲甚矣。”[④] 朱熹虽肯定了齐桓公、晋文公攘夷狄、尊周室的功绩，但又发挥了孟子“以力假仁者霸”的观点，认为“以力假仁，心皆不正”，对二伯予以批评，在齐桓、晋文的正谲表现上，朱熹仍然以齐桓公伐楚以公义为其“正”，但在晋文之“谲”上，没有延续汉唐学者以臣召君的窠臼，而以城濮之战立论，晋文公以阴谋取胜，即以“诡道”胜楚，这就将齐桓、晋文之正谲的判断标准都统一到伐楚之事上。宋人戴溪也认为：“齐威（桓）用二三十年之功，晋文公乃成功于二三年之间，谲正之辨也，召陵正，城濮谲。”[⑤] 宋人李明复同意朱熹之说，认为：“或问晋文公谲而不正，诸家多把召王为晋文之谲，《集注》谓伐卫以致楚师，而阴谋以取胜，这说为通。曰晋文举事多是不肯就正做去，晋文用兵便是战国孙吴气习。”[⑥] 李明复又将晋文公之谲释为用兵之诡

---

① （清）阮元：《十三经注疏》（清嘉庆刊本），第 3957、3965 页。
② （清）阮元：《十三经注疏》（清嘉庆刊本），第 5456 页。
③ （清）阮元：《十三经注疏》（清嘉庆刊本），第 5213 页。
④ （宋）朱熹：《四书章句集注》，中华书局，1983，第 153 页。
⑤ （宋）戴溪：《石鼓论语答问》卷下，文渊阁四库全书本。
⑥ （宋）李明复：《春秋集义》卷二十四，文渊阁四库全书本。

诈，开“兵者诡道”之先河。实际上，朱熹虽然以两事例论齐桓公、晋文公之正谲，但另评论道：“二君他事亦多类此，故夫子言此以发其隐。”也就是说，朱熹认为齐桓公、晋文公其他的事迹也与此两事相类似，并不单以二事为正谲之全部，只是以二事为正谲之举例。南宋吕大圭对二伯伐楚之正谲论述更为全面：“召陵之师，规模既定，区处既当，则堂堂之陈，正正之旗，声其罪而伐之，楚亦屈服而不敢校，此正也；晋文欲救宋而侵曹伐卫，此固兵计之所当然，及宋围既解，而又惧楚之遽退师，于是为之执曹伯以畀宋人，楚方爱曹而怒宋也，其肯遽退师乎？迨子玉使宛春告晋以释曹卫，则又私许复曹卫而执其使者，楚怒于使者之见执也，能不请战乎？及其将战，则又辟楚三舍，名曰报施，而实则示怯，以诱子玉也，子玉刚而无礼，怒晋之顽，喜晋之怯，能不进战乎？一致师之间，而其诡计如此。孔子断以一言而谓之谲，岂不信哉？”[①] 齐桓公伐楚，以堂堂之阵，陈兵召陵，声讨楚罪，又以德绥诸侯，不战而屈人之兵，虽未大战，但楚北上之势被阻，其功在华夏大矣。反观城濮之战，晋文公先挑拨齐、秦与楚之关系，再伐曹、卫，分曹、卫之田以予宋，私许曹、卫复国，又执楚使以怒楚，退避三舍以欺楚，所行皆阴谋诡计。

明代杨慎从会盟的目的方面来论桓文之正谲，“桓文之事，莫大于会盟。会盟之举，莫大于葵丘、践土，然葵丘之会定太子以安王室，公义也，故曰齐桓公正而不谲；践土之会，挟天子以令诸侯，私情也，故曰晋文公谲而不正”[②]。齐桓公主持葵丘之会为公义，是为安定周王室，《榖梁传·僖公九年》赞曰：“葵丘之盟，陈牲而不杀，读书加于牲上，壹明天子之禁。”严启隆认为：“葵丘之会，实可无盟，既会两月而复盟者，虑叔带之谋之未息也，故宰孔归而诸侯复盟，且为之申王禁，以风示于带，初命曰诛不孝，指叔带也，无易树子、无以妾为妻，指惠王也，叔带由是终桓之世，无敢妄有所冀也。”[③] 故而南宋胡安国说：“观孟子所载此盟初命之辞，则知桓公翼戴襄王之事信矣。”[④] 而晋文公为践土之会为私情，是为正谲之分野。晋

① （宋）吕大圭：《春秋或问》卷十二，文渊阁四库全书本。

② （明）杨慎：《升庵集》卷四十五，文渊阁四库全书本。

③ （清）王掞：《钦定春秋传说汇纂》卷十三，文渊阁四库全书本。

④ （宋）胡安国：《春秋传》，黄山书社，2022，第222页。

文公的尊王之举，是为自己争取诸侯的支持。《史记·晋世家》记载："冬，晋侯会诸侯于温，欲率之朝周。力未能，恐其有畔者，乃使人言周襄王狩于河阳。壬申，遂率诸侯朝王于践土。"晋文公虽挟胜楚之威，但诸侯颇有不服者，晋文公以天子驾临来逼迫诸侯从己。翟泉之会，周王卿士王子虎与诸侯大夫会盟，东汉何休认为："文公围许不能服，自知威信不行，故复假王人以会诸侯。"（《公羊传·僖公二十九年》注）杨慎与严启隆的论说虽有不同，但总体来说，是从会盟的目的和动机来看的，齐桓公的动机与目的均出于公义，晋文公则正与齐桓公相反。吕大圭言："小白犹志于尊周室，重耳乃敢于致天王；小白犹有救灾恤邻之心，重耳惟以立威于己为念。城濮之役，其所以折楚人之气者，正欲以争诸侯耳，岂真有攘寇乱、安中国之诚心哉?"[①] 齐桓公志于尊王，以救灾、恤患求诸侯之从，晋文公则重在立威，以兵威胁诸侯之从，城濮之战非志在攘夷，而是与楚争诸侯而已。

南宋陈傅良还从与盟之人方面立论，"齐桓公盟王人，不盟宰周公，殊会世子；晋文公实致天子而朝之，故曰齐桓公正而不谲，晋文公谲而不正"[②]。首戴（止）之会，齐桓公虽与周世子郑相会，但不与世子盟誓，《穀梁传·僖公五年》阐释曰："尊王世子，而不敢与盟也。"洮之会，齐桓公与王人（王室使者）会盟，序王人于诸侯之上，《公羊传·僖公八年》阐释曰："王人者何？微者也。曷为序乎诸侯之上？先王命也。"葵丘之会，周襄王派周公宰孔与会，但周公宰孔并未参加盟誓，元代汪克宽曰："桓公以五命之辞约束诸侯，而不敢盟宰周公者，不敢使天子之宰受诸侯之约束也，晋文以后，王臣出会，皆同盟，则非桓比矣。"[③] 元代李廉曰："首止、葵丘，尊王之事，美之大也。"[④] 齐桓公的会盟都是尊王之举，反观晋文公以诸侯而召天子，虽有朝王之举，但尊王之义实大打折扣。晋国主持的翟泉之会，晋国以大夫与王子虎盟誓，杜预注曰："王子虎下盟列国，以渎大典，诸侯大夫上敌公侯，亏礼伤教。"[⑤] 吕大圭言之更确，"齐桓之伯，尊王人，殊世子，不盟宰周公，其尊周之意明矣……晋文之伯，两致天王，盟

① （宋）吕大圭：《春秋或问》卷十二，文渊阁四库全书本。

② （宋）陈傅良：《春秋后传》卷五，文渊阁四库全书本。

③ （元）汪克宽：《春秋胡传附录纂疏》卷十一，文渊阁四库全书本。

④ （元）李廉：《春秋会通》卷九，文渊阁四库全书本。

⑤ （清）阮元：《十三经注疏》（清嘉庆刊本），第3972页。

王子，其抗周之迹著。”[①] 晋文公两召天子于践土和温，又与王子虎盟誓，与齐桓公尊王之举有霄壤之别。

在选择会盟地点上，也能凸显齐桓、晋文尊王与否。吕大圭言：“小白殊会世子，不敢盟宰周公，所以尊王室，而重耳两致天王、盟王子虎，则悖矣；小白首止之会，为定世子，洮之会为谋王室，而首止，卫地也，洮，曹地也，无逼尊之嫌，而重耳盟于翟泉，洛阳，城内地，则逼矣，小白凡大盟会，未尝使大夫预盟，而重耳翟泉之盟，使大夫主之，则大夫交政自此始矣”；更为明显的是，“小白之伯，王臣无下聘诸侯者，而重耳之伯，则宰周公下聘列国矣。”[②] 晋文公称霸后，王室地位下跌，重臣开始下聘诸侯，这是齐桓公时代所从未有过的。南宋吕祖谦直言：“齐桓九合诸侯，一正天下，无非尊王室，天子亦未尝亲出慰劳；若文公践土之盟、河阳之狩，两屈天子之尊，盖周王不畏齐而畏晋，天子视齐桓乃忠臣，不过一诚实，而晋文权谋高大，所以畏晋不畏齐也，举天子畏与不畏，又见文公不如桓公。”[③] 畏与不畏，足见齐桓、晋文在周天子心中的地位。

除却会盟之外，在军制、礼制等方面也可看出齐桓、晋文之正谲。在军制方面，北宋陈祥道比较道：“桓寓内政以复古，文作三军以逼上。”[④] 齐桓公遵循礼制，始终只有三军，而晋文公先是增一军为三军，后又增三军为六军。按礼制，天子才能有六军，晋文公这完全是僭越之举。对此吕祖谦痛斥道：“晋文公始兼三行三军之制，以拟天子之六军”，“创立军制，上则异于天子，下则尊于诸侯，明知其过而不能尽改，外邀恭顺之名，内享泰侈之实，其机不可谓不巧，其谋不可谓不谲矣”[⑤]。齐桓公不违背礼制，而晋文公无王而僭越，清代顾栋高言：“齐桓定王世子而拜天子之胙，晋文则至请隧。”齐桓公定周襄王世子之位，又拥戴襄王即位，其功不可谓不大，在葵丘之会上，仍坚持下拜受胙，而晋文公在勤王之后，竟公然向周襄王请求在其死后用天子才能用的隧之葬制，周襄王虽然不许，“王章也。未有代德而有二王，亦叔父之所恶也”（《左传·僖公二十五年》），仍然赏

① （宋）吕大圭：《春秋或问》卷十二，文渊阁四库全书本。
② （宋）吕大圭：《春秋或问》卷十二，文渊阁四库全书本。
③ （宋）吕祖谦：《左氏传说》卷四，文渊阁四库全书本。
④ （宋）陈祥道：《论语全解》卷七，文渊阁四库全书本。
⑤ （宋）吕祖谦著，慈波整理《东莱博议汇校评注》，浙江古籍出版社，2022，第351页。

赐给了晋国大片南阳之田。吕祖谦痛斥晋文公道:“晋文独非周之苗裔耶?坐视宗国之危蹙,不能附益,反从而渔夺之,是而可忍,孰不可忍?”[①] 晋文公之僭越、目无天子,与齐桓公形成鲜明对比。故而南宋胡安国说:“(晋文公)虽一战胜楚,遂主夏盟,举动不中于礼亦多矣,徒乱人上下之分,无君臣之礼,其功虽多,道不足尚也。”[②]

二 “文非桓匹”:齐桓之正与晋文之谲的对比

在尊王与公义之外,历代学者多有从齐桓公与晋文公所行各事来论齐桓之正与晋文之谲的,宋人张洽言:“(晋文公)救患取威,皆谲而不正之事”[③],吕祖谦更是认为:“晋文公既种种不如桓公”,明代杨慎从三个方面论晋文不如齐桓:“桓公得江、黄而不用以伐楚,文公则谓非致秦不足与楚争,楚抑而秦兴矣。此桓公之所不肯为者也。桓公会则不迩三川,盟则不加王人,文会畿内则伉矣,盟子虎则悖矣。此桓公之所不敢为者也。桓公宁不得郑,不纳子华,惧其奖臣抑君,不可以训,文公为元咺执卫侯,则三纲五常于是废矣。此又桓公之所不忍为者也。”[④] 清代顾栋高言:“(晋文)规模之正大,事事不如齐桓。”[⑤] 下面结合历代学者之论来分析齐桓公之正与晋文公之谲。

(一)齐桓公救灾恤患,晋文公乱人之国

齐桓公称霸之后,三存亡国,使邢、卫、杞三国得以复存,一继绝世,扶持鲁僖公即位,使周公之国不致绝嗣,《左传·僖公元年》:“凡侯伯,救患、分灾、讨罪,礼也。”齐桓公存亡继绝的行为得到诸侯的普遍赞誉,《国语·齐语》:“桓公忧天下诸侯。鲁有夫人、庆父之乱,二君弑死,国绝无嗣。桓公闻之,使高子存之。狄人攻邢,桓公筑夷仪以封之,男女不淫,牛马选具。狄人攻卫,卫人出庐于曹,桓公城楚丘以封之。其畜散而无育,

---

① (宋)吕祖谦著,慈波整理《东莱博议汇校评注》,第 322 页。

② (宋)胡安国:《春秋传》,第 245 页。

③ (宋)张洽:《春秋集注》,中华书局,2021,第 176 页。

④ (清)刘宝楠:《论语正义》,第 571 页。

⑤ (清)顾栋高:《春秋大事表》,中华书局,1993,第 1981 页。

桓公与之系马三百。天下诸侯称仁焉。于是天下诸侯知桓公之非为己动也，是故诸侯归之。”齐桓公的举动赢得了诸侯的拥戴。明末王夫之认为，正是齐桓公的“无私”，才成就了其霸业，“春秋之初，定人之国者必以赂。齐桓公存三亡国而无私焉，此桓公之所以为天下匡也。鲁有子纠之怨，卫有子颓之畔，邢之于齐未尝有一日之好，而齐卒收三国，以收天下”①。晋文公主持践土之会和温之会，拘捕曹伯、卫侯，使两国发生严重内乱，曹、卫两国与晋为同姓诸侯，晋文公不念同姓而肆意处置，遭到时人的非议，“齐桓公为会而封异姓，今君为会而灭同姓”（《左传·僖公二十八年》），吕祖谦言：“齐桓之兴，便去封已灭之卫，归公乘马，凡牛羊豕鸡狗门材，皆以与卫，闵二年救邢，复具邢器用而迁之，又与城邢，其存植亡国如此；晋文公于僖二十八年伐卫，使卫失国，其一国君臣互相屠戮，又执曹伯，至使其国乱亡，方复曹伯。桓公封卫迁邢，以存亡国，文公执曹伯、卫侯，使其国乱。桓公迁邢、封卫，一举便得安迹，文公复曹、卫，反使其国家危乱，足见文公不如桓公处。”② 沈棐比较齐桓、晋文在救灾、恤患方面的不同：“小白之霸也，伐戎者三，救诸侯者四，城国者三，虽不能尽其成功，然驱攘强暴、救恤灾患，其于诸侯亦不可谓无功也，至重耳，则战楚之外，不复有攘却之功，故三年狄侵齐而晋侯不能救，三十一年卫迁帝邱而晋侯不能城，则其所以勤诸侯者又异矣。”③ 齐桓公纠合诸侯，救郑、救徐、救周，勤诸侯之患，得到诸侯的拥戴；反观晋文公在为诸侯攘除外患方面无所作为，齐、卫遭受狄人之侵，晋文公并未出兵相助。

（二）齐桓公胸怀宽大，晋文公度量不广

齐桓公不计一箭之仇，任用管仲为相；在齐桓公与鲁庄公的柯之会上，齐桓公遭到鲁将曹沫的劫持，要挟齐国归还侵鲁之地，齐桓公不念其恶，归还鲁地，以示其信，《公羊传·庄公十三年》赞曰：“要盟可犯，而桓公不欺；曹子可仇，而桓公不怨。桓公之信著乎天下，自柯之盟始焉。”而晋文公归国之时，对其近臣舅犯起疑心，《史记·晋世家》记载：“秦送重耳

① （明）王夫之：《春秋家说》，《船山全书》（五），岳麓书社，2011，第149页。

② （宋）吕祖谦：《左氏传说》卷四，文渊阁四库全书本。

③ （宋）沈棐：《春秋比事》卷二，文渊阁四库全书本。

至河。咎犯曰：‘臣从君周旋天下，过亦多矣。臣犹知之，况于君乎？请从此去矣。’重耳曰：‘若反国，所不与子犯共者，河伯视之！’乃投璧河中，以与子犯盟。”咎犯之所以请去，是对于晋文公在返国之时的举动有感触所致，《说苑·复恩》记载：“晋文公入国，至于河，令弃笾豆茵席，颜色黎黑，手足胼胝者，在后。咎犯闻之，中夜而哭”，咎犯对晋文公说：“笾豆茵席，所以官者也，而弃之；颜色黎黑；手足胼胝，所以执劳苦者也，而皆后之。臣闻国君蔽士，无所取忠臣，大夫蔽游，无所取忠友，今至于国，臣在所蔽之中矣，不胜其哀，故哭也。”晋文公喜新厌旧，对随从多年之旧臣已经抛之脑后，其后又因念卫成公当年不礼遇之怨而指使人鸩杀卫成公。陈祥道言：“桓释曹沫之劫而遇以信，文念卫侯之怨而加以酖”，“桓仇管仲而用，文亲舅犯而疑。”[①] 吕祖谦认为，晋文公对于郑文公当年的不礼遇之事也耿耿于怀，虽有晋郑会盟之举，仍与秦围郑，以泄其愤，足见其度量不广，“初，晋文公于僖之二十三年欲归国，及郑，郑文公不为之礼，后来于僖之二十八年城濮既胜之后，郑伯使子人九行成于晋，晋使栾枝与盟，五月文公及郑伯盟于衡雍，凡与郑盟者再矣，亦可以释怨，至僖三十年复与秦围郑，看得文公度量不广，未到坦然大度处，所以记人之怨而不忘，其不及齐桓又如此”[②]。

（三）齐桓公待诸侯以信义，晋文公待诸侯以威权

齐桓公与晋文公虽然都是霸主，但是在对待盟国的方式上有很大不同。在讨罪方面，齐桓公虽以“不礼”为由灭谭、遂，为救燕国而伐灭山戎，但没有以瓜分其地来笼络诸侯，《国语·齐语》对齐桓公高度赞扬说：“军谭、遂而不有也，诸侯称宽焉。”韦昭注曰：“不有，以分诸侯也。”齐桓公率诸侯侵蔡伐楚，蔡溃败，齐桓公并没有瓜分蔡地以予惩罚，《穀梁传·僖公四年》赞曰：“以桓公为知所侵也，不土其地，不分其民，明正也。”而晋文公因己怨而灭曹，将曹国之地分予他国，陈祥道因此比较说：“桓伐谭、戎而不有，文灭曹而分其地。”[③] 曹国虽未灭，但晋文公为了笼络诸侯，擅分其地，失之

① （宋）陈祥道：《论语全解》卷七，文渊阁四库全书本。

② （宋）吕祖谦：《左氏传说》卷四，文渊阁四库全书本。

③ （宋）陈祥道：《论语全解》卷七，文渊阁四库全书本。

太过。吕大圭比较二伯的讨罪方式，“小白之伯也，诸侯未服，不过伐其国，执其臣，未尝执诸侯也，重耳则执曹伯，复曹伯，执卫侯，复卫侯，惟己所恣矣；小白宁不得郑，不纳子华之请，惧其奖臣抑君，不可以训也，重耳为元咺执卫侯，使元咺得以自恣，则三纲五常废矣”①。《穀梁传·庄公二十七年》对于齐桓公主持的会盟有一个精确的概括：“衣裳之会十有一，未尝有歃血之盟也，信厚也。兵车之会四，未尝有大战也，爱民也。”齐桓公为诸侯盟主，靠的不是兵威，而是信义，坚决不做不合信义的行为。宁母之会上，郑世子华企图以郑国为齐国附庸为条件，希望齐桓公帮助他除掉郑国三大家族，齐桓公听从了管仲的谏言，没有答应郑世子华，郑国后来也归附了齐国。反观晋文公在处理卫臣元咺诉卫成公的事情上，则举措失当。因元咺曾奉卫成公之命，以叔武摄政，而卫成公返国，杀叔武，元咺出奔晋国，晋文公听信元咺而拘捕、囚禁了卫成公，元咺返国另立新君，《公羊传·僖公三十年》阐释道：“元咺之事君也，君出则己入，君入则己出，以为不臣也。”虽然卫成公有错在先，元咺诉之有理，但以臣诉君，不合臣道。《国语·周语中》记载，周襄王对晋文公说，听臣讼君、为臣杀君，“一合诸侯而有再逆政，余惧其无后”。如果晋文公如此处理诸侯事务，恐怕是不能主盟诸侯了。卫国的内乱，终是由晋文公因一己之怨而起，“卫之祸，文公为之也。文公为之奈何？文公逐卫侯而立叔武，使人兄弟相疑，放乎杀母弟者，文公为之也”（《公羊传·僖公二十八年》）。在对待诸侯方式上，齐桓公是“先礼义而后征伐”，而晋文公是“先征伐而后礼义”②。

三　各有正谲：齐桓晋文正谲调和论

宋代学者对齐桓、晋文的正谲评论突破了汉、唐学者的阐释，倾向于从齐桓、晋文的正谲两方面立论，即齐桓、晋文各有正、谲。北宋文彦博认为：“齐侯之始也，以姬之忿，而侵于蔡，侵蔡得利，因而伐楚，楚既问罪，乃托为勤王之师，夫然则测其始志，得不谓之谲乎？及责楚之罪，则为正矣，既得其正，乃为不谲矣。夫晋文公之始也，伐原以示信，大蒐以

① （宋）吕大圭：《春秋或问》卷十二，文渊阁四库全书本。

② （宋）沈棐：《春秋比事》卷二，文渊阁四库全书本。

示礼，一战而霸，可谓正矣，及其天王将狩于河阳，君子讥其以臣召君，又朝王而请隧，王不许焉，曰王章也，未有代德，而有二王，亦叔父之所恶也。噫！晋之始也，正则正矣，及其此也，臣节何在，如此则始虽正，今乃为谲矣。”[①] 文彦博认为，齐桓公伐楚，始于私愤而终于公义，即先谲后正；晋文公先以信礼治国，而后以臣召君，即先正后谲。南宋杨万里从与不同对象比较的角度来论桓文之正谲，“文视诸侯则正，视桓公谲矣，桓视文则正，视三王谲矣”。与齐桓公相比，晋文公为谲，而与其他诸侯相比，晋文公为正；同理，与三王相比，齐桓公为谲，与晋文公相比，齐桓公为正。

宋儒王晳认为齐桓、晋文在尊王上各有正谲，“齐桓之定太子也，不欲使惠王废嫡庶之正，是其本志，故仲尼谓之一正天下，首止之会是也，以其犹有强君之嫌，故谓之正而不谲也；晋文之逆襄王也，藉以求诸侯信义之名，非其至诚，而狐偃劝以继文之业，王城之师是也，以其不本尊王之义，故谓之谲而不正也”。王晳认为，齐桓公以霸主之位定周世子之位，有威逼天子之嫌，其行虽谲，但尊王是其本志，故谓之正而不谲；而晋文公虽有勤王之举，却无尊王之义，故谓之谲而不正。王晳不认可释“谲”为“诈”，应释“谲”为“权”，即权变之义，而非诡诈，“仲尼之云谲者，一时权谲之谓也，非谓诈也。苟专以谲为诈，则当云汤武正而不谲，桓文谲而不正，圣人不当云齐桓正而不谲也，且齐桓用兵胁鲁，使杀子纠，又以无名侵蔡遂伐楚，责王贡之不入，宁母之会，又欲听子华之言，凡如此类，岂不谲哉？晋文伐原以存信，辟楚以示报，躬率诸侯朝事天子，岂不正哉？”[②]。王晳认为，齐桓公也多有诡诈之行为，晋文公也未尝没有公义之举。北宋程颐从心与行两方面论说道：“晋文公实有勤王之心，而不知召王之为不顺，故谲掩其正。齐桓公伐楚，责包茅，虽其心未必尊王，而其事则正，故正掩其谲。孔子言之以为戒，正者，正行其事耳，非大正也，亦犹管仲之仁，止以事功而言也。”[③] 程颐的论说，从“心”出发而加以臆测，这样的“莫须有”之义，并不能令人信服。清代王引之将正谲论引入经权

① （宋）文彦博：《潞公文集》卷九，文渊阁四库全书本。

② （宋）王晳：《春秋皇纲论》卷一，文渊阁四库全书本。

③ （宋）程颢、程颐：《河南程氏遗书 河南程氏外书》，山东人民出版社，2020，第839~840页。

讨论中，认为："晋文能行权而不能守经，齐桓能守经而不能行权，各有所长，亦各有所短也"；"守正为齐桓之所长，权谲为齐桓之所短"①。

陈祥道认为，齐桓公行事虽正，但其心术未尝不谲。齐桓公之所以"正而不谲"，是因为"正能胜谲"，而晋文公是"谲不胜正"，"晋文之谲非无正也，齐桓之正非无谲也。观其出定襄王以示民义，伐原以示民信，大蒐以示民礼，于君之命有三辞之恭，于国之利有三罪之当，此晋文之正也，然谲不胜正，故谓之谲而不正；前事则兄弟争国，内行则般乐奢汰，外事则诈郑袭莒，执陈辕涛涂以致敎于诸侯，亲竖刁、易牙、开方以构于国，此齐桓之谲者也，然正能胜谲，故曰正而不谲"②。为争夺君位，齐桓公胁迫鲁国杀害其兄公子纠，宁母之会上，贪郑国之从，如无管仲之谏，就接受了郑世子华的卖国之言，葵丘之会上，如无管仲的谏阻，齐桓公差点就不下拜接受天子赐胙，《史记·齐太公世家》："周襄王使宰孔赐桓公文武胙、彤弓矢、大路，命无拜，桓公欲许之"，《国语·齐语》："管子对曰：'为君不君，为臣不臣，乱之本也。'桓公惧。"此外，齐桓公以为自己功高盖世，"欲封泰山，禅梁父"，管仲进谏，桓公不听，管仲"乃说桓公以远方珍怪物至乃得封，桓公乃止"（《史记·齐太公世家》）。封禅之事，是只有天子才能举行的，而齐桓公欲封禅，其僭越之心也是显而易见的。晋文公其心虽谲，但在某些事上也表现出正的一面。晋文公用子犯之计，纳天子以示之义，伐原以示之信，大蒐于被庐以示之礼，"民听不惑而后用之。出谷戍，释宋围，一战而霸，文之教也"（《左传·僖公二十七年》）。晋文公以三事而示民以信义，这也是晋国上下衷心拥护晋文公的原因。清代孙奇逢发挥朱熹的论述说："谲正俱就行事言，若心术，皆不得为正。"③ 此言可谓切中肯綮。

四　齐桓、晋文正谲之原因

（一）有无贤臣辅佐是主因

齐桓公取得霸业，离不开贤相管仲的辅佐。孔子认为，齐桓公的功业

① 程树德：《论语集释》，中华书局，1990，第1264页。
② （宋）陈祥道：《论语全解》卷七，文渊阁四库全书本。
③ （清）孙奇逢：《四书近指》卷十，文渊阁四库全书本。

得力于管仲，“桓公九合诸侯，不以兵车，管仲之力也。如其仁！如其仁！”（《论语·宪问》）清代马骕对此阐释道：“桓公，中主也，得管子而名彰，圣人所以不称桓公，而归美管仲者，为其持大体、正名分、兵力甲于天下，必不敢教其君为郑人繻葛之举也。”[①] 正是由于管仲的辅佐，才使齐桓公没有犯下若干错误。如宁母之会，管仲对齐桓公说：“君以礼与信属诸侯，而以奸终之，无乃不可乎？子父不奸之谓礼，守命共时之谓信。违此二者，奸莫大焉”，“君若绥之以德，加之以训辞，而帅诸侯以讨郑，郑将覆亡之不暇，岂敢不惧？”。（《左传·僖公七年》）管仲劝齐桓公以德服诸侯，让诸侯信服齐国秉持的是礼和信，而不是听从郑世子华卖国之奸计，如果那样，齐国不但不可能收服郑国，反而会因失德而失去诸侯的支持。文彦博认为，有无良臣辅佐是二君正谲之关键，“以齐桓有管仲之佐，虽始谲终乃复正，故正而不谲矣；以晋文公季年无良臣辅弼，始虽正终乃复谲，故谲而不正矣”[②]。对管仲与齐桓公的关系，齐桓公曾作一形象比喻：“寡人之有仲父也，犹飞鸿之有羽翼也，若济大水有舟楫也。”（《管子·霸形》）辅佐晋文公之臣，如赵衰、先轸辈多系急功近利之人，清代庄存与言：“原、郤、狐、赵，岂敬仲、朋。”[③] 城濮之战时，晋文公不取狐偃之谋，而取先轸之计，但在败楚之后，行赏罚之时，却以狐偃为首功，晋文公对群臣说：“城濮之事，偃说我毋失信。先轸曰‘军事胜为右’，吾用之以胜。然此一时之说，偃言万世之功，奈何以一时之利而加万世功乎？是以先之。”（《史记·晋世家》）晋文公也是知道何为长久之计的，但是在取威定霸之时，晋文公却置信义于不顾，以阴谋诡计为先。故而申敏一认为：“桓公不谋近利而范我驱驰，文公则一战定伯而诡遇获禽，则其功虽高，而亦奇而已，正则未也。”[④]

（二）在位时间长短决定二君取霸心态

齐桓公在位四十三年，晋文公在位只有九年，齐桓公在位时间比晋文公长很多，且齐桓公即位之时正值壮年，而晋文公即位时已是花甲之年，故

① （清）马骕：《左传事纬》卷二，文渊阁四库全书本。
② （宋）文彦博：《潞公文集》卷九，文渊阁四库全书本。
③ （清）庄存与撰，辛智慧笺《春秋正辞笺》，中华书局，2020，第 350 页。
④ （明）申敏一：《化堂集》卷五，文渊阁四库全书本。

而二人行事风格完全不同。吕祖谦分析说："文公之规模与齐桓大段不同。桓公是三十年工夫方做得成，所以优游，文公两三年尽做，许多事所以急迫……桓公霸业缓成，文公霸业速就，此晋文所以不如齐桓处。"① 据《史记·齐太公世家》："（齐桓公）七年，诸侯会桓公于甄（鄄），而桓公于是始霸焉。"齐桓公的霸业是一步步建立起来的，直至齐桓公三十年，在做了充分的准备之后，齐桓公才率领八国之师，先侵蔡，再伐楚，责问楚国不供王职之罪，朱熹因此说："盖桓公每事持重，不是一个率然不思后手者。"② 至桓公三十五年，始有葵丘之会；而晋文公君臣急于争霸，文公即位后第二年，即兴勤王之师，志在霸业，《史记·晋世家》记载，赵衰对晋文公说："求霸莫如入王尊周。"文公五年，晋与楚战于城濮，一战而成霸业，二君取霸之迟速显而易见，吕大圭因此说："考论重耳之行事而质诸小白之所为，然后知圣人谲正之辨。小白三十余年蓄威养晦，始得召陵之盟，重耳一驾而城濮之功多于召陵"，"齐桓犹有近厚之心，若晋文则太迫矣。"③

（三）历史情势不同决定二君取霸策略

沈棐比较齐桓公与晋文公在位时的情势说："小白主霸，方崇礼义，去侵伐以救当时之弊，故端委正笏，雍容乎坛陛之间，兵革不施而诸侯已谕其志矣，况当时楚虽浸强，其患尚小，不过侵扰邻境，若蔡郑诸国而已，及齐侯一出，楚既畏服，则召陵之师盟而不战，小白之心也，然而楚人之横易以威制，难以信结，故自齐之霸，而楚之骄暴甚于曩时，至伐宋大国，执天子上公，胁制诸侯，使束身从己，齐鲁之君俯首帖耳，委命下吏，无复惭色，中国诸姬几为楚尽矣，使重耳之兴尚怀仁厚，不奋兵威，则何以折楚之暴，以惩艾诸侯，然则晋文之霸，又不得不用征伐也。"④ 沈棐认为，齐桓公时，楚国尚未强大到后来晋文公时的样子，齐桓公尚能以礼义阻遏楚国，至晋文公时已经不能再施行了，中原诸国纷纷臣服于楚国，如果不能以兵威战胜楚国，列国也不会认同晋国的霸主地位。顾栋高为晋文公用

---

① （宋）吕祖谦：《左氏传说》卷四，文渊阁四库全书本。
② （宋）黎靖德：《朱子语类》卷八十三，文渊阁四库全书本。
③ （宋）吕大圭：《春秋或问》卷十二，文渊阁四库全书本。
④ （宋）沈棐：《春秋比事》卷二，文渊阁四库全书本。

兵伐楚之谲辩护道："不胜楚则楚之虐焰未息，而不伐曹、卫，势必加兵于陈、蔡、郑、许，目前齐、宋之急未易解也。且使晋而勤兵于四国，劳兵顿师，而楚檄曹、卫议其后，令楚反得仗义之名，而晋有孤军转战腹背受敌之苦，胜负未可知，孰若蹙方张之寇于大河四战之地，一举胜之，为中原立赤帜，圣人宜录其不世之功，不宜以为谲而訾之也"，"宋襄有明验矣，不重伤，不禽二毛，而遂至败于泓。令晋文而守拘方之见，城濮一挫，周室将不可问"①。在顾栋高看来，晋文公之所以选择使用阴谋诡计，也是被逼不得已而作出的决策，如果晋文公也像宋襄公那样遵守军礼，得胜的可能就是楚国了，而楚国得胜，势必进逼中原，那么华夏诸侯势必会遭到楚国的荼毒，周王室也可能危在旦夕。

结　语

齐桓公与晋文公都是春秋时期的霸主，有功于周室为世所公认，历来评价最高，但因孔子之评价而有了正谲之分。孔子所论齐桓、晋文之正谲，只是就二君比较而论，失去了其中任何一人作为参照，则不能成其正谲之论。齐桓公、晋文公两位春秋霸主取威立霸的方式不同，是由其所处的历史情势、个人品性等多种因素决定的。齐桓公不仅有正的一面，也有谲的一面，晋文公亦不只有谲的一面，也有正的一面，不宜简单地以好坏、上下加以评价。

相比于晋文公阴谋胜楚、专权自恣、僭越逼君，齐桓公"以德绥诸侯"、尊王攘夷的行为方式更为符合儒家的道德标准。孔子对桓、文二君评价虽然简短，但内涵却十分丰富，赋予后世学人以充分的阐释空间，从单一事例的解析到全方位的比较，反映出历代学人对桓、文二君认识的不断深化，反映了历代学人基于尊王与礼义的儒家政治理想。

（责任编辑：杨冬）

① （清）顾栋高：《春秋大事表》，第 1982 页。

文献所见袒裼袭诸义辨析

——兼论裼袭礼的概念和范围

张甲林[*]

摘　要　裼袭礼是礼书中极具代表性的礼仪之一，相关材料丰富，然似是而非者亦多。历代研究对其概念范围常不着意，疏于辨析，混淆致误者多。本文区分文献中作为一般动词的袒裼袭与作为礼制专名的裼袭，并对礼书所见袒裼袭重作整理、分类和辨析。在此基础上，明确裼袭礼的概念和讨论范围，即以礼服文饰之见美充美为核心，通过服饰变化展现文质等礼义内涵的礼仪。作为礼制专名的裼袭，与文献中作为一般动词的袒裼袭不同，裼袭礼亦和礼书中以行事便宜或自卑敬事为核心、以情感表达为核心的袒裼袭有异。

关键词　袒裼袭；裼袭礼；礼服文饰；见美充美

《礼记·乐记》云："簠簋、俎豆、制度、文章，礼之器也；升降、上下、周还、裼袭，礼之文也。"[①] 礼书所载裼袭礼仪，简言之，即袒衣和覆衣，是礼书中颇具代表性的礼仪之一。其相关材料丰富，然似是而非者亦多，文献中习见之袒裼袭，很多与此并无关联。若不加区分，混而用之，极易张冠李戴，徒劳无功。历代学人对裼袭礼的研究和讨论虽多，但对其概念范围常不着意，疏于辨析，混淆致误者多。本文将从文献所见袒裼袭相关材料入手，分别讨论作为一般动词的袒裼袭与作为礼制专名的裼袭，并对两类词义，尤其是礼书中出现的袒裼袭重作整理、分类和辨析。在此基础上，明确裼袭礼的概念和讨论范围。

---

*　张甲林，清华大学中文系博士研究生，主要研究领域为先秦礼学文献与出土文献。

①　（汉）郑玄注，（唐）孔颖达疏，部同麟点校《礼记正义》（2），浙江大学出版社，2019，第 944 页。

一 作为一般动词的袒裼袭

本节简要考察作为一般动词的袒裼袭的词义发展及相互关系。

袒，《说文》云："衣缝解。"段玉裁注以袒之本字为但，而"衣缝解"义应属不见于《说文》的绽字，"许书但裼字作但。不作袒。今人以袒为袒裼字，而但袒二篆本义俱废。""袒则训衣缝解，今之绽裂字也。"[①] 后世多从此说。近来，学人从音韵关系、文献语例等方面继续探讨，如朱怀提出，"但"早在先秦时期表示袒露等具体动作，战国以降，才逐渐虚化为副词，[②] 此说应是。也有学者利用出土材料，对但、袒二字的关系提出新见，如岳晓峰认为，但、袒同见于战国楚简，疑为异体字或通假字，而非如段注所言的本字关系。至于但的本义是否为袒露，尚不能确定。又据《礼记·内则》绽、袒同见的文例，以两者亦非本字关系，绽、袒音近可通，应属假借，袒本义为袒露，"衣缝解"乃假借义。[③] 此说仍有可商榷处。楚简与《内则》的时代均在战国及其后，材料中的同见现象，仅能说明当时的但与袒、袒与绽有共用情况，而无法证明更早时期的文字关系。从先秦秦汉时期的文字材料看，但、袒均不见于甲骨、西周金文等早期文献，在春秋战国的文字材料中，两者均有袒露义，只在使用上主次有别，袒的使用远多于但。据此，但字本义，及其和袒字的早期关系无法详考，但两字在战国时期并行使用应无疑问，其后但字词义逐渐虚化，完全成为虚词，袒露的动词义则全归于袒。而更晚的绽字，除《礼记》外，仅见于《急就篇》，《说文》未收，推测其流行使用可能在汉代以后，且继承了袒的部分词义。若然，《说文》云"衣缝解"，为词义未分化前；段注云"绽"，为词义已分化后，两者实据文字发展的不同阶段而言。

裼，《说文》云："袒也。"段注改为"但也"[④]，两字应属同义互训。早期裼字主要见于传世文献，作为一般动词时，常与袒、徒等近义词连用，

---

① （汉）许慎撰，（清）段玉裁注《说文解字注》，上海古籍出版社，1988，第395、396、382页。

② 朱怀：《"但"的语法功能演变及产生机制》，《中国语文》2015年第2期。

③ 岳晓峰：《"但""袒"探析》，《汉语史学报》第十五辑，上海教育出版社，2015。

④ （汉）许慎撰，（清）段玉裁注《说文解字注》，第396页。

表袒露义，如“袒裼暴虎”“袒裼裸裎”“顿足徒裼”[①] 之类。

袭，《说文》云：“左衽袍。”[②] 此仅为袭字一义。在早期传世与出土材料中，袭还有另外两义。一是衣上加衣，及由此引申出的覆被、因袭、重复等义。对应字形多从内外两衣，作[古文字]，金文亦有从衣、从龖之形，作[古文字]。词例如𢦚簋铭文“永袭厥身”，清华简《系年》“越人因袭吴之与晋为好”，《礼记·内则》“寒不敢袭”，郑注：“袭，谓重衣。”《淮南子·俶真训》“积惠重厚，累爱袭恩”[③]。二是侵袭、进攻，对应字形多从宀从𠭁，作[古文字]。词例如《左传·僖公三十二年》“劳师以袭远”[④]，清华简《系年》“秦师将东袭郑”。可见在先秦时期，袭字的使用相对复杂，从字形上看，其来源或非一种，此点学界已有讨论，如黄德宽先生指出，袭字多种义项的形成，并不完全出于单字的引申发展，而是与相关字合并的结果，袭字经历了由三种字形“多字多词”，发展到一种固定字形“一字多词”的过程。[⑤]

先秦以降，袒裼袭三者的动词词义依然保留。袒字沿用至今，使用频繁，裼、袭袒衣、加衣的词义虽出现较少，文献中仍留有痕迹，如“不衫不履，裼裘而来”，“寒燠饥饱必问，裼袭调膳必亲”。[⑥]

二　作为礼制专名的裼袭

除一般动词外，裼袭还衍生出一种与特定礼仪场合、服饰、仪节相关的特殊词义，即行礼时的袒衣和覆衣，并逐渐固定，成为该礼制仪节的专名。

---

① 见《诗经·郑风·大叔于田》《孟子·公孙丑》《战国策·秦策》，“袒裼裸裎”后成为成语，表示袒衣露体等不雅无礼的行为。

② （汉）许慎撰，（清）段玉裁注《说文解字注》，第391页。

③ 《礼记正义》（2），第728页。（汉）刘安等著《淮南子》，岳麓书社，2015，第15页。

④ 《十三经注疏》整理委员会整理《春秋左传正义》，北京大学出版社，2000，第541页。

⑤ 黄德宽：《从出土文献资料看汉语字词关系的复杂性》，《历史语言学研究》2014年第1期。另外，张智慧《“袭”字字义探析》，《佳木斯职业学院学报》2019年第2期，王亚妮《浅析“袭”的词义演变》，《今古文创》2022年第29期，也对“袭”的字词义演变进行了考察。

⑥ （宋）李昉等编《太平广记》卷一九三虬髯客，中华书局，1961，第1447页。（宋）刘克庄著，辛更儒笺校《刘克庄集笺校》卷一五七墓志铭，中华书局，2011，第6152页。

此类裼袭的解释，多见于礼家注疏。最早下定义的是郑玄，《仪礼·聘礼》“裼，降立”郑注云：“裼者，免上衣见裼衣。”[①]《礼记·玉藻》“锦衣以裼之”郑注：“袒而有衣曰裼。”[②] 孔颖达也曾对裼进行定义，《左传·哀公十七年》“袒裘”孔疏：“裘上有衣，谓之裼。”[③] 郑、孔两说，前者重在动作过程，后者重在动作完成后的状态，两者似二实一。后朱大韶合此二说，提出“裼有两义，外袭正服，开而露其所裼之衣，谓之裼。……内着裘，外加衣以见其美，亦谓之裼”[④]，条理分明。然裼之词义以袒为主，并无加衣义，故朱氏所言第二义，改为“外有衣以见其美”更合，即裘上有衣可见美之状态。也有与注疏观点稍异者，如陆佃以裼袭仅一正服而已，无裼衣一说，“被裘而覆之，则曰袭，袒而露裘之美，则曰裼”[⑤]。陈祥道亦以“袒而见裘曰裼，掩而充裘曰袭”[⑥]。朱大韶则提出“裼、袭乃衣之节，非衣之名”[⑦]。以上诸说，表面上是对裼袭动词或名词词性的争论，实则是对裼袭礼服制理解的分歧，如袒后见衣还是见裘。主裘上一层衣说者以裼袭仅为仪节，主裘上二、三层衣说者虽认为存在裼衣或袭衣，但并未将其定义为名词。可见人们对此类裼袭的理解，其动词词性反倒是共识，而在此基础上更细节的服制问题才是争议所在。综上，礼书所见作为礼制专名的裼袭，有动词与状态词两义，分别表示袒衣和覆衣的仪节动作，或袒、覆后的着衣状态。[⑧] 不同于作为一般动词的裼和袭，礼制专名概念下的裼袭乃相对而生，有袒方有覆，有裼方有袭，反之亦然，强调的是两种着衣状态相互转换的过程。若仅袒衣或披覆，无相对变化，则不属此类。

---

① （汉）郑玄注，（唐）贾公彦疏《仪礼注疏》，北京大学《儒藏》编纂与研究中心编《儒藏》（精华编）第 42 册，北京大学出版社，2016，第 418 页。

② 《礼记正义》（2），第 784 页。

③ 《春秋左传正义》，第 1952、1953 页。

④ （清）朱大韶撰，杨柳青点校《春秋公羊礼疏（外五种）·春秋传礼征》卷二，上海古籍出版社，2015，第 361 页。

⑤ （宋）陆佃《元祐大裘议》，王云五主编《丛书集成初编·陶山集》卷五，商务印书馆，1935，第 59 页。

⑥ （宋）陈祥道《礼书》卷十二，北京大学《儒藏》编纂与研究中心编《儒藏》精华编第 58 册，北京大学出版社，2020，第 148 页。

⑦ （清）朱大韶《实事求是斋经义》“驳蔡氏裼袭袒说”，（清）阮元、（清）王先谦编《清经解 清经解续编》第 11 册，凤凰出版社，2005，第 3764 页。

⑧ 另有郝敬等学人以裼袭之名非专指人之着衣，执器亦有裼袭，虽似有理，然于文无据。

先秦以降，随着社会礼制环境的改变，此类裼袭基本不再单独出现，而多作为固定搭配使用。或代指礼书中的裼袭礼及相关仪节，如“以玉帛俎豆为数，以周旋裼袭为容”“御寒凉以效用，因裼袭以呈姿”;[①] 或作为典故习语，用于描述服容之美，如“公子早已裼袭而来”“民寒而我裼袭，如披荆棘”“冠冕之服可成，祭祀之仪可辑。可以重其珍美，可以扬其裼袭”;[②] 或作为礼仪的一般代名词，泛指行礼时的各种仪节，如“出入导从张盖重，仪文裼袭礼虔恭”，“凡入而修容，凡出而修钹，裼袭威仪，勿籍勿诃”。[③]

三　礼书所见袒裼袭诸义辨析

作为一般动词的袒裼袭和作为礼制专名的裼袭，两者在文献中长期并存，表面相似，实则内涵迥异，若不加区分，极易混淆，从而使裼袭礼的概念范围被无限扩大。本节将对礼书中所见袒裼袭诸义进行分类和辨析，根据仪节动作的核心目的，分为三类，详论于下，并在此基础上，明确裼袭礼的概念范围。

第一，以行事便宜或自卑敬事为核心的祭袒、射袒、事袒等。

祭袒，如祭祀时国君肉袒割牲，亲力亲为，自卑而敬事，《礼记·郊特牲》:“君再拜稽首，肉袒，亲割，敬之至也。”[④]

射袒，即射礼中射者为方便拉弓射箭，会袒露左臂，戴上护臂和扳指，即“袒、决、遂”，至行射结束，再将衣服穿戴整齐，“说决、拾，袭，反位”。由此义延伸，司马、司射当事执弓则袒，饮不胜者时，胜者袒表示能射，不胜者则袭，“胜者皆袒、决、遂，执张弓”，“不胜者皆袭，说决拾”。

① （唐）白居易《沿革礼乐》，谢思炜校注《白居易文集校注》卷二十八策林四，中华书局，2011，第1576页。（唐）独孤授:《西域献吉光裘赋》，（清）董诰等编《全唐文》卷四百五十六，中华书局，1983，第4662页。

② （清）文康:《儿女英雄传》第三十六回，华夏出版社，2013，第548页。（明）吕坤撰，王国轩、王秀梅整理《吕坤全集·去伪斋集卷七》，中华书局，2008，第403页。（唐）李君房:《献茧赋》，（清）董诰等编《全唐文》卷五百三十六，中华书局，1983，第5447页。

③ （清）张廷玉等《明史》外国六“满剌加传”，中华书局，1974，第8416页。（唐）刘禹锡《汴州郑门新亭记》，陶敏、陶红雨校注《刘禹锡全集编年校注》卷十七，中华书局，2019，第1867页。

④ 《礼记正义》(2)，第714页。

而尊者如大夫或君主，袒时可保留里衣，不必肉袒，“君袒朱襦以射”，“大夫与士射，袒薰襦”。[①] 此处虽为袒而有衣，却不言裼，可见射袒与裼袭并非一类。

事祖，如子事父母，谨敬戒慎，衣冠须正，服容必整，不可纵意图安，因己之冷热随意加衣或袒露，仅在为父母做事劳动时方可袒裼，《礼记·内则》云：“寒不敢袭，痒不敢搔。不有敬事，不敢袒裼。”[②] 此句释义历来争议较多，学人为弥合此处袒露为亵却属敬事，袭重于裼而敬事反裼的矛盾，可谓众说纷纭。或以父质而君文，事父异于事君，居家处乡亦异于朝堂礼事，主敬原则不同，裼袭相反而异，如郑注引《礼记·礼器》云：“父党无容。”《玉藻》“服之袭也”孔疏以敬有二体，“父是天性至极，以质为敬”，“君非血属，以文为敬”，故同为袒裼而性质相异。[③] 毛奇龄云：“盖袒裼者，事君之敬，不敢袒裼者，事父母之情。”[④] 持论近似。江永亦然，以“大抵袒裼袭之仪，惟施于君臣聘享，平时居家处乡皆袭而已”[⑤]。或以寻常袒裼非裼裘之文，不敢袒裼为惧亵故，乃敬之常，袒裼乃敬之变、敬之大者。[⑥] 或以寒不敢袭为裼袭之袭，袒裼则否，皮锡瑞以人子于寒不敢袭衣，似非人情，其不袭之由，应是子于父母之所礼当尽饰而裼，与君在则裼义同，而“下云‘不敢袒裼’，乃是袒裼之裼，与裼袭之裼别”[⑦]。以上诸说皆有可商榷处。若父质而君文，直言不裼即可，如《礼记·玉藻》“大裘不裼”，何必言敢？以裼袭文质礼义附会，更牵强难通，皮氏虽有意区分，亦相混淆，孙希旦曾以此之裼袭与《玉藻》裼袭义别，前者为重衣与露臂，后者为掩、露中衣，[⑧] 所据乃服饰之异，虽有区分，仍浮于表面。细揣前后文意，《内则》此段乃是讲述人子在亲人长辈面前应遵循的礼仪，“不敢哕噫、

① 《仪礼注疏》，《儒藏》精华编第42册，第211~265页。

② 《礼记正义》（2），第728页。

③ 《礼记正义》（2），第728、786页。

④ （清）毛奇龄：《经问》卷一，《清经解 清经解续编》（1），第1228页。

⑤ （清）江永：《乡党图考》卷六“考裼袭质文相变之异”，《清经解 清经解续编》（2），第2070页。

⑥ （清）乔松年撰，傅惠成点校《萝藦亭札记》卷二，山右历史文化研究院编《山右丛书初编》，上海古籍出版社，2014，第557页。

⑦ （清）皮锡瑞：《礼记浅说》卷上，吴仰湘编《皮锡瑞全集》（5），中华书局，2015，第210页。

⑧ （清）孙希旦撰，沈啸寰、王星贤点校《礼记集解》卷二十七，中华书局，1989，第735页。

嚏咳、欠伸、跛倚、睇视，不敢唾洟。寒不敢袭，痒不敢搔。不有敬事，不敢袒裼。不涉不撅。亵衣衾不见里”[①]，前后五个“不敢”，是人子作为晚辈，其服容仪表应有的约束和规范。子事父母，进退周旋，升降出入，应时刻敬慎守礼，不可适意图安，懈惰放纵。寒不敢袭，与不敢袒裼相对为文，寒既不敢袭，暑自不可袒，唯劳事袒裼方可。且据礼书文例，其言裼袭礼多不会出现袒字，此处袒裼连用，应属一般动词，类似“袒裼裸裎”，表示袒露，其与文质裼袭不仅表面服饰有异，内涵与重点亦不相同。如此理解，则文通理顺。另外，除子事父母，丧礼、祭礼中有司诸执事者之袒袭亦属此类，如《礼记·丧大记》云：“凡敛者袒，迁尸者袭。”郑注：“袒者，于事便也。”[②] 事多则袒，事少则袭。又如《仪礼·士虞礼》佐食之“钩袒”[③]，挽衣露臂，亦取劳事之便。

以上三种袒裼袭，或为行事便宜，类似劳动前的卷袖，袒裼为便，属日用平常之节；或为自卑而敬事，袒裼为便亦为敬，其敬出于劳事而非文饰，均与文质裼袭无关。又因尊者宜逸、卑者宜劳等优尊敬长的原则，此类袒裼袭于尊卑有别，如《仪礼·乡射礼》“宾堂西，主人堂东”郑注：“将袒先言主人，将袭先言宾，尊宾也。”贾疏：“袒是尽敬之事，袭是修容之礼。”[④] 此点与后两类袒裼袭不同。

第二，以情感表达为核心的丧袒、罪袒。

丧袒，是丧礼中主方依礼表哀示变的方式。袒时免衣，去冠后髺发或着免，并有“踊”与之配合，袭则重着外服。《仪礼·丧服》“袒免”郑注：“袒则去冠，代之以免。”贾疏：“以冠不居肉袒之礼。”《仪礼·士丧礼》：“主人髺发，袒，众主人免于房。”《仪礼·既夕礼》：“主人要节而踊。袒。商祝御柩。乃袒。踊，袭。”[⑤] 丧礼中主方的袒和袭，是人情的自然流露，是在礼之节文下适时适度表现哀痛、释放情感的方式，也是丧礼中礼将有变的标志，具有提示仪节进展与情感变化的作用，所谓“有所袒、有所袭，哀之节也”。注疏中常言为某事而变即此，如《仪礼·既夕礼》：

---

① 《礼记正义》（2），第728页。

② 《礼记正义》（3），第1100页。

③ 《仪礼注疏》，《儒藏》精华编第43册，第823页。

④ 《仪礼注疏》，《儒藏》精华编第42册，第234页。

⑤ 《仪礼注疏》，《儒藏》精华编第43册，第662、715、763页。

"主人入，袒。乃载，踊无算。"郑注："袒，为载变也。"又"踊，袭，少南，当前束"，贾疏："前袒为祖变，今既祖讫，故踊而袭。"又"主人袒，乃行"，郑注："袒，为行变也。"[①] 此处袒袭亦属一般动词。上博简《三德》云："毋凶服以享祀，毋锦衣绞、袒。"绞、袒是丧礼中丧主及其亲属的服饰，勿着凶服享祀，勿穿华服行丧，言服饰须与场合、情感相适应。丧袒表哀示变，去饰去美，裼袭则有见美充美之义，以文饰为核心，两者虽皆有礼与情包含其中，但显非一事。

罪袒，如臣子请罪于君，右肉袒以示惶恐惧慎之情，异于常礼之左袒，《仪礼·觐礼》诸侯请罪于天子，"乃右肉袒于庙门之东"，郑注："右肉袒者，刑宜施于右也。"[②]

以上两种袒裼袭，均以情感表达为核心，或哀痛，或惧慎，是礼制节文下人情的自然流露与合理表达，其具体动作、相关仪节与情感内涵皆与裼袭相异，不可混同。

第三，以展现文质等礼义为核心的裼袭。

礼书中此类裼袭主要见于朝会、聘享、吊丧等礼仪场合。如聘享时宾主双方或裼或袭，使服饰状态合乎当前场合的文质礼义，《仪礼·聘礼》："公侧授宰玉，裼，降立。""宾皮弁，袭，迎于外门外。"[③] 吊唁时要根据丧礼进展的阶段，适时进行裼袭服容的变化，如《礼记·檀弓》"曾子袭裘而吊，子游裼裘而吊"[④] 之例。不同于此前两类，此类裼袭更多源于礼制的规定，其以文质礼义为核心，是礼义表达在服饰层面的直接体现，旨在以礼服文饰见美、充美之变展现相应的意涵和情感，其属性相对且灵活，随场合环境而变，并无固定的对应关系。此类才是严格意义上的裼袭礼。

综上所述，袒裼袭在一般典籍中多作普通动词，在礼书中根据仪节动作的目的可分三类：以行事便宜或自卑敬事为核心，以情感表达为核心，以展现文质等礼义为核心。前两类仍属于一般动词用法，第三类才与裼袭礼相关，仅占文献中袒裼袭材料的小部分。作为礼制专名的裼袭，又有动

① 《仪礼注疏》，《儒藏》精华编第 43 册，第 755、763、780 页。

② 《仪礼注疏》，《儒藏》精华编第 43 册，第 548 页。

③ 《仪礼注疏》，《儒藏》精华编第 42 册，第 418、458 页。

④ 《礼记正义》（1），第 191 页。

词和状态词两义，分别表示袒衣、覆衣及动作后的着衣状态。裼袭礼，即行于聘享、吊唁等场合中，以礼服文饰之见美充美为核心主旨，通过服饰变化展现文质等礼义内涵的礼仪。作为礼制专名的裼袭，与文献中作为一般动词的袒裼袭不同，裼袭礼亦和礼书中以行事便宜或自卑敬事为核心、以情感表达为核心的袒裼袭有异，不可不辨。

（责任编辑：杨冬）

朱熹论梦[*]

李胜垒[**]

摘　要　朱熹对梦的解释涉及梦的本质、特征、发生原因、心理状态等方面。梦属于心之寐、心之静、心之阴，表现为“无主”“寐浊”的特征，是一种潜意识活动，是现实生活的特殊反映。梦发生的原因主要有感应、心理情感活动、潜意识活动三种，而潜意识活动是深层次的原因。按照心理状态，梦可区分为“正梦”和“邪梦”，这种划分主要是以道德为标准，而梦中的道德水平与意识层面的道德意识有密切的关联，人意识层面的道德修养会制约梦中的道德理性，梦中的道德境界能反映意识层面的道德修养。朱熹对梦的解释，丰富了中国传统的梦观念，具有重要意义。

关键词　朱熹；梦；潜意识

梦是人类生活中一种特殊而又常见的精神活动和现象。自人类步入文明时代以来，人们便对梦充满了兴趣，并进行了各种各样的认知探索。宋代大儒朱熹对梦予以重视，且见解独到。目前学界主要是围绕朱熹对孔子“不复梦见周公”这一经典公案的分析，探讨其中蕴含的理学意蕴，而对梦本身的本质、特征、发生原因、心理状态等少有论述。① 本文针对朱熹

---

* 本文系河南省社会科学院2025年度基本科研业务费项目“朱熹情论研究”（25E146）成果。

** 李胜垒，河南省社会科学院历史与考古研究所助理研究员，主要从事中国思想史研究。

① 对朱熹梦论中的理学意蕴的研究主要有：常裕《朱熹论“梦”的理学意蕴——兼论孔子“不梦周公”之辨》，《孔子研究》2008年第6期；陈椰《梦论与睡功——睡梦的理学意蕴》，《周易研究》2013年第2期。对于朱熹梦论中梦的本质、特征、原因等问题。刘文英、曹田玉的《梦与中国文化》（人民出版社，2003）有一些分析。书中指出：朱熹将梦作为寐中之心中，是静中之动，梦的发生原因有心感、心动、魂魄等。此外，书中还指出朱熹还对庄子的“圣人无梦”说进行了反驳。

梦说中所蕴含的梦的本质与特征、触发机制与原因、心理状态等问题展开分析。

一　梦的本质与特征

（一）梦是一种特殊的潜意识活动

对梦这一精神现象，朱熹常常用心之寤寐、动静、阴阳的方式来表示。

朱熹首先以心之寤寐、动静表述说："寤寐者，心之动静也。"① 寤与寐分别指人在清醒与沉寂时的两种精神活动，相当于弗洛伊德所说的意识和潜意识。心动而寤，即产生人的意识活动，心静而寐，即产生人的潜意识活动。可见，在心之动静的状态下，人有两种精神活动，一种是意识活动，另一种是潜意识活动。两者共同构成了人的精神活动。而梦就属于心静而寐，属于一种潜意识活动。

对于心之动静，朱熹还用阴阳之变来阐述："心之动静是阴阳。"② 按照中国传统哲学的观点，阳一般与动相联系，阴一般与静相联系。心之动静也就是阴阳之变。阳动而阴静，在阳动的状态下，产生意识活动；在阴静的状态下，产生潜意识活动。那么，梦这一精神活动是怎样通过阴阳之变表现出来呢？《黄帝内经》中讲："阴气盛，则梦涉大水而恐惧；阳气盛，则梦大火燔焫；阴阳俱盛，则梦相杀"③《内经》中对人体阴阳盛衰不同而导致梦境不同作了论述，朱熹则指出："心也者，则丽阴阳而乘其气，无间于动静，……昼则阴伏藏而阳用事，阳主动，故神运魄随而为寤。夜则阳伏藏而阴用事，阴主静，故魄定神蛰而为寐。"④ 朱熹区分了阴阳：一为阳气的活动，一为阴气的活动。人的精神活动就是在阳气和阴气的不同作用下引起的，前者表现为意识活动，后者则表现为潜意识活动。正是这种阴

① （宋）朱熹：《晦庵先生朱文公文集》卷五十七《答陈安卿一》，朱杰人、严佐之、刘永翔主编《朱子全书》第23册，上海古籍出版社、安徽教育出版社，2010，第2715页。

② （宋）朱熹：《朱子语类》卷五，朱杰人、严佐之、刘永翔主编《朱子全书》第14册，上海古籍出版社、安徽教育出版社，2010，第218页。

③ 赵薇、解冬冬：《皇帝内经》第八章《病能篇》，吉林大学出版社，2021，第303页。

④ （宋）朱熹：《晦庵先生朱文公文集》卷五十七《答陈安卿二》，朱杰人、严佐之、刘永翔主编《朱子全书》第23册，第2720页。

阳的有序转换，才产生了意识和潜意识。而阴阳转换的条件在于昼夜交替。在白天，“阴伏藏而阳用事”，阳主动，所以人在白昼阳气显现之下出现各种思虑活动，这就是“神运”。在夜间，“阳伏藏而阴用事”，阴主静，所以人在夜晚阴气显现之下进行睡眠和休息，潜意识活跃，意识活动起不到作用，这就是“神蛰”。朱熹将昼夜交替看作阴阳转换的条件，这种安排合乎自然规律和生理规律。

朱熹以“神蛰”来说明梦的本质，在中国古代梦说中有较大意义。汉代王充曾以“梦之精神”企图对梦的本质进行说明。但是，“这个概念过于笼统而缺少分疏，十分单薄而不够充实，在逻辑上还有同语反复之嫌。所以后世影响不大，再未有人使用这一概念。而在魏晋以后，“学者们还在继续围绕‘形闭形开’、‘无接有接’、‘无志有志’……来划分梦醒之间的界限”[①]。朱熹以“神蛰”来概括梦的本质，可以说开辟了一种新的趋向。

朱熹在以寤寐、动静、阴阳论梦的过程中，还触及了梦的精神特征。对梦的精神特征，朱熹首先认为是“无主”。他说：“寤有主而寐无主。”[②]“寤有主”而“寐无主”，这是人的意识活动和潜意识活动的一个重要分别。所谓“寤有主”，是说人的精神活动有自我做主宰，有一个明确的、强有力的自我中心，这是意识活动的标志。所谓“寐无主”，是说人的精神活动没有自我做主宰，不像意识活动那样，有一个明确的、强有力的自我中心，这是潜意识活动的标志。朱熹将“有主”和“无主”作为意识活动和潜意识活动的标志，可以说是非常精辟的，把握住了意识活动和潜意识活动的基本特征。刘文英指出：“意识最基本的特征应该是其自觉性。而自觉性的意义说到底，就是有一个明确的强有力的自我中心。”[③] 在意识活动中，主体有一种清醒明确的自我体验，能够控制自己的心理活动，对思想和行为有自己的理解和评价。潜意识活动则与之相反。梦属于人的潜意识活动，其特征就是“无主”，即没有自我主宰，没有一个明确的、强有力的自我中心，主体没有清醒明确的自我体验，不能控制自己的心理活动，也不能对

① 刘文英、曹田玉：《梦与中国文化》，人民出版社，2003，第 211 页。

② （宋）朱熹：《晦庵先生朱文公文集》卷五十七《答陈安卿一》，朱杰人、严佐之、刘永翔主编《朱子全书》第 23 册，第 2715 页。

③ 刘文英：《精神太极图——精神系统的一个新模型》，《文史哲》1999 年第 1 期。

自己的观点进行清醒的认识和评价。

梦的基本特征虽然是“无主”，但朱熹认为人在梦中，意识活动并不是完全不存在。他说：“然其中实未尝泯，而有不可测者存，呼之则应，警之则觉，则是亦未尝无主而未尝不妙也。”[①] 在梦中，人的潜意识仍要为意识活动保留一个警戒点。只要有人大声呼喊，睡者便会答应，就会从梦中醒来。这充分地表明，在梦寐之中，人的意识并非完全不活动，它仍有活动，不过是居于从属地位。朱熹这里所使用的经验事例和所得出的结论，是无法否认的。

朱熹还指出，除“无主”之外，梦还呈现出“寐浊”的特征：“寤清而寐浊”[②] 因为“寤有主”，人的意识活动能够自觉地发挥作用，人能清醒地认识到自己的各种知觉思虑，所以是“寤清”。相反，因为“寐无主”，人的意识活动不起作用，知觉思虑等活动不能进行自觉、有目的的活动，其内容是模糊而混乱的，不能正确地认识外物，所以是“寐浊”。朱熹对意识和潜意识的这一分别，也是很到位的。在意识活动中，人是清醒的，他知道自己想什么、在干什么，也清楚地知道自己该怎么去干。而在人的潜意识活动中，他不清楚他想干什么、在干什么。人在梦境中，一般都是恍恍惚惚，有些梦如果中间没人去叫醒，梦者将永远不知道，而且梦醒后当事人也难以进行准确的描述，甚至有些人将虚幻的梦境当作真实场景，这些均是心理状态不清醒的表现。

朱熹以“寐无主”“寐浊”来说明梦的特征，可以说是非常到位的。这种说法虽然缺乏充分的论证，但却反映了朱熹对梦的体验，在客观上正确地揭示了梦为潜意识的基本特征。

（二）梦是现实生活的反映

人们常常将意识活动当作对现实生活的一种反映，那么，梦是否也是如此呢？朱熹对此持肯定态度：

---

① （宋）朱熹：《晦庵先生朱文公文集》卷五十七《答陈安卿二》，朱杰人、严佐之、刘永翔主编《朱子全书》第23册，第2720页。

② （宋）朱熹：《晦庵先生朱文公文集》卷五十七《答陈安卿一》，朱杰人、严佐之、刘永翔主编《朱子全书》第23册，第2715页。

> 因自言："数日病，只管梦解书。向在官所，只管梦为人判状。"实言："此犹是日中做底事。"曰："只日中做底事。"①

朱熹一生对四书的解释倾尽心力，费尽心血，他讲到近来病中总是梦见"解书"，大致在梦中仍在钻研对四书的注解。而在过去他在官署任职时，则常常梦见给人判官司，梦中之事犹如日中所经历之事。这无疑表明，梦与现实生活保持着联系，是对现实生活的反映。朱熹将梦境诉诸现实生活，与现代心理学的观点是颇为相近的。阿德勒就认为，梦与现实生活有着隐微之关联："梦与清醒的生活不相互对立。它必须始终和生活中的其他活动和表达保持一致。如果在白天我们专心追求优越感目标，那么我们在晚上也会专心于同一个问题。"②

当然，说梦是对现实生活的反映，主要是从梦的内容和意义等层面来说，但在怎样反映的层面上，梦和现实生活还是有一定差别和界限的。朱熹已经意识到了这个问题：

> 问："伊川以为不是梦见人，只是梦寐常存周公之道耳。集注则以为如或见之。不知果是如何？曰："想是有时而梦见。既分明说'梦见周公'，全道不见，恐亦未安。"又问："夫子未尝识周公，梦中乌得而见之？"曰："今有人梦见平生所不相识之人，却云是某人某人者，盖有之。"③

孔子一生致力于恢复周礼，力行周公之道，然而终其一生郁郁不得志，在晚年感叹："甚矣吾衰也！久矣吾不复梦见周公。"（《论语·述而》）从孔子说的"吾不复梦见周公"这一句式来看，孔子在早年确是屡屡梦见周公。程颐认为孔子并未梦见过周公本人，只是梦见周公之道。而朱熹却不以为然，他坚持肯定孔子的确是梦见过周公其人。从历史现实来说，孔子和周

---

① （宋）朱熹：《朱子语类》卷一百一十四，朱杰人、严佐之、刘永翔主编《朱子全书》第18册，第3625页。

② 〔奥〕阿德勒：《自卑与超越》，吴杰、郭本禹译，中国人民大学出版社，2013，第63页。

③ （宋）朱熹：《朱子语类》卷三十四，朱杰人、严佐之、刘永翔主编《朱子全书》第15册，第1212~1213页。

公并非生活在同一时代，就如朱熹弟子说的“夫子未尝识周公”。既然孔子“未尝识周公”，那么朱熹为何还依然坚持孔子梦见过周公呢？其原因就在于：一个人的梦境，并非只是来源于他生活的历史时期，而且往往不受时代的限制，即使是距梦者很遥远的人物也会出现。朱熹此处所说，是有道理的。有研究表明，梦境的情节变化具有虚幻性，而虚幻性的一个突出表现，就是不受现实空间的限制。梦中的时空特征有浓缩性、无隔性和跳跃性。一个人在梦中可以远走高飞、上天入地，是空间上的浓缩性，也可以与古人共处相聚，这是时间上的无隔性，而且梦象活动也可以忽远忽近，忽古忽今，这是跳跃性。① 从梦境的这种虚幻性来看，朱熹主张孔子梦见过周公，是有其合理性的。

不过，梦境的虚幻性只是限于形式，而其中所蕴含和表现的内容都是真实的，而且有现实意义：

> 问："甚矣吾衰也。"曰："不是孔子衰，是时世衰。"②
>
> 戴少望谓："颜渊、子路死，圣人观之人事；'凤鸟不至，河不出图'，圣人察之天理；'不复梦见周公'，圣人验之吾身，夫然后知道之果不可行，而天之果意于斯世也。"曰："这意思也发得好。"③

孔子生活的时代，是一个礼崩乐坏的时代。孔子虽然汲汲于行道，周游列国，但他的学说终究未被诸侯各国重视，所以才在晚年发出了“甚矣吾衰也！久矣吾不复梦见周公”之叹。朱熹慧眼独具，认为孔子说的“衰”，并不是生理意义上的衰退，而是时世意义上的衰颓。孔子之所以“不复梦见周公”，就是因为时局的急剧恶化，行道的局面已经荡然无存。孔子又从“不复梦见周公”这一事实，反观现实，意识到自己所力行之道已经难以在时局中推行开来。从朱熹的分析可以看出，梦的形式和过程虽然有其虚幻性，与现实生活有一定界限和分离，但又受到现实生活的持续不断的影响，

---

① 参见刘文英《梦的迷信与梦的探索》，中国社会科学出版社，1989，第254~259页。

② （宋）朱熹：《朱子语类》卷三十四，朱杰人、严佐之、刘永翔主编《朱子全书》第15册，第1212页。

③ （宋）朱熹：《朱子语类》卷三十四，朱杰人、严佐之、刘永翔主编《朱子全书》第15册，第1212页。

并且永远依赖于现实生活。

概言之，朱熹首先从心之寐、心之静、心之阴对梦进行了解释。梦是人的一种特殊的潜意识活动，它表现出“无主”“寐浊”的精神特征。同时，梦还是现实生活的一种反映。可以看出，朱熹对梦这一精神活动，并没有从神学、宗教的领域加以解释，而是进行了严肃理性的探讨和分析。

二　梦的触发机制与原因

中国古人认为，梦的发生必有“所起者”和“所由然”（《列子·周穆王》）。梦的发生必然有其原因，并非空穴来风。朱熹对这一问题的思考颇为独到和深刻。

（一）心感

以心感解释梦因始于张载。张载说：“上天之载，有感必通。”① 所谓“感”，是指双方相互作用有反应；由于相互作用必有沟通而联系在一起，是谓“通”。就梦来说，是指人在睡眠状态中对他人、他物、他事的感通，“魂交成梦，百感纷纭”②。张载在解释殷高宗梦傅说时说：“高宗梦傅说，先见容貌，此事最神。……高宗只是正心思得圣贤，是以有感。”③ 殷高宗梦见傅说，就是两心之间有感而通。两心之间为何能感通，是因为殷高宗以“正心”思圣贤。但是，殷高宗和傅说是异身异地，具体是如何感通呢？张载并未回答这一问题。二程也以感通来解释殷高宗梦傅说，“梦说之事，是傅说之感高宗，高宗之感傅说”④。不过，二程感通说的新意在于区分了“理感通”和“心感通”：“如杜甫诗者，是世界上实有杜甫诗，故人之心病及至精有一个道理，自相感通。以至人心在此，托梦在彼，亦是有理，只是心之感通也。”⑤ “在此而梦彼，心感通也；已死而梦见，理感通也。明乎

① （宋）张载：《正蒙·天道》，《张载集》，章锡琛点校，中华书局，1978，第 14 页。
② （宋）张载：《正蒙·太和》，《张载集》，章锡琛点校，第 9~10 页。
③ （宋）张载：《经学理窟·诗书》，《张载集》，章锡琛点校，第 256 页。
④ （宋）程颢、程颐：《河南程氏遗书》卷十五，《二程集》，王孝鱼点校，中华书局，1981，第 161 页。
⑤ （宋）程颢、程颐：《河南程氏遗书》卷二上，《二程集》，王孝鱼点校，第 46 页。

感通，则何远近死生今古之别哉？”[①]“理感通”是说梦者当前有一个外在对象，双方异地而同时，如殷高宗梦傅说。“心感通”是说梦者感通的对象当前已经不复存在，双方异地异时，如某人梦杜甫。二程虽然做出这种分殊，但也并未具体说明感通的机制，并未真正解决张载的问题。

朱熹继续沿着张载、二程的思路前进，其讨论更加深入和细致。朱熹非常重视感通，他首先从本体论的高度指出：“阴阳之变化，万物之生成，情伪之相通，事为之始终，一为感，则一为应，循环相代，各有所定，所以不已也。”[②]就其普遍性来说，“事事物物，皆有感应。寤寐、语默、动静亦然”[③]。朱熹还对“感应”做出细致区分：“以感对应而言，则彼感而此应；专于感而言，则感又兼应意。”[④]具体到梦这一现象，朱熹举例说：“梦说之事，只说到感应处。高宗梦赉良弼之事，必是梦中有。”[⑤]传说上帝托梦给殷高宗，赐给了他一名良臣。殷高宗根据梦中此人相貌果然寻得，此人便是傅说。朱熹看来，殷高宗之所以能梦到良臣，就在于其内在的感应机制。朱熹还用感应来解释孔子梦周公一事：“须看他与周公契合处如何。不然，又不见别梦一个人也。”[⑥]“契合处”，即指孔子与周公之间的感应。朱熹还强调孔子与时运的感应：“当圣人志虑未衰，天意难定，八分犹有两分运转，故他做得周公事，遂梦见之，非以思虑也。圣人精神血气与时运相为流通。凤鸟不至、图不出、明王不兴，其朕兆自是恁地。”[⑦]孔子盛时，精神血气能与时运相感应，尚能梦见周公，而晚年时运不济，无法与之感通，遂不梦周公。

---

① （宋）程颢、程颐：《河南程氏粹言》卷二，《二程集》，王孝鱼点校，第1228页。

② （宋）朱熹：《朱子语类》卷九十五，朱杰人、严佐之、刘永翔主编《朱子全书》第17册，第3205页。

③ （宋）朱熹：《朱子语类》卷九十五，朱杰人、严佐之、刘永翔主编《朱子全书》第17册，第3205页。

④ （宋）朱熹：《朱子语类》卷九十五，朱杰人、严佐之、刘永翔主编《朱子全书》第17册，第3206页。

⑤ （宋）朱熹：《朱子语类》卷七十九，朱杰人、严佐之、刘永翔主编《朱子全书》第17册，第2697页。

⑥ （宋）朱熹：《朱子语类》卷三十四，朱杰人、严佐之、刘永翔主编《朱子全书》第15册，第1211页。

⑦ （宋）朱熹：《朱子语类》卷三十四，朱杰人、严佐之、刘永翔主编《朱子全书》第15册，第1211页。

张载和二程虽然都以感通来解释梦因，但都未明确说明感通的机制。朱熹认为，梦的感通机制，就是气，他说："天地间无非气，人之气与天地之气相接，无间断，人自不见。人心才动，必达于气，便与屈伸往来者相感通。"① 天地之间无非是气，连续不断、往来屈伸，而人的精神运动伴随着气的运动，所以便发生感通。可见，朱熹是以气作为感通的桥梁，在理论上说明了张载、二程未说明的问题。不过若对这种说法加以深入追问，还是有一些麻烦。现代科学证明，人与周围环境存在能量、信息交换，但不归为感应。究其原因，每一个合理性的认识都存在着一定条件的限制。朱熹以气作为感应的中介，以此解释梦的成因，似乎显得抽象空泛。其实，如果引进现代"信息"这一概念，这个难题似乎易于解决。个体与个体之间，可以有信息的往来与传递。殷高宗可能通过某些途径，早已听闻了关于傅说的体貌与才能。周公虽然逝世，但其人其事因被保留在史册之中，为孔子所知悉。

（二）思想情感活动

中国古代哲人普遍认识到，人的思想情感活动，是梦发生的一个重要原因。如汉代王充提出"精念存想"② 则梦。王符也说："昼有所思，夜梦其事。"③ 宋儒李觏认为梦是"心之溺"④。这些说法，都是将人的思想情感活动作为梦因的经典型表述。

朱熹同样注意到了思想情感活动也是梦发生的重要因素。他说："心存这事，便梦这事。"⑤ 人们在白天的所思所感，往往是晚上做梦的重要诱因，常言所说"日有所思，夜有所梦"便是指此。关于孔子梦周公，朱熹就以此来解释："孔子盛时，志欲行周公之道，故梦寐之间，如或见之。"⑥ 孔子

---

① （宋）朱熹：《朱子语类》卷三，朱杰人、严佐之、刘永翔主编《朱子全书》第 14 册，第 154 页。

② 黄晖：《论衡校释》卷二十二《订鬼》，中华书局，1990，第 932 页。

③ （汉）王符著，（清）汪继培笺，彭铎校正《潜夫论笺校正》卷七《梦列》，中华书局，2014，第 317 页。

④ （宋）李觏：《李觏集》卷二十《潜书》，王国轩点校，中华书局，2011，第 225 页。

⑤ （宋）黎靖德编《朱子语类》卷三十四，朱杰人、严佐之、刘永翔主编《朱子全书》第 15 册，第 1211 页。

⑥ （宋）朱熹：《四书章句集注》，朱杰人、严佐之、刘永翔主编《朱子全书》第 6 册，上海古籍出版社、安徽教育出版社，2010，第 121 页。

盛时，以行周公之道为志向，所思所虑无非行周公之道于世间，这正是他梦见周公的原因所在。

朱熹的可贵之处在于，他认识到一个人白天的情感活动，也并非会如实地表现在梦中，有时也会出现不一致的情况：

> 问："死者精神既散，必须生人祭祀，尽诚以聚之，方能凝聚。若'相夺予享'事，如伊川所谓'别是一理'否？"曰："他梦如此，不知是如何？或是他有这念，便有这梦，也不可知。"①

据《左传》，卫成公曾梦见康叔，梦中康叔说："相夺予享。"卫成公梦见康叔，是不是由于他与之相关的意念所致，朱熹持保留的态度。这说明，就梦的具体内容而言，某日的心理状态、思想观念，与梦中的情节，可能一致也可能不一致，所以朱熹说："只日中做底事，亦不合形于梦。"② 朱熹此处所言，是十分有道理的。弗洛伊德就认为："梦的内容通常并不来自那些重大的、具有深刻意义的事件，并不来自前一天所做的重要事情，而是来自一些无关紧要的琐事，来自近期或更早经历过的一些毫无价值的杂事。"③ 梦的内容和白天的经历有时并不一致，有时白天微不足道的经历会在梦中呈现，而那些令人兴奋的内容却不会出现在梦中。所以，人们常说的"日有所思，夜有所梦"，也就不是绝对、普遍的。既然人的思想情感活动并不能完全说明梦的成因，那么其背后一定有更为深层次的原因。

（三）潜意识

梦的产生，其深层次的原因是什么呢？朱熹有如下分析：

> 问："梦周公，是真梦否？"曰："当初思欲行周公之道时，必亦是曾梦见。"曰："恐涉与心动否？"曰："心本是个动物，怎教他不动。

---

① （宋）朱熹：《朱子语类》卷三，朱杰人、严佐之、刘永翔主编《朱子全书》第 14 册，第 175 页。

② （宋）朱熹：《朱子语类》卷一百一十四，朱杰人、严佐之、刘永翔主编《朱子全书》第 18 册，第 3625 页。

③ 〔奥〕弗洛伊德：《梦的解析》，方厚升译，浙江文艺出版社，2016，第 16 页。

夜之梦，犹寝之思也。”[①]

按照朱熹的理解，人在睡眠中存在有梦和无梦两种状态，有梦是整体心静状态下的一种心之动，犹如睡眠中犹有思虑，即他说的“寐之有梦者，又静中之动而为阴之阳也”[②]。正是因为在睡眠中仍然有心动，孔子才会梦到周公。这种分析虽然显得很抽象，但十分精辟，因为它触及了睡眠中的潜意识活动。潜意识活动尽管不像意识活动那样自觉且活跃，但仍在活动，这才是梦产生的深层次原因。孔子盛时日思周公之德，并不是限于一日思，而是日日思之，思周公之德早已成为他内心深处的潜意识活动，在潜意识中他已将自己与自己的人生目标和周公的一生行迹勾连起来，所以才会时时梦见周公。朱熹将梦的产生原因诉诸人的潜意识活动，同样可以在如下的言论中看出：

实自言梦想颠倒。先生曰：“魂与魄交而成寐，心在其间，依旧能思虑，所以做成梦。”[③]

魂魄是中国古代十分古老的概念，常常被用来探索梦因。但在朱熹理解中，“魂与魄交”只是表示人进入睡眠状态，还不足以真正揭示梦因。梦的产生，其根本原因在于人在睡眠中心能“思虑”，即人的潜意识活动作用才是人做梦的主因。

朱熹认识到人的潜意识活动是梦形成的深层因素，可以说相当到位，也颇有价值。汉儒王充曾提出“精念存想”。事实上，“精念”是指精神上的思念，既指意识的思念，也指潜意识的思念。“存想”指人老是想着某种东西，也触及潜意识。宋儒李觏提出“心溺”。“心溺”不仅指人的情感活动，也指潜意识活动。“溺”者，沉潜也，即从意识沉入潜意识。王充的

① （宋）朱熹：《朱子语类》卷三十四，朱杰人、严佐之、刘永翔主编《朱子全书》第15册，第1211页。

② （宋）朱熹：《晦庵先生朱文公文集》卷五十七《答陈安卿二》，朱杰人、严佐之、刘永翔主编《朱子全书》第23册，第2720页。

③ （宋）朱熹：《朱子语类》卷一百一十四，朱杰人、严佐之、刘永翔主编《朱子全书》第18册，第3625页。

“精念存想”和李觏的“心溺”，虽然涉及潜意识的内容，但他们都未能像朱熹那样，明确地将潜意识作为梦形成的一个专门原因和深层原因。在西方古代和近代的一些学者，也在一些地方接触到了潜意识活动这一概念，但一直没有将其视为梦产生的原因，直到19世纪末的弗洛伊德才明确将潜意识作为梦产生的因素，他说：“生成梦的驱动力量，是由潜意识提供的。”① 但早在宋代，中国哲学家朱熹就已指出类似意思。

总而言之，朱熹的解释中，做梦的原因主要有三个：一是感应；二是个体白天的思想情感活动；三是个体的潜意识活动，这是深层原因。三者都可以用来解释梦的形成，但细究起来，感应说显得笼统模糊，思想情感活动和潜意识活动两个因素则在梦因的揭示上有其合理性和科学性。

三　梦的心理状态

对梦的心理状态，弗洛伊德认为梦都是人的欲望的满足，均表示人兽性的一面。弗洛伊德这一论断具有很大的局限性，因为即使从实际经验出发也能够得知梦境显然并不都是反映人的欲望和兽性，所以才会招致一些学者的批判和纠正。在中国，对梦的心理状态也有独特思考。《周礼》就有“六梦”之分：“一曰正梦、二曰噩梦、三曰思梦、四曰寤梦、五曰喜梦、六曰惧梦。”（《周礼·春官》）王符的《潜夫论》有《梦列》一篇将梦分为十类：“凡梦：有直，有象、有精、有像、有人、有感、有时、有反、有病、有性。”② 佛教传入中国后，将梦分为“三梦”“四梦”“五梦”等。③ 这些对梦的心理状态的分析，涉及面很广，既有科学理性的内容，亦有占梦迷信的成分。

朱熹开辟出一条以道德为标准划分梦的路径。他认为，“梦之有正与邪”④。梦主要有两种，一是“正梦”，二是“邪梦”，这是两种相反的梦，反映了两种不同的心理状态。那么何为“正梦”与“邪梦”？朱熹说：“圣

① 〔奥〕弗洛伊德：《梦的解析》，方厚升译，第504页。

② （汉）王符著，（清）汪继培笺，彭铎校正《潜夫论笺校正》卷七《梦列》，第315页。

③ 参见刘文英、曹田玉《梦与中国文化》，第350~355页。

④ （宋）朱熹：《晦庵先生朱文公文集》卷五十七《答陈安卿二》，朱杰人、严佐之、刘永翔主编《朱子全书》第23册，第2720页。

人无所不用其敬，虽至小没紧要底物事也用其敬。到得后世儒者方说得如此阔大，没手杀。如《周礼》，梦亦有官掌之。此有甚要紧？然圣人亦将作一件事。某平生每梦见故旧亲戚，次日若不接其书信，及见之，则必有人说及。看来惟此等是正梦，其他皆非正。”① 圣人时常存诚敬之心，以此来对待事物，这种涵养诚敬所致之梦即“正梦”，反之则为“邪梦”。朱熹又讲：

> 思亦是心之动处，但无邪思可矣。梦得其正！何害。②

很明显，朱熹主要是以道德为标准来区分“正梦”和“邪梦”。“正梦”无邪思，是纯粹至善之梦，“邪梦”则有邪思，有违背道德的成分。“正梦”本是《周礼》提出的，指人们在自然恬淡、心境平和状态下所生之梦，其内容和心态无喜无忧，无思无惊，平平常常，梦后梦者一般也不在意。而朱熹论“正梦”并区分“邪梦”，无疑是赋予了一种道德含义。

“正梦”是纯粹至善之梦，它反映了梦者追求道德的心理状态，体现出了极高的道德素养。这决定了，“正梦”只有那些道德修养极高的人才能保持和拥有，所以朱熹说：

> 圣人曷尝无梦，但梦得定耳。③
> 常人便胡梦了。④

圣人是道德高超之人，所思所为无不符合善的规定，所以他的梦是纯粹至善的“正梦”。而常人不同，他们的道德修为还未达到较高的境界，因此便会“胡梦”，可能邪妄不善也可能善恶相混。从朱熹所说的“圣人曷尝无

① （宋）朱熹：《朱子语类》卷八十六，朱杰人、严佐之、刘永翔主编《朱子全书》第17册，第2936页。

② （宋）朱熹：《朱子语类》卷三十四，朱杰人、严佐之、刘永翔主编《朱子全书》第15册，第1211页。

③ （宋）朱熹：《朱子语类》卷三十四，朱杰人、严佐之、刘永翔主编《朱子全书》第15册，第1211页。

④ （宋）朱熹：《朱子语类》卷三十四，朱杰人、严佐之、刘永翔主编《朱子全书》第15册，第1211页。

梦”一语来看，这很有可能蕴含了批评庄子“圣人无梦”的意味。事实上，朱熹的弟子就曾拿庄子的“圣人无梦”来请教朱熹：

居甫举庄子言“圣人无梦”。曰：“清净者爱恁地说。佛老亦说一般无梦地话。”①

庄子说“圣人无梦”，还提出过意义相近的“真人无梦”。自从庄子提出“圣人无梦”“真人无梦”之后，在很长时期内无人怀疑，不少学者也受其影响。唐代孔颖达对圣人是否有梦的问题采取了理性态度，率先向庄子提出质疑：“《庄子》：‘圣人无梦。’庄子意在无为，欲令寂静无事，不有思虑，故云‘圣人无梦’。但圣人虽异人者神明，同人者五情，五情既同，焉得无梦？故《礼记·文王世子》有九龄之梦，《尚书》有武王梦协之言。”②孔颖达认为，圣人虽然在道德才能等方面异于常人，但有情欲，有情欲者必有梦，并从儒家经典中举出了圣人有梦的例子。孔颖达的观点十分明确，但单从情欲的层面去反驳“圣人无梦”还显得不够充分。孔颖达之后，宋儒程颐也曾反驳过“圣人无梦”。有人问：“圣人果无梦乎?”程颐回答：“有。夫众人日有所思，夜有所梦，设或不思而梦，亦是旧习气类相应。若是圣人，梦又别。如高宗梦傅说，真个有傅说在傅岩也。”③程颐认为圣人有梦，但圣人之梦与常人之梦不同，不是“旧习使然”，而是实有所感或所感有实。程颐虽然肯定了圣人有梦，但他对“圣人无梦”的反驳并不有力。朱熹的态度则非常坚定，他坚持认为圣人并非无梦，而是只有“正梦”没有“邪梦”。朱熹没有像孔颖达、程颐那样，从情欲或是所感的层面来说明圣人有梦，而是重在从梦的心理状态来说明圣人有梦，这样不仅说明了圣人有梦，而且所梦皆是“正梦”，其反驳的气势和程度都更进一步。此外，朱熹坚持认为圣人之梦都是“正梦”，这与一些西方学者的观点就颇为相近：

---

① （宋）朱熹：《朱子语类》卷三十四，朱杰人、严佐之、刘永翔主编《朱子全书》第15册，第1211页。

② 李学勤主编《十三经注疏·礼记正义》卷七，北京大学出版社，1999，第208~209页。

③ （宋）程颢、程颐：《河南程氏遗书》卷二十三，《二程集》，王孝鱼点校，第307页。

> 除了一些罕见的例外情况……一个高尚的人在梦中仍是一个高尚的人，他会抵制诱惑，拒绝仇恨、妒忌、怒火以及一切恶习。然而，一个罪恶的人即使到了梦中，通常还是会像他在清醒时那样，净想着干坏事。①

虽然不能与自觉的道德意识相提并论，但梦中的确有理性的成分，有道德良知的存在。当然，梦中的道德理性会受到个体道德修养水平的制约。个体在意识层面的道德修养水平存有差异，表现在梦中也有差异。

既然人意识层面的道德修养会制约梦中的道德理性，那么反过来也可以说，从梦中的道德境界能反观意识层面的道德修养水平。程颐将其表述为："人于梦寐间，亦可以卜自家所学之深浅，如梦寐颠倒，即是心志不定，操存不固。"② 朱熹继承了程颐这个观点，同样认为："圣人于动静无不一于清明纯粹之主，而众人则杂焉而不齐。然则人之学力所系于此，亦可以验矣。"③ 个人的道德意识会积淀为潜意识的内容，在夜梦之中映射出来。所以通过梦寐中的状态，便可验证自家所学之深浅。由此也可以看出，梦与理学家的修养工夫存有密切关联。④

结　语

梦是人类生活中一种常见的精神活动，对其展开探索，无疑对人的生活具有解惑答疑的指导意义。朱熹对梦的论述并没有采取占梦迷信这一形式，而是通过独有的概念和范畴进行阐释，所论之处透露着合理性和科学性。总体而言，朱熹通过细致入微的分析，指出了梦的本质和特征，探讨了梦的成因，并具体论述了梦的心理状态，丰富了中国传统的梦观念，具

---

① 〔奥〕弗洛伊德：《梦的解析》，方厚升译，第56页。

② （宋）程颢、程颐：《河南程氏遗书》卷十八，《二程集》，王孝鱼点校，第202页。

③ （宋）朱熹：《晦庵先生朱文公文集》卷五十七《答陈安卿二》，朱杰人、严佐之、刘永翔主编《朱子全书》第23册，第2720~2721页。

④ 有研究表明，梦与理学家修身之联系，大致有以下四种类型：一是借梦卜学型；二是梦后自责型；三是梦中用功型；四是随顺昼夜之道型。参见陈立胜《程颐说梦的双重意蕴》，《孔子研究》2017年第5期。

有开辟新趋向、启发后人的重要价值。

朱熹作为中国古代思想史上的一座丰碑，他对梦的解释可以说是中国传统梦文化的集中体现。而这在整个世界范围而言也是具有重要意义的。现代西方学者运用现代方法对梦进行研究，已经取得了突出的成就，甚至走在世界梦说的前列。但是西方一些精神分析学家在解释梦时有时存在一些误区，比如弗洛伊德在分析梦时“尽管也有一定的临床经验为基础，并在理论上具有现代的形式，但他的压抑说和化装说倒歪曲了他的潜意识概念及其对梦所作的判断”[①]。这并不是说弗洛伊德的观点没有价值，而是说在中国传统文化中，虽然没有西方意义上的科学心理学，但也有着自己独具特色的精神文化传统和思维方式，古代学者在对梦的探索中提出了许多独到的、有价值的见解，这些见解如果经过现代诠释，可以充实现代西方学者的观点。进一步说，如果能将中西两方思想资源结合起来，更能充分合理地解释梦这一特别现象。

（责任编辑：杨传召）

① 刘文英：《精神系统与新梦说》，南开大学出版社，1998，第174页。

藏智崇于礼卑：方以智《易》《礼》会通思想研究*

薛明琪**

摘　要　桐城方氏学派在明清学术转型过程中做出了积极且有益的探索。方孔炤、方以智试图通过会通《易》《礼》的诠释路径，揭示方氏学派“一在二中”思想命题的深刻内涵。方以智对《乐记》的重视，既体现出其家学中的理学传统，同时对礼乐制度具体内容的考订，又开启了方氏学派重视物理之学的研究方向。《周易时论》通过文字训诂和五行相配将礼的源头归结为《易》，认为礼具有统一、调节阴阳的功能，由此引申出因自然之理节制万物的“宰理”思想。《易余·礼乐》作为方以智易学礼乐观的集中展现，以《乐记》和《易传》等文本为依据深入探讨了方氏学派由质测而达通几的治学方法，“藏智于礼，藏悟于学”的主张更是揭示了方氏学派的功夫修养路径。

关键词　方以智；礼乐；一在二中；宰理；《易余》

桐城方氏学派作为明清学术转型过程中的一个重要代表，对宋明理学传统中的一系列重要问题做出了深刻反思、创新解释和有益变革①。方氏学派以易学传家，同时借《易》会通百家、烹炮三教的行实早已为学界所认识和广泛讨论。但现阶段在方氏易学研究的诸多向度中，方孔炤、方以智父子将《易》《礼》并提会通的诠释理路和思想价值，似乎并未得到充分关

* 本文系国家社科基金重大项目“桐城方氏学派文献整理与研究”（19ZDA030）阶段性成果。

** 薛明琪，中山大学哲学系博士研究生，主要研究领域为方以智与明清思想史。

① 如张永义教授评论方以智：“他早年的实证研究，以及在此基础上对‘通几’和‘质测’关系的说明，曾被看作是明清学术转型的象征。他的‘五行尊火’论、‘公因反因’说，则被定位为传统元气论和辩证思维发展的新阶段。他的后期代表作《药地炮庄》，烹炮三教，归本大易，更被晚清学者誉为解《庄》第一书。把这些内容综合起来看，方以智的思想和学术所达到的高度，与顾（炎武）、黄（宗羲）、王（夫之）相比，殊无愧色。”见张永义《异类中行：方以智的思想世界》，商务印书馆，2022，第3页。

注和直接讨论。有学人指出，“方氏的‘一在二中’‘贞一以善天下之动’‘寂历同时’‘顿渐同时’等观点，与‘礼本于大一’有重要的关联。”[①] 是故，相信就这一问题进行深入探究，对准确理解方氏学派“一在二中”的思想命题，及与之相关课题的研究将会产生积极意义。笔者不揣谫陋，以方以智撰著文本的时间先后为线索，尝试发掘其“《易》《礼》会通”提法的理论依据及学术价值，所论不周之处，尚祈方家指正。

一　五经无《乐》，独以《乐记》当之

方以智（1611～1671），字密之，号曼公，别号无可、药地、墨历等，17世纪中国百科全书派大哲学家[②]。有学者将方以智的治学方法概括为“学、立、抄、删、集、疑、开”[③]，从中大致可以窥见其学思并行、删述折中的治学路径。方氏早年喜经史考证之学，《通雅》《物理小识》等便是此阶段的主要代表作。针对晚明时期王学末流言谈入禅而束书不观的弊病，方以智主张下学上达，首先便是“学什么”及“怎样学”的问题。方氏早年所撰《膝寓信笔》提及应读之书，主张十三经、《左》、《国》、《史》、《汉》[④]。他在《通雅》卷首所作《读书类略提语》中说：“吾尝曰：《诗》、《书》、《礼》、《乐》，扩充之灰斗，优游之桑薪也，会心开眼，乃第一义。”[⑤] 可见方以智认为这四种儒家经典对于存养、扩充善性有着突出效果。此处值得深究的是，《礼》究竟是三礼的统称还是其中的某一种，《乐》显然不可能是《乐经》而只能是《乐记》，这便在无形中拔高了《乐记》的地位和作用。同在《通雅》卷首，方以智还仿效孔子删述六经，作《藏书删书类略》，其开篇曰：

---

① 许伟：《〈周易时论合编〉易哲学思想研究》，山东大学博士学位论文，2021，第413页。

② 侯外庐：《方以智——中国的百科全书派大哲学家（上篇）——论启蒙学者方以智的悲剧生平及其唯物主义思想》，《历史研究》1957年第6期。

③ 张永堂、诸伟奇：《方以智的生平思想及其著作整理》，载黄德宽、诸伟奇主编《方以智全书》（第1册），黄山书社，2019，第28～33页。

④ 见（明）方以智《膝寓信笔》，载黄德宽、诸伟奇主编《方以智全书》（第8册），黄山书社，2019，第480页。

⑤ （明）方以智：《通雅》卷首二《读书类略提语》，载黄德宽、诸伟奇主编《方以智全书》（第4册），黄山书社，2019，第37页。

> 经部凡十：《易》，附性理、象数、历律、图考；《四书》，附《孔子集语》、名物考、正注、余注、道统录、圣学宗传；《孝经》，附五伦全书；《尚书》；《诗》；《三礼》，附礼制；《乐记》，附乐律器考；《春秋三传》；《尔雅》，附正韵、音义；诸经总解别解。[①]

方氏在此处对经部经典的取舍与主流意见并无不合之处，但值得关注的是，他将《乐记》单独提出，明显是想突出“乐”在儒家文化传统中的重要作用[②]。方以智将《乐记》提升到“经”的地位，似为其首创，但其中实则蕴含着丰厚的理学渊源。早在宋代，程子便提出“《礼记》除《中庸》、《大学》，唯《乐记》为最近道，学者深思自求之”[③]。朱子则认为《乐记》“天高地下”一段“意思极好，非孟子以下所能作，其文如《中庸》，必子思之辞”[④]。由此可见，对《乐记》文本的重视是理学思想的内部传统。关于方以智为何特别中意《乐记》，他在《通雅·乐曲》一章中提出“五经无《乐》，独以《乐记》当之乎”[⑤] 的观点。方氏此问似乎是在为《藏书删书类略》为何独标《乐记》作辩。《乐经》因遭秦火之厄而不传，五经虽无《乐》，但《乐记》作为先秦儒家音乐观的重要遗存而保留在《礼记》之中，如是对《乐记》的学习和探索便能帮助后人了解《乐经》的思想和内容。这既符合孔子所倡导的损益之道，同时也是方氏学派“先在后中”“一在二中”认识方法的自觉运用。

在论述了《乐记》的重要性之后，方以智对《诗》《书》《礼》《乐》

---

① （明）方以智：《通雅》卷首二《藏书删书类略》，《方以智全书》（第 4 册），第 46 页。

② 关于这点，蒋国保先生已有所论述：“方以智之所以突出《乐记》在儒家经典中的地位，显然是认为原本有《乐经》，它的主要内容就保存在《乐记》中。也就是说，在他看来，现存于《礼记》中的《乐记》，即便不是已失传的儒家经典《乐经》的原本，也保留了《乐经》的诸多论述，反映了或保留了《乐经》思想和内容。”见蒋国保《方以智与明清哲学》，黄山书社，2009，第 178 页。

③ （宋）程颢、程颐著，王孝鱼点校《河南程氏遗书》卷第二十五《畅潜道录》，《二程集》，中华书局，2004，第 323 页。

④ （宋）黎靖德编，王星贤点校《朱子语类》卷第八十七《礼四·小戴礼·乐记》，中华书局，1986，第 2254 页。

⑤ （明）方以智：《通雅》卷二十九《乐曲》，载黄德宽、诸伟奇主编《方以智全书》（第 5 册），黄山书社，2019，第 399 页。

的关系及扩而充之的意义进行了阐释。他在《通雅·乐曲》一章开篇直述“《诗》三百篇皆乐也”[①]，并以《乐记》《周礼》《春秋》中相关记载证明诵诗与乐舞相结合乃是先民之遗风，而孔子修习先王之教又有所创新，故提出“兴于《诗》，立于《礼》，成于《乐》”（《论语·泰伯》）。方氏所引材料大致是想说明两个问题：其一，因《诗》最初是通过吟诵的方式进行传播的，故《诗》与《乐》天然具有相适性；其二，孔子教授弟子修身成德的主要文本依据是《诗》《礼》《乐》三种经典。如此便会产生一个问题，即在此处孔子为何会“六经遗三”？就此方以智给出了自己的见解：“盖以《书》治政事，《春秋》操是非，《易》穷神化，若自成童庶士，刻不相离，而泯于日用，薰陶鼓舞，则《诗》、《礼》、《乐》最切，而已藏《易》、《书》、《春秋》矣。”[②] 六经皆是先王之政教遗典，但其功用和接受群体各有不同：《尚书》是记载君王治理的典章事例，《春秋》主要记录评判当时的政治是非，《易》则主推天道明人事、探赜神化，这三者在适用对象上皆指向特定群体。反之，如从儿童到众士的成长过程来看，其间既片刻不可相离，且能于潜移默化间发挥熏陶鼓舞的作用，则非《诗》《礼》《乐》莫属，且它们在精神内涵上早已蕴藏了《易》《尚书》《春秋》的精义。方以智对“六经遗三”的解释，一方面是在《礼记·经解》的精神内涵之上对六经之教作出的另类诠释[③]；另一方面以不离伦常、合于日用作为六经取三的依据和归宿，这也可以看出方氏学派关注百姓财用的学术取向。

除了从百姓日用的立场出发关注乐的形下之用外，方氏学人同样注重探究乐的形上之理。方以智认为以声音形态呈现的乐只不过是音调高低和节奏急缓的结果，所谓“乐不过高下、疾徐中节而已”[④]。在论及声音产生的根源时，方以智提出：“声音之故，微至之门，律度出于《河》《洛》。”[⑤]他认为声音产生的根源是至为微妙的法门，音律的法度标准出自《河》

① 《通雅》卷二十九《乐曲》，第399页。

② 《通雅》卷二十九《乐曲》，第399页。

③ “孔子曰：‘入其国，其教可知也。其为人也，温柔敦厚，《诗》教也；疏通知远，《书》教也；广博易良，《乐》教也；洁静精微，《易》教也；恭俭庄敬，《礼》教也；属辞比事，《春秋》教也。’”见（汉）郑玄注，（唐）孔颖达正义，吕友仁整理《礼记正义》卷第五十八《经解第二十六》，上海古籍出版社，2008，第1903页。

④ 《通雅》卷二十九《乐曲》，第399页。

⑤ 《通雅》卷二十九《乐曲》，第400页。

《洛》之数。对于此种观点是否准确暂且不论，但从数度的多寡增损测量乐的高下疾徐，以及认为《河图》《洛书》中涉及的数与理是对天道的反映，将《河》《洛》之数视作统摄万事万物之秩序，展现出桐城方氏学派象数易学的立场。方以智的业师王宣即持上述观点[①]，此外方氏曾在《物理小识》中援引其父方孔炤之说：“《潜草》曰：‘圣人官天地，府万物，推历律，定制度，兴礼乐，以前民用，化至咸若，皆物理也。’”[②] 方孔炤的话可视作对王宣观点的补充和发展，只不过他将所谓“不容思虑者”转换为圣人仰观俯察后依据自然之理推演律历、制定规范和振兴礼乐，继而根据这些制度规范指导民众实践，认为如此便能实现教化所至、民皆顺从，而这些都属于探究万事万物变化之理的学问。明显此处方孔炤将礼乐之治的具体内容也归诸物理之学的研究范畴，相应的认识方法则是方氏学派所倡导的质测之学，这也正契合于方以智早年对此问题偏向经史考证的研究理路。

二　礼所以一阴阳也

方以智业师王宣认为圣人创制的律历礼乐本质是《河》《洛》之数所含天地秩序节奏之理的开显。方孔炤则据《系辞传》所述，认为“圣人官天地，府万物，推历律，定制度，兴礼乐”都是为了指导民众实践，而这些内容都属于物理学的范畴。由此可见，方氏学派对礼乐文明产生的根源作了易学化的解释。

“礼”与“乐”在一般情况下常常合而论之，但在《乐记》中却作了明确的区分。《乐记》曰：“乐统同，礼辨异”[③]，“乐由中出，礼自外作”[④]，“乐由天作，礼以地制”[⑤]。这说明无论在产生根源上还是在现实效果中，礼和乐都有着不同的表现。礼的作用是“辨异”，是外在的，是用来调节上

① 方以智在《图象几表·极数概》中曾引其师王宣的观点：“虚舟子曰：律历礼乐，即《河》《洛》之秩叙，不容思虑者也。”见（明）方孔炤、方以智撰，郑万耕点校《周易时论合编图象几表》卷之八，中华书局，2019，第 360 页。

② （明）方以智：《物理小识总论》，载黄德宽、诸伟奇主编《方以智全书》（第 7 册），黄山书社，2019，第 100 页。

③ 《礼记正义》卷第四十八《乐记第十九》，第 1515 页。

④ 《礼记正义》卷第四十七《乐记第十九》，第 1472 页。

⑤ 《礼记正义》卷第四十七《乐记第十九》，第 1477 页。

下、亲疏等级关系的；乐的作用是“统同”，是内在的，是人的情感的合理表现。《乐记》又说：“乐者，天地之和也。礼者，天地之序也。”[①] 这说明礼和乐之间既存在内外、同异之别的张力，同时二者又是仿效天地运行规律创建有序和谐之秩序的先天条件。礼和乐虽有所不同，但二者皆从属于广义范畴的“礼”。如上所述，方氏学派将“礼”的本原作了易学化的诠释，同时又以《周易》的理论模式对“礼”的发展过程予以新的解释。

《图象几表》是方孔炤命儿孙编纂的一部汇集古今《易》图的书籍，是书卷一开篇总叙之后有一篇题为《诸家冒示集表》的文章，其中罗列了易数从一至五衍生过程的诸多图式，文末方以智总结道：“《礼运》曰：‘礼本于大一，分为天地’，即太极两仪也。”[②] 这说明在方以智的思想中，礼的彰显也即是太极分化并具象化的过程。除提出“礼”与《易》的同源论外，方以智还说：“道德仁义，非礼不成。藏智崇于礼卑，内外本合，《易》《礼》会通，而幽明一矣。”[③] 道德仁义需要礼的规范和制约，故孔子说“克己复礼为仁”（《论语·颜渊》），将崇高的智慧隐藏在谦卑的礼节之中，内在与外表原本就是相契合的，领悟了《易》与《礼》融汇的精义，那么幽暗与明亮、无形和有形也就不存在无法逾越的鸿沟。此外，方以智还通过文字训诂考订的方式证明“礼”与《周易》卦爻存在密切关联。

《周易》六十四卦与“礼”联系最密切的当数《履》卦，今见帛书本《周易》即以《禮》代《履》[④]。《周易时论》训释《履》之卦名音义时，方以智在援引《周易全书》、《释名》和《说文解字》相关解释后总结道：“礼，古文禮，本于大一也。盖理、禮、體、履，声义本通。”[⑤] 方以智所处年代帛书《周易》尚未现世，但他能通过前人记载并使用因声求义的方法判定“礼”与“履”声义本通，这一方面说明学习借鉴前人智慧的重要性，更证明其研究方法的科学性。方以智接着又说：“孔子特曰：‘物畜然后有履’。因其伏谦，曰‘谦以制礼’，‘非礼勿动’，故于乾荡之中，以《大

---

① 《礼记正义》卷第四十七《乐记第十九》，第 1477 页。

② 《周易时论合编图象几表》卷之一，第 9 页。

③ 《通雅》卷二十八《礼仪》，《方以智全书》（第 5 册），第 371 页。

④ 如帛书本《禮》卦卦辞作“禮虎尾，不真人，亨。”见连劭名《帛书〈周易〉疏证》，中华书局，2012，第 12 页。

⑤ 《周易时论合编》卷之二《履》，第 543 页。

壮》著‘非礼弗履’之象焉。”[①] 此处方以智引《序卦传》“物畜然后有礼，故受之以履。”[②]《系辞下传》三陈九卦之德曰：“履，德之基也；谦，德之柄也”、“谦以制礼”[③] 及《论语·颜渊篇》“非礼勿动”，《大壮卦·大象传》“君子以非礼弗履”[④]，说明“礼”与“谦”和“履”于内在精神层面具备统一性[⑤]。除文字音义方面的考证外，方以智又从体用关系着手，力图揭示礼乐文明的形上依据及意义。他说：“太极践卦爻之形，於穆践礼乐之形，化裁推行，即所以格致研极也。”[⑥] 践形，本自《孟子·尽心上》：“惟圣人然后可以践形”，意谓惟有圣人可以充分发扬人所天赋的品质。方以智借此术语，意在说明太极之体即体现在卦爻之象中，如同无声无臭的“於穆”之天，即体现在礼乐生活之中，亦即体在用中。如是，万物交感化育而互为裁节，顺沿变化推广而旁行流通，格物致知也就是穷究幽深事理而探研细微征象。方以智借无形之太极分化为有形之爻象的过程，说明於穆之天即在礼乐文明之中，这显然是对前文“‘礼本于大一，分为天地’，即太极两仪也”[⑦] 的一种论证，而“体在用中”结论的深层意义则是反过来印证了方氏学派“一在二中”思想命题的合理性。

除了从《周易》卦爻和文辞的视角探究礼之本原的形上依据外，方氏学派还结合阴阳五行学说探讨了礼对人类社会的重要意义。《周易时论》在释《履》卦卦辞“履虎尾，不咥人，亨”[⑧] 时引用王宣《风姬易溯》的观点：“伦常一体严和内外，是礼所以一阴阳也。”[⑨] 王氏意谓五伦的关系是不可改变的常道，严格遵行便能和合内外，而五伦之中的礼具有统一、调节阴阳的功用。无疑王宣也是重视并推崇礼的功用，但他认为礼能“一阴阳”

---

① 《周易时论合编》卷之二《履》，第 543 页。

② （魏）王弼、（晋）韩康伯注，（唐）孔颖达等正义《周易正义》卷九《序卦第十》，（清）阮元校刻《十三经注疏》，中华书局，1980，第 95 页。

③ 《周易正义》卷八《系辞下第八》，第 89 页。

④ 《周易正义》卷四《大壮》，第 48 页。

⑤ 除三陈九卦揭示了谦与礼的内在联系之外，《周易时论》释《谦》卦曰：“《礼运》标本于天地之先，《易》卦综《谦》于礼之内，是践形之履，即空空之履也。礼端于谦，终于谦，后世繁文盛而真意衰。”见《周易时论合编》卷之三《谦》，第 602 页。

⑥ 《周易时论合编》卷之十《系辞上传》，第 1217 页。

⑦ 《周易时论合编图象几表》卷之一，第 9 页。

⑧ 《周易正义》卷二《履》，第 27 页。

⑨ 《周易时论合编》卷之二《履》，第 544 页。

这是否又夸大了礼的功用和地位呢？关于礼在五伦中的作用，方以智认为“正用在南，火薪其物，礼所以物其仁义智信而形其无形也”①。依照五行与五方、五伦相配的理论，南方为火又与礼相配，而方氏学派的理论中又有“五行尊火为宗”② 的主张。因火具有无体有用、即用即体的特性，同时火又需依赖薪柴才能延续其光焰，这便如同抽象的仁义智信等心之德目必须寄寓于具体的礼仪之中，并通过伦理行为的适宜节度来表现自身。“礼所以物其仁义智信”，也就是将无形的德目制度化。方以智所说，实际表示了对礼乐文化存在价值的肯定。《周易时论》在释《离》卦初九爻辞时说：“五行火为礼，礼主敬”③。如是，礼仪的本质即是“敬”，具体要求则是修己以敬、待人以礼。《周易时论》在释《坤》卦时，方孔炤总结全卦要义说道：“君子法地以礼，故先辨善，又辨敬焉，又辨义焉，又辨其中通焉。曰敬，则无放宕以为善者；曰义，则无畏葸以为敬者；曰中通，则无胶泥以为敬义者。”④ “君子法地以礼”是据《乐记》“乐由天作，礼以地制”⑤，而提出四种辨，是因为方氏认为“礼以辨为养”⑥，正如《履卦·大象传》所说：“君子以辩上下，定民志。”⑦ 方孔炤在四辨之后首选释“敬”，并且释“义”与“中通”又都以“敬”作为参照系，这都说明礼仪的本质便是“敬”，而不敬的表现便是放荡、畏葸和胶泥。

方孔炤、方以智父子生活在明清鼎革之际，身处此思想混乱、时局动荡的时代环境中，推崇礼乐文明重建社会秩序便成为文人士大夫彰显自身历史使命的最佳方式。方孔炤说：“然士有泥训诂者，溺词章者，胶玄理者，故塞其睹闻，使自得于不睹闻。究也，糟粕即神奇，玄妙尽黄叶。士生此时，《诗》《书》《礼》《乐》犹饮食也。”⑧ 此处方孔炤所批判者显然皆是不合时宜者，而他认为一个称职的士人值此时机应像日常摄入食物一

---

① （明）方以智：《东西均·全偏》，载黄德宽、诸伟奇主编《方以智全书》（第1册），黄山书社，2019，第306页。

② 《周易时论合编图象几表》卷之一，第53~54页。

③ 《周易时论合编》卷之四《离》，第765页。

④ 《周易时论合编》卷之一《坤》，第462页。

⑤ 《礼记正义》卷第四十七《乐记第十九》，第1477页。

⑥ 《周易时论合编》卷之五《晋》，第823页。

⑦ 《周易正义》卷二《履》，第27页。

⑧ 《周易时论合编》卷之四《大畜》，第720页。

样修习《诗》《书》《礼》《乐》，这体现了方孔炤于乱世传承文脉的决心和情操。同时方以智据《礼运》所说“本于大一，协于分艺”[①]，主张因应四时变化制定历法，因循音律自然之度数制作乐器，从而使万物的变化皆符合节度，继而使人类各安生理，以提高人类生活的水平，并认为这就叫作“治天”[②]。结合《物理小识总论》中方孔炤的相关观点，显然方氏学派对礼乐的认识和把握同他们的社会治理思想有着密切联系，而这在他们的学说中又将其新奇地表述为“宰理”[③]。

三　藏智于礼，藏悟于学

针对晚明时期理学家或陷溺词章或坐而论道的风气流弊，方氏学派认为学问是儒家下学上达的必由之路，而儒家圣人只以毋自欺好学教人，圣人罕言之性与天道即在学问之中。同时为防止出现学而不思的情况，方以智说：“学必悟而后能变化，悟必藏于学而后能善用同人。”[④] 这不仅强调成圣必须经由道德修养工夫的过程，而且是将工夫扩展落实到学问上来。方以智在其易学专著《易余》中对礼乐与五经的关系，及学礼成圣的修养路径等问题作了深入探讨。

在《易余》卷上首篇，方以智提出“口能一日避乳乎？……《诗》《书》《礼》《乐》，常乳也。”[⑤] 将《诗》《书》《礼》《乐》作为滋养人体身心的养料，且一日不可远离，这与其父的主张一脉相承。除倡导学习儒

---

① 《礼记正义》卷第三十一《礼运第九》，第 939~940 页。

② 智曰：“《礼运》曰：‘本于大一，协于分艺。’所谓协者，阴阳五行，自然皆协者也。人人安分食艺，即人人无声无臭矣。是因天地自然之理，以补救天地者也。发而中节，如四时行焉，如音乐焉。气本具五音六律，而人不知也。……圣人因以节之，万物皆渐熏于节中，且治天焉。”见《周易时论合编》卷之八《节》，第 1095~1096 页。

③ 方氏学派对宋明理学中“理”的内涵和范围作了新的划分，从而提出“物理、宰理、至理”的学说，并对它们的功用作了这样的论述：“考测天地之家，象数、律历、声音、医药之说，皆质之通者也，皆物理也。专言治教，则宰理也；专言通几，则所以为物之至理也。”见（明）方以智《通雅》卷首三《文章薪火》，《方以智全书》（第 4 册），第 75 页。

④ 《通雅》卷首三《文章薪火》，第 87 页。

⑤ （明）方以智：《易余·知言发凡》，载黄德宽、诸伟奇主编《方以智全书》（第 1 册），黄山书社，2019，第 32 页。

家经典外，方氏学人还主张通过学习天地之书来发掘宇宙万物之奥秘，他们从《河》《洛》之学中引申出“中五说”[①] 作为格物穷理的理论依据。针对变动不居的外部世界，方以智认为对事物的考察需从动静之间着手，即“无动无静者不必言也，惟于动静之间明阴阳刚柔之交”[②]。他又例举日月星辰、水火土石等天象和事物，认为它们“皆以其交定之”[③]。由此他认为四是以三余一、以一摄三，又将此三一之四即藏中五的思想应用于儒家经典，从而窥见其内含的道德修养功夫，即“《易》、《书》、《诗》、《春秋》，而以《礼》《乐》升降之，则知教、化、劝、率要以中和洋溢之”[④]。此处，方以智虽非专论礼乐而是将礼乐作为“经之心”用来打通经典之间的思想意涵，但“以《礼》《乐》升降”等同于“中和洋溢”，即可看出学习儒家经典需要把握的思想内核，即养于《礼》《乐》。在《易余》卷上之终他对轻视礼乐，将礼乐君亲视作粪壤、土偶的现象予以了强烈驳斥[⑤]。而在《易余》卷下开篇，方以智更加深入地论述了儒家经典之间的关系。他说：“知伦物切于《春秋》，《春秋》养于《礼》《乐》，《礼》《乐》载于《诗》《书》，而《易》以统之。”[⑥] 此处虽是本于方氏学派的学术立场将《易》置于最高位，但“《春秋》养于《礼》《乐》”和“《礼》《乐》载于《诗》《书》”，以及方以智在《通雅·乐曲》中的相关论述，可以看出学《诗》《书》即是学习其中的礼乐典章和礼乐精神，如此便能通晓《春秋》中的微言大义。再结合方以智当时所处的时代环境，可以推测他是想通过这种方式挽救衰颓的世道人心，同时对变节投敌者予以斥责。

《易余》卷下第二篇题为《礼乐》，是方以智易学礼乐观的集中体现。

---

① “一不可言，言则是二。夫中五而用参两者，乃折摄宇宙万法之纲宗也，乃统御三才中节之橐籥也。质分差等在此，治历定律在此，制作礼乐在此，琢磨淬炼之候在此，常变权衡在此，四时旋运在此，藏往知来在此。”见（明）方以智编，张永义校注《青原志略》卷五《中五说》，华夏出版社，2012，第127页。

② 《易余·三冒五衍》，第53页。

③ 《易余·三冒五衍》，第53页。

④ 《易余·三冒五衍》，第54页。

⑤ “犹豫于忿好忧惧之窟，窀穸于视听饮食之囊；彼以不免之说自解其心、自轻其身者，又将何所不至乎？……唾先王之成宪为沟中之断木，视君亲如土偶，委礼乐于粪壤，岂惟必然？”见《易余·正身》，第147页。

⑥ 《易余·薪火》，第156页。

文中方以智首先援引《乐记》文本论述了至大、完备的礼乐与天地节律相符契，礼乐是对阴阳不测之鬼神的明示，及礼乐与仁义，礼乐对别宜、敦和的重要性。同时揭示了《乐记》仿照《系辞传》“乾知大始，坤作成物”[①]，提出“乐著大始，而礼居成物”[②]。这是将乾坤之《易》转换为礼乐之《易》，通过削弱易学传统中神秘主义的成分，从而凸显出礼乐教化对百姓民众生存的重要意义。从方以智援引的这些内容，大致可以看出他将《乐记》单独提出置于儒家经部典籍的意图。紧接着他贯彻了《通雅·礼仪》中的观点，将《大学》《中庸》视作礼经之心，以《礼运》考证礼器源流，由大一之分转变列而反悟其二中之一，继而格通内外、博约、费隐，以实现克己复礼、天下归仁[③]。由器物考证而渐至格通内外，继而达到克己复礼，这是一条宋儒即物穷理的修养功夫路径，同时也彰显出方氏学派由质测而达通几的治学方法。

《礼乐》篇中方以智借邵雍的象数易学与观物之法，提出“圣人之视幽隐寥廓也，皆可奏可数者也”[④]。意谓圣人通过礼乐之数度表法，将无声无臭与幽隐寥廓之物示人。随后他又引《礼记·仲尼燕居》子贡问夔的典故，孔子对此回应曰：“达于礼而不达于乐，谓之素；达于乐而不达于礼，谓之偏。”[⑤] 结合《礼乐》开篇对《乐记》内容的征引，可以看出方以智思想中认为礼的地位高于乐。正是基于对礼的重视，他思想中的另一重要主张——“藏”，由此彰显。方以智紧接上文顺势提出“藏智于礼，藏悟于学”[⑥]。“藏”并非单纯的隐藏或埋没，而是如同其“炮《庄》”一样，通过“炮”的方法发庄子之毒，变济世良方。“藏”的思想并非方以智首倡，在其曾祖父方学渐处针对王学末流之弊便已提出“藏陆于朱”[⑦]，方以智发明“藏”的意蕴，除继承家学之外，更是对当时社会弊病的一种救治之方。晚明士人高谈性命、束书不观，自言发明本心，在这种大环境下礼乐废

① 《周易正义》卷七《系辞上第七》，第 76 页。
② 《礼记正义》卷第四十七《乐记第十九》，第 1487 页。
③ 见《易余·礼乐》，第 158 页。
④ 《易余·礼乐》，第 159 页。
⑤ 《礼记正义》卷第五十八《仲尼燕居第二十八》，第 1936 页。
⑥ 《易余·礼乐》，第 159 页。
⑦ 《周易时论合编》卷之四《大畜》，第 719 页。

弛、学无所本。因此，首先要解决的便是“学什么”及“怎样学”的问题，应该说“藏智于礼，藏悟于学”正是针对当时板荡之风的一剂良药。关于这点方以智晚年主持青原时说：“曾子曰：‘夫子之教，始于诗书，终于礼乐。’……太枯不能，太滥不切，使人虚掠高玄，岂若大泯于薪火？故曰藏理学于经学。”① 再则，“问：‘朱陆诤，而阳明之后又诤，何以定之?’曰：‘且衍圣人之教而深造焉。……圣人之经，即圣人之道。’”② 从这段文字可以看出，方以智思想中关于学《诗》《书》《礼》《乐》，以圣人之经见圣人之道的主张是一以贯之的。方以智晚年藏身于佛门、讲法不辍，又因其讲学多援引儒家经义，且烹炮《庄子》，故今人欲给其思想厘定一核心归宿殊为困难。有学者将其思想立场归结为“三教归儒”，这种说法有一定依据③，但应看到儒释道诸家思想在方以智处都是供其随时取用的方便法门，皆表法也。

除上述内容外，《礼乐》篇还讨论了礼乐是顺承天道而治理人之情欲，丧失它的人不得善终，得到它的人则能全其天年。此外，方以智又用“互余”的观点解释五行、四时、十二月，五声、六律、十二管等日用彝伦之事物还相为本，而人为天地之心、五行之端，故要想做到顺承天道，则应该“始于礼耕，终于乐安，中于学耨”④。《礼乐》篇最后，方以智批判了偏守礼、乐之一端的观点，认为想要达于礼乐真精神的境界，应以孔子为榜样，“志学立矩者礼也，耳顺从心者乐也”⑤。

纵观方以智在《易余》中对于“礼乐”问题的论述，顺承了《通雅》

---

① 《青原志略》卷首《书院》，第 13 页。

② 《青原志略》卷三《仁树楼别录》，第 78～79 页。

③ 相关研究成果有：刘元青《三教归儒——方以智哲学思想的终极价值追求》，武汉大学硕士学位论文，2005；吴根友《试论〈东西均〉一书的“三教归儒”思想》，《哲学分析》2011 年第 1 期；张永堂先生在《方以智全书》第一册《易余》一书的《整理说明》中谈道：“《三子记》在先，《象环寤记》在后。《象环寤记》有三老人：上者赤老人方大镇，左为黄老人王宣，右为缁老人吴应宾。这是以家传儒学统合王宣道学以及吴应宾佛学。依上述座次而言，《三子记》中的当士即赤老人，亦即方大镇，平公即吴应宾，何生即王宣，最后出现的‘无知子’就是方以智。以圆∴三点而言，平公代表太极，即太翁，代表佛；一忧，一不忧是两仪，代表儒与道。表面上平公居于太极而统儒道两仪，事实上最后是会通于当士的儒家，强调的是礼乐人伦。”见张永堂《易余·整理说明》，载黄德宽、诸伟奇主编《方以智全书》（第 1 册），第 5 页。

④ 《易余·礼乐》，第 159 页。

⑤ 《易余·礼乐》，第 161 页。

《东西均》《周易时论》等文本中的主要观点，即《礼》《乐》作为经典是和《诗》《书》《易》《春秋》相互发明教义的，而作为文化精神则是贯通儒家五经要义，通达中和洋溢之关键。同时《易余·礼乐》中对《乐记》和《仲尼燕居》文本的引用和诠释，为我们充分理解方以智易学礼乐观的思想渊源和阐发理路提供了文本依据。并且“藏智于礼，藏悟于学”的主张及“志学立矩，耳顺从心”的提法，澄清了方以智以学养为基础的礼乐修养功夫及其理想目标。方氏晚年居席青原山，面对清王朝政权渐固的现实，其作为前代遗民的复国理想已无计可施，心中的礼乐之治也只能通过研修禅理、逃避现实来以苦为乐[①]。

结　语

桐城方氏学派《易》《礼》会通的提法，对时人及今人深入认识“礼”的形式与精神皆具有启发意义。方以智对《乐记》的重视，一方面秉承了宋明理学的思想传统；同时借助《乐记》“礼本于大一”及诸多礼乐范畴的分转变列，论证得出“体在用中”的结论，这又印证了方氏学派“一在二中”思想命题的合理性。由此说明《乐记》与《易》在形式和内涵方面的确存在密切关联[②]。方以智以《易》会通诸经而坐集千古之智[③]，展现了桐城方氏学派在明清学术转型过程中所做出的积极尝试。而方以智仲子方中通在数学与天学方面所取得的成就，及方以智少子方中履在所著十八卷《古今释疑》中对礼乐制度沿革的考订多达六卷，说明在方以智的引导下，

① 方以智主持青原期间编纂有《青原志略》一书，其中记载方氏友人郭林问性情之“节宣”（节制和宣泄），方氏回答：“礼节之，诗宣之。诗即乐也。陶情有法，是诗之节宣礼乐也，犹之苦空而修禅悦为乐。”见《青原志略》卷十三《杂记·诗堂》，第352页。

② 过往学界一直关注《中庸》与《易》的思想关联，如杨向奎先生强调，《中庸》“完全可以纳入《易传》的行列中，变作‘十一翼’，不会有‘非我族类’之感。”（见杨向奎《〈易经〉中的哲学与儒家的改造》，《北京大学学报（哲学社会科学版）》1995年第2期，第34页。）而李学勤先生则提出：“《乐记》和《易传》的关系，比子思的《中庸》等篇要密切得多。”（见李学勤《周易溯源》，巴蜀书社，2006，第109页。）

③ 方以智好友黄云师为方氏所撰《行状》中说：“（公）穷尽上下四维，大小交征，幽明互验，始决从来理窟胶葛，会之于《易》，灼然质俟无疑，其有功于万世大矣。……其析理谈道，则汇六经兼《孟》《庄》，尤历代文人所未有也。”见（清）黄云师《方文忠公行状》，载安徽博物院编《方以智文物集萃·附录》，安徽美术出版社，2021，第205页。

对知识的关注逐渐成为方氏学派重要的治学方向和追求。结合四库馆臣对方以智著作《通雅》一书的评价①，不难看出，方氏学派考据求实的治学方法和态度对于救治明末空谈之弊，及开启清初考证之风，发挥了重要的启发和引领作用。

（责任编辑：张兴）

① 关于《通雅》一书的学术评价，四库馆臣曰："以智崛起崇祯中，考据精核，迥出其上。风气既开，国初顾炎武、阎若璩、朱彝尊等沿波而起，始一扫悬揣之空谈。虽其中千虑一失，或所不免，而穷源溯委，词必有征，在明代考证家中，可谓卓然独立矣。"见（清）永瑢等《四库全书总目》卷一一九《子部·杂家类三》"《通雅》"条，中华书局，1965，第1028页。

儒家“情感诠释学”引论*

张小星**

摘　要　当代儒学的“情感转向”，意味着儒家经典诠释传统的现代转型应选择一条“情感转向”路径，进而建构儒家“情感诠释学”。这种“情感诠释学”的核心要义，是指认一切诠释活动都具有情感性，即一切诠释都是“情感诠释”。作为一种存在论诠释学，儒家“情感诠释学”不再只是关注经典诠释问题，而是着眼于人的存在来考察情感对诠释活动的重要意义：情感为诠释活动奠基，“情感诠释”作为存在催生“存在者的变易”。

关键词　儒家；情感诠释学；生活诠释学；经典诠释

儒家哲学的现代转型，蕴含着儒家经典诠释传统的现代转型，这是毋庸置疑的。当代儒学正在发生的“情感转向”，特别是儒家哲学就是“情感哲学”① 及“人是情感的存在”② 等论断的提出，进一步表明儒家经典诠释传统的现代转型在某种意义上应展现为一种“情感转向”：挖掘儒家经典诠释实践中隐而未彰的“情感诠释”传统，并探讨这一传统在建构“中国诠释学”过程中实现现代转化的可行性路径。有鉴于此，本文提出儒家“情感诠释学”概念，并对之作出初步阐释。

需要说明的是，汉语“情感诠释学”一词，起先是对18世纪德国神学

* 本文系国家社会科学基金重大项目“中国经典诠释学基本文献整理与基本问题研究”（21&ZD054）、2023年度南京大学哲学社会科学青年项目“中国训诂学与西方诠释学比较研究”（14370135）的阶段性成果。

** 张小星，哲学博士，南京大学马克思主义学院暨中国传统文化研究中心助理研究员，研究方向为儒家哲学、诠释学与比较哲学。

① 蒙培元：《论中国传统的情感哲学》，《哲学研究》1994年第1期；蒙培元：《漫谈情感哲学》（上、下），《新视野》2001年第1期、第2期。

② 蒙培元：《人是情感的存在——儒家哲学再阐释》，《社会科学战线》2003年第2期。

家兰姆巴哈（Johann Jakob Rambach，1693～1735）的诠释学思想（the hermeneutics of feelings）的翻译。[①] 这种诠释学主张：话语是思想的表现，而思想与作者写作时的“情感”密切相关；如果不能把握这种“情感”，那么就无法理解作者的话语乃至思想，所以“情感”是理解话语的前提与路径。然而，严格来说，将“feelings”译为“情感”并不准确。就这种诠释学思想对其后浪漫主义诠释学倡导的“作者心理学”方法论原则之影响来看，“feelings”应意指作者的某种心理或某种感受。因此，准确的译法应该是“感受诠释学”。而本文所说的“情感诠释学”，应译为“emotional hermeneutics”，意谓一种具有普遍性意义的、存在论（the theory of being）性质的儒家诠释学，旨在揭示一切诠释都是“情感诠释”，即一切诠释活动都具有情感性，进而阐明“情感诠释”的存在论意义。

一　作为“情感诠释学”的“生活诠释学”

在当代儒学谱系中，不乏“情感诠释学”的相关思考，其中最典型者莫过于生活儒学的诠释学建构，即“生活诠释学”[②]（life hermeneutics）。作为一种情感哲学建构，“情感”观念贯穿整个生活儒学思想系统；在“生活诠释学”理论中，这种“情感”观念具体表现为“诠释情境”“情感语言”等说法。

（一）诠释情境：作为生活情境的“诠释”

“生活诠释学”的成立，奠基于生活儒学的“生活”观念。生活儒学认为，“生活”乃是一切的本源，生活本身并非某种主体性的生活，比如“人”的生活，而是先行于任何主体、任何存在者的存在本身，所以“生活即是存在，生活之外别无所谓存在”[③]。在此意义上，“生活诠释学”并非指方法论意义上的主体对“生活”的诠释，亦即并非特定主体在诠释某种作为对象的

---

① 洪汉鼎：《诠释学：它的历史和当代发展》（修订版），中国人民大学出版社，2018，第38页；潘德荣：《西方诠释学史》（第二版），北京大学出版社，2016，第201页。

② 黄玉顺：《前主体性诠释——生活儒学诠释学》，上海古籍出版社，2023，第449页。

③ 黄玉顺：《爱与思——生活儒学的观念》（增补本），四川人民出版社，2017，第220页。

“生活”，而是将“生活”视为诠释之源，“诠释不是主体、存在者的事情，而是存在的事情，即生活的事情”[①]，亦即主张一切诠释活动皆源于生活并最终归于生活。由此，“诠释”便具有了存在的意义：诠释即生活，即存在。而“生活诠释学”的主要任务，即在于阐明诠释者与被诠释文本如何获得新的存在方式，从诠释学的角度回答“主体性何以可能”“存在者何以可能”等问题。

进而言之，“生活诠释学”具备“情感诠释学”的特征，同样源自这种“生活”观念。虽然“生活诠释学”本身并未明言，但在此可以对之加以揭示，也就是说，“生活诠释学”的“生活”观念，蕴含着使其自身成为一种“情感诠释学”的理论线索。在生活儒学看来，“生活”作为存在本身，总是显示为各式各样的生活情境。[②]“境”指无分别的生活际遇或生活境遇，[③]其本身乃一切存在者得以生成并展开“变易”的本源，比如“此在的被抛”便是一种特定的生存境遇；而“情”，首先指“事之情”，是说生活境遇总是显现为某种事情或活动，然后才指“人之情”，是说“生活”作为事情本身总是涌现着生活情感与生活领悟，即生活感悟，亦即任何生活境遇或事情都是一种情感活动或具有情感性。在此意义上，生活儒学将言说、对话、文本理解与解释等一切具有诠释意味的活动，皆视作“生活—存在”本身的显现样式，谓之“诠释情境”——作为特定的生活境遇，诠释活动具有情感性。

（二）情语：“话语—言说”的情感性

对诠释活动的反思离不开对“语言”的考察，因为无论是文本诠释还是日常对话，最终都落实到“语言”或经由“语言”来完成，所以伽达默尔提出，“语言就是理解本身得以进行的普遍媒介”，“一切解释都是通过语言的媒介而进行的”。[④] 这也就是说，一切诠释活动必然都是语言性活动。而判定“生活诠释学”是一种“情感诠释学”，主要依据即在于其独特的语

---

① 黄玉顺：《前主体性诠释——生活儒学诠释学》，“代序”第 7 页。

② 张小星：《论生活儒学的“情境”概念》，杨永明主编，郭萍执行主编《当代儒学》第 22 辑，四川人民出版社，2022，第 183~191 页。

③ 参见黄玉顺《爱与思——生活儒学的观念》（增补本），第 233 页。

④ 〔德〕伽达默尔：《诠释学 Ⅰ：真理与方法》（修订译本），洪汉鼎译，商务印书馆，2010，第 547 页。

言观，那就是它强调并阐发了“情感语言”[1]（亦即“情语”）的诠释学意义，揭示了“话语—言说”的情感性。

“生活诠释学”的“语言”概念，既非普通语言学意义上的表意符号，又非西方哲学诠释学实体论意义上的“理解媒介”，而是指“话语—言说”，包含生活中的所有言说活动。[2] 这种“话语-言说”概念与人类的观念层级相对应。一是存在者层级的、“有所指”的言说方式。这种言说是对唯一形而上者以及诸多形而下者的阐述，呈现为形形色色的、“言之有物”的主体性或对象性话语。比如哲学诠释学所说的作为理解与解释之媒介的语言即属于这一层级。二是存在层级的、“无所指”的言说方式。这种言说只是在抒发生活情感或生活领悟，并无明确的意指对象，呈现为“言之无物”的前主体性或超主体性话语，最典型的表现形式就是作为“情感语言”或“情语”的“诗”。[3] 比如儒家古典诗学主张的“诗言志”（《尚书·舜典》）观念，便是说“诗言情”或“诗以言情”。

更为重要的是，“生活诠释学”揭示了“话语—言说”活动的存在论意义，亦即“话语—言说”为新存在者的生成奠基：一方面，前主体性话语为主体性话语奠基，即存在者层级的主体性话语源自存在层级的“情感语言”，“情感语言”生成特定的对象性话语，这也就是孔子“兴于诗”（《论语·泰伯》）命题的诠释学意义，意谓主体性“兴起”于作为情感语言的诗；另一方面，特定的“话语—言说”活动为存在者及其“变易”奠基，意谓“话语—言说”作为特定的生活情境催生新的主体与新的对象，“生活感悟使得旧的主体性变为新的主体性、新的自我。对于诠释活动来说，诠释者通过诠释活动而获得新的感悟、新的主体性、新的自我；同时，经典也通过诠释活动而获得新的意义、新的对象性”[4]。

总之，虽然“生活诠释学”并未明确提出“情感诠释学”概念，但其对诠释活动之情感性，尤其是“情感语言”及其存在论意义的阐释，实际上已经孕育着“情感诠释”观念，对于推进儒家乃至中国经典诠释传统的

---

① 蒙培元：《乐的体验与审美境界——朱熹哲学的一个重要问题》，《陕西师范大学学报（哲学社会科学版）》2010 年第 3 期。

② 参见黄玉顺《前主体性诠释——生活儒学诠释学》，第 334 页。

③ 参见黄玉顺《前主体性诠释——生活儒学诠释学》，第 343-359 页。

④ 黄玉顺：《前主体性诠释——生活儒学诠释学》，第 322 页。

情感论转型具有重要意义。

二 情感诠释：儒家诠释实践的情感性

“生活诠释学”的相关论述，为我们反思儒家经典诠释实践、把握中国经典诠释传统提供了思想启示：“情感”对于诠释具有重要意义，不能将“情感”视为非理性因素而排斥于诠释活动之外。故此，我们明确提出“情感诠释”（Emotional interpretation）概念。所谓“情感诠释”，并不只是对于情感现象的诠释，更是指诠释活动本身具有情感性。同时，这种情感性并不只是表现在文本诠释中，而是广泛存在于一切涉及意义理解与解释的实践中，如言说、对话、独白、阅读等具有诠释性意味的活动皆具有情感性。在此，我们选取儒家诠释实践中的四种典型样式（即对话、讲经、注经、读书）展开讨论，旨在说明一切诠释都是情感诠释。

（一）对话活动的情感性

先秦儒家诠释实践以“对话”方式展开，主要表现为孔子、孟子及其弟子之间研习与讲论经典、日常对话引述经典等活动。作为独特的诠释样式，“对话”乃是当时常见的情感交流行为，可称之为“情感对话”。具体而言，这种“情感对话”包含两方面特征。

一方面是对话方式的情感性。先秦儒家的“对话”活动，包含“对谈”与“独白”两种类型。前者具体展现为某种主体间性的“问—答”架构，其情感性表现为对话双方言说态度的逐步转变。比如《论语·先进》记载，孔子对子路所说“千乘之国，摄乎大国之间，加之以师旅，因之以饥馑，由也为之，比及三年，可使有勇，且知方也”表现出的“哂之”态度，以及面对曾皙所说“莫春者，春服既成。冠者五六人，童子六七人，浴乎沂，风乎舞雩，咏而归”表现出的“喟然叹曰：‘吾与点也！’”态度。作为一种积极性的情感反应，“哂”乃是由子路之“志”引发的，朱熹注曰“哂，微笑也”[1]；“喟然”同样如此，表示孔子对曾皙之“志”的认同。而后者

[1] （宋）朱熹：《四书章句集注》，中华书局，2011，第123页。

指言说者解释某种现象或表达自身内在感受。比如孔子说“吾与点也”，表面上是对曾皙之“志”的认同，实际上乃是其自身之“志”的流露，正如王阳明诗云：“铿然舍瑟春风里，点也虽狂得我情。”[①] 这种情感性“独白”在《论语》中颇为常见，最典型者即孔子的一番“夫子自道”：“吾十有五而志于学，三十而立，四十而不惑，五十而知天命，六十而耳顺，七十而从心所欲，不逾矩。”（《论语·为政》）孔子在此通过回顾自己的为学与成长经历，表达自身各个阶段的生活感悟，其中的“志”“立”“惑”“知”“从”皆表示某种主体性的情感感受或情感倾向。

此外，春秋时期贵族之间的政治性对话即“赋诗断章”[②] 与战国时期孟子的论辩式对话，亦属“情感对话”的范畴：前者以《诗经》为交流媒介，借此以理解并解释贵族的政治意图与情感偏好，时人谓之“（赋）诗以言志”[③]；后者虽然以理性论辩为主，但同样具有情感性，即理性论辩源自情感正义，孟子解释说：“岂好辩哉？予不得已也。”（《孟子·滕文公下》）“不得已”表明“辩”本身属于一种“不得不”去做的必然性意欲行为，而且这种意欲源自对“邪说诬民，充塞仁义”的担忧乃至愤慨，亦即某种源初的正义感，即作为“四端”之一的“是非之心”，朱熹注曰：“恻隐、羞恶、辞让、是非，情也。”[④]

另一方面是对话内容的情感性，意思是说，对话本身的言说对象乃某种情感现象。比如孔子让子路、冉有、公西华等弟子“各言其志”，“志”即一种情感现象，子路说“由也为之”、冉有说“求也为之”、公西华说“愿学焉”等，皆在表达某种指向实践行动的情感意向。在《论语》中，孔子及其弟子直接谈论或诠释情感现象的对话非常多，可谓“言必称情感”[⑤]。比如“仁爱”之情：“樊迟问仁。子曰：‘爱人。’”（《论语·颜渊》）“孝敬”之情：“子游问孝。子曰：‘今之孝者，是为能养。至于犬马，皆能有养；不敬，何以别乎？’”（《论语·为政》）。

---

① （明）王阳明：《月夜二首》，载吴光等编校《王阳明全集》，上海古籍出版社，2011，第866页。

② 张小星：《〈左传〉“赋诗断章”的存在论诠释学研究》，博士学位论文，山东大学，2022。

③ 《十三经注疏·春秋左传正义》，上海古籍出版社，1997，第1997页。

④ （宋）朱熹：《四书章句集注》，第221页。

⑤ 张小星：《情感诠释：儒家古典诠释学的一个传统》，《国际儒学（中英文）》2024年第1期。

（二）讲经活动的情感性

在孔子与弟子的日常对话中，包含着一种更为直接的经典诠释样式，即“讲经”或“论经”，表现为师生之间讲论或引述经典，其特征为“以情论经”，即用情感来讲论经典。

具体而言，这种“以情论经”主要表现在两个层面：一是泛论讲习经典，亦即对“讲习经典”本身做一般性讨论。《论语》开篇“学而时习之，不亦说乎”（《论语·学而》）即属于此。所学者，是经典；所习者，亦是经典。经典作为学习对象，在此并非特指，而是泛指；而且，他还专门强调“学习经典”这一活动本身具有情感性，即“说”，朱熹注曰：“说，喜意也。既学而又时时习之，则所学者熟，而中心喜说，其进自不能已矣。”[①] 二是讲论特定经典，亦即对特定经典做专门探讨，经典在此具有特指性。比如《诗》：“子曰：‘小子！何莫学夫《诗》？《诗》，可以兴，可以观，可以群，可以怨。迩之事父，远之事君。多识于鸟兽草木之名。’”（《论语·阳货》）“兴”“怨”皆为典型的情感现象，属于情感性之“说”的具体显现，朱熹注曰：“（兴）感发志意”，“而不怒”。[②]

此后，这种“以情论经”的诠释方式被孟子继承，并进一步运用于“说《诗》”即《诗经》诠释[③]中。比如关于《诗经·小弁》的解释，孟子对于高叟将《小弁》理解为“小人之诗”的观点不以为然，评价其为“固”。在他看来，《小弁》所表达的“怨”并非毫无来由，而是“情有可原”的，亦即源自“戚”的情感，乃是因为兄弟之间的亲近而哀戚。赵岐注：“戚，亲也。亲其兄，故号泣而道之，怪怨之意也。”[④] 而且，这种“戚”乃仁爱情感的某种显现，所以孟子说：“《小弁》之怨，亲亲也。亲亲，仁也。”（《孟子·告子下》）

---

① （宋）朱熹：《四书章句集注》，第 49 页。

② （宋）朱熹：《四书章句集注》，第 166 页。

③ 张小星：《情感诠释：儒家古典诠释学的一个传统》，《国际儒学（中英文）》2024 年第 1 期；黄玉顺：《孟子经典诠释学思想探赜》，《华东师范大学学报（哲学社会科学版）》2023 年第 6 期。

④ 《十三经注疏·孟子注疏》，上海古籍出版社，1997，第 2756 页。

（三）注经活动的情感性

先秦儒家“以情论经”的诠释方式，影响了后来汉唐儒家的注经活动，因此“注经”本身在某种意义上亦属“情感诠释”。如《毛诗故训传》提出：“诗者，志之所之也：在心为志，发言为诗；情动于中而形于言。”① 此命题可谓汉代《诗经》诠释学的总纲：“志”指“情动于中”之情感，然后是“所之”，亦即源于“志”而指向实践的意向性及其外在行动，即“形于言”。这种对“诗”之情感性的判定，贯彻于具体篇什的解说中。例如，《周南·葛覃》“小序”曰：“《葛覃》，后妃之本也。后妃在父母家，则志在于女功之事……尊敬师傅，则可以归安父母，化天下以妇道也。”② 所谓“尊敬”“归安”，即是对《葛覃》一诗的情感性诠释，以揭示后妃之“情志”。

注经活动的情感性是否只体现在《诗经》诠释中呢？换言之，对于儒家其他经典的注解与考证，是否同样具有情感性呢？答案是肯定的。比如唐初儒家学者编订的《五经正义》。以往对于儒家经典诠释传统的研究，误将“经典诠释实践”作为“经典诠释学思想”③，进而误认为中国不存在“经典诠释学理论”，这种观点有待辨正。事实上，儒学史上不仅存在丰富的经典诠释实践，而且产生了不少具有“经典诠释学”性质的理论文献，即历代经学家所撰写的“序”“记”“题”“跋”等资料。与具体注经实践相伴随，经学家们往往会自觉地对其从事的注经活动进行理论反思，总结其注经旨趣、原则、方法等内容。注经活动的情感性便被记录反映在这些理论文献中，如孔颖达所撰《五经正义》序文。

孔颖达等儒家学者所从事的“正义”活动，实为“辨正经义”。他在这些序文中明确表达了其“正义”的情感缘由。一是儒者之“忧”，具体表现为对南北朝义疏谬误所引起的政教失范问题的担忧。《毛诗正义序》说“（正义）以对扬圣范，垂训幼蒙”④，《礼记正义序》说“光赞大猷，垂法后进”⑤。意

① 《十三经注疏·毛诗正义》，上海古籍出版社，1997，第269~270页。

② 《十三经注疏·毛诗正义》，第276页。

③ 王中江：《儒家经典诠释学的起源》，《学术月刊》2009年第7期。

④ （唐）孔颖达：《毛诗正义序》，载《十三经注疏·毛诗正义》，第261页。

⑤ （唐）孔颖达：《礼记正义序》，载《十三经注疏·礼记正义》，上海古籍出版社，1997，第1223页。

思是说，南北朝义疏存在的偏狭与失当，会对读者解经乃至现实政教产生不利影响，因此必须“辨正经义”、为后学“垂法”。二是儒者之“忠”，这种“忠”并不是说效忠世俗君主，其一方面是对以往义疏学所忽视的经典本身之情感属性的确证与重申，如《毛诗正义序》以“六情静于中，百物荡于外，情缘物动，物感情迁”① 来诠释“诗言志”以及“诗”的本质；《礼记正义序》则提出“经天纬地，本之则大一之初；原始要终，体之乃人情之欲”② 来解释“礼”与“人情”的关系。另一方面是对经典之典范性的认同与维护，亦即身为儒者的“正义感”或“使命感”的显现，如《礼记正义序》说：“夫子虽定礼正乐，颓纲暂理，而国异家殊，异端并作。……王、郑两家，同经而异注……其为义疏者……熊则违背本经，多引外义……皇氏虽章句详正，微稍繁广，又既遵郑氏，乃时乖郑义……此皆二家之弊，未为得也。”③

正是基于上述情感缘由，孔颖达等唐代儒家注解“五经”的具体操作方式是“削其所烦，增其所简，唯意存于曲直，非有心于爱增（憎）”④，“必取文证详悉，义理精审，剪其繁芜，撮其机要”⑤。意思是说，以经文本身的内在义理为依据，对以往义疏成果进行删繁证简、辨析取舍。这就意味着，注经“正义”作为一种理性的考证行为，其本身具有情感性，亦即缘自先在的、情感性的“忧”与“忠”，这种情感状态主导并伴随着“正义”过程的具体展开，可谓“缘情注经”⑥。

（四）读经活动的情感性

宋代儒家在某种程度上继承了先秦儒家“以情论经”“以情说《诗》”的诠释原则，并将其运用到一般性的读经活动中，可谓“以情读经”，最典型者即朱熹总结并运用的“读书法”。作为两宋儒学的集大成者，朱熹不仅是一位经学家，撰写了大量的经典注释著作，如《诗集传》《四书章句集

---

① （唐）孔颖达：《毛诗正义序》，载《十三经注疏·毛诗正义》，第 261 页。
② （唐）孔颖达：《礼记正义序》，载《十三经注疏·礼记正义》，第 1222 页。
③ （唐）孔颖达：《礼记正义序》，载《十三经注疏·礼记正义》，第 1222～1223 页。
④ （唐）孔颖达：《毛诗正义序》，载《十三经注疏·毛诗正义》，第 261 页。
⑤ （唐）孔颖达：《礼记正义序》，载《十三经注疏·礼记正义》，第 1223 页。
⑥ 张小星：《情感诠释：儒家古典诠释学的一个传统》，《国际儒学（中英文）》2024 年第 1 期。

注》等，更是一位古典诠释学家，因为他总结出一套系统性的经典诠释方法论，[①] 形成了独特的经典诠释学思想，比如“读书法”。

具体而言，“以情读经”原则在朱熹“读书法”中主要表现在两个层面。首先是阅读状态层面的情感贯注，即“敬”的情感显现。[②] 程朱理学极为重视“敬”的功夫论意义，将之贯穿为学修身的整个过程。朱熹说：“‘敬’字功夫，乃圣门第一义，彻头彻尾，不可顷刻间断。‘敬’之一字，真圣门之纲领，存养之要法。”[③] 又说：“为学之道，莫先于穷理，穷理之要必在于读书，读书之法莫贵于循序而致精，而致精之本则又在于居敬而持志，此不易之理也。”[④] 而“读经”作为经典诠释实践，正是“居敬”工夫的行为表现，它要求读者读经时，一要“虚心切己”，“读书须是虚心切己。虚心，方能得圣贤意；切己，则圣贤之言不为虚说……凡看书，须虚心看，不要先立说。看一段有下落了，然后又看一段”[⑤]。意思是说，读经必须悬置己意，不可先入为主，只有循序渐进、切身体会才能领会圣人之意。二要“反覆体验”，“少看熟读，反覆体验，不必想像计获。大凡看文字……不要钻研立说，但要反覆体验”[⑥]。可以说，“体验”乃是“切己”的深化，不必刻意追求阅读量的增加，而应将所读内容施之于己身、反复“体察”其意义。然后才是阅读技术层面的文字解读与文义贯通。朱熹常说的“看文字”即属于此，比如“看文字，须逐字看得无去处……看文字，须要入在里面，猛滚一番。要透彻，方能得脱离”[⑦]。这种技术乃是内心之“敬”的外在行为表现，它要求读者熟读经文，所以朱熹强调“读书之法，先要熟读……大凡看文字：少看熟读”[⑧]。

综上可知，“情感”在儒家诠释实践中具有重要意义，无论是日常对

---

① 蒙培元：《朱熹是怎样注释“四书”的？——从方法的角度看》，《湖南社会科学》2007年第5期。

② 蒙培元：《论朱熹敬的学说》，《天水师范学院学报》2011年第4期。

③ （宋）黎靖德编《朱子语类》，中华书局，1986，第210页。

④ （宋）朱熹：《晦庵先生朱文公文集》卷十四《行宫便殿奏劄二》，载《朱子全书》第20册，上海古籍出版社、安徽教育出版社，2002，第668页。

⑤ （宋）黎靖德编《朱子语类》，第179页。

⑥ （宋）黎靖德编《朱子语类》，第165页。

⑦ （宋）黎靖德编《朱子语类》，第163页。

⑧ （宋）黎靖德编《朱子语类》，第165页。

话、师生论学还是注释经典、阅读经书，皆具有情感性，或是“以情论经”，或是“缘情注经”。由此扩展到一般性的诠释活动，则一切诠释活动都是情感诠释。

三　“情感诠释”的存在论意义

诠释活动不仅是情感诠释，而且情感诠释本身具有催生“存在者变易”[①]（the change of the beings）的功效。所谓“存在者变易”，是说情感诠释可以生成新的存在者，亦即诠释者与诠释对象在情感诠释活动中发生改变：诠释者在情感诠释中生成新的主体性，诠释对象在情感诠释中被赋予新的对象性。相对于新存在者（new beings）来说，情感诠释作为先行的事情，便具有前存在者的存在论意义。故此，阐释儒家“情感诠释学”概念，需要进一步揭示存在者即诠释者与诠释对象在情感诠释中发生的“变易”；阐明情感诠释如何生成新存在者，亦即新存在者的生成机制。唯其如此，儒家“情感诠释学”作为一种具有普遍性意义的“存在论诠释学”[②]才真正得以成立。

（一）情感诠释中的“存在者变易”

诠释者的“变易”，指诠释者主体性的改变，亦即生成新的主体性。比如，孔子教人学《诗》说：“《诗》，可以兴，可以观，可以群，可以怨。迩之事父，远之事君。多识于鸟兽草木之名。”（《论语·阳货》）所谓“兴”“观”“群”“怨”，即指学《诗》之后学者所发生的主体性变易。这种“变易”并非由《诗》文本引发，而是在作为情感诠释的学《诗》活动中发生；而所谓“事父”“事君”“识鸟兽草木之名”，乃这种新主体性的具体表现，即“事父母几谏”（《论语·里仁》）、“事君尽礼”（《论语·八佾》）。再如，朱熹《论语集注·论语序说》引程子所言：“今人不会读书。如读《论

---

① 黄玉顺：《孔子经典诠释学思想发微》，《社会科学研究》2023年第1期。

② 张小星：《〈左传〉“赋诗断章”的存在论诠释学研究》，博士学位论文，山东大学，2022，第12页。

语》，未读时是此等人，读了后又只是此等人，便是不曾读。”[①]“此等人”指今人读书（比如《论语》）前的主体性，而这种主体性在读书之后将会改变，否则“便是不曾读”，这种“读前”“读后”之主体性的变化，便是诠释者的“变易”。所以，朱熹教人读经时常言“得”，“看文字，要便有得”[②]，“读书，须是知贯通处，东边西边，都触着这关捩子，方得”[③]。所谓“有得”“方得”，便是强调读经活动对于主体性变易的功效，由此作为经典诠释的读经才得以成为“变化气质”的功夫要径。[④]

诠释对象的“变易”，是说诠释对象之对象性的改变。最典型的表现就是经典文本之新义的生成，亦即经典在情感诠释中被赋予新的意义。比如，孔颖达《春秋正义序》说：“然比诸义疏，犹有可观。今奉敕删定，据以为本，其有疏漏，以沈氏补焉。若两义俱违，则特申短见。”[⑤]“比”即对比，“删”即删削，“补”即增补，“申”即引申，皆为具体的注经行为，乃是对南北朝义疏学材料所作的修订，相对于经典文本来说，这种新的修订便是对经义的重新诠释，尤其是“补”与“申”，意味着经义的扩充，进而形成新的意义。再如，戴震《孟子字义疏证》对于“理”范畴的重新解释：“问：古人之言天理，何谓也？曰：理也者，情之不爽失也；未有情不得而理得者也。……情得其平，是为好恶之节，是为依乎天理。”[⑥]戴震明言，古人所说的天理与后儒所谓天理意义不同，进而通过分析《乐记》之情感问题，将“理”释为“情之不爽失”，即情感的正当表达、不出差错，而“天理”则被解释为情感本身之正当流露，这也就赋予“理”以情感性。在这种“疏证”亦即诠释过程中，“理”被赋予有别于前代理解的新意义结构。

（二）“存在者变易”的情感机制

“存在者变易”如何展开呢？或者说，“存在者变易”的发生机制是什

① （宋）朱熹：《四书章句集注》，第46页。
② （宋）黎靖德编《朱子语类》，第173页。
③ （宋）黎靖德编《朱子语类》，第164页。
④ 彭国翔：《身心修炼：儒家传统的功夫论》，上海三联书店，2022，第161~216页。
⑤ （唐）孔颖达：《春秋正义序》，载《十三经注疏·春秋左传正义》，第1699页。
⑥ （清）戴震著，何文光整理《孟子字义疏证》，中华书局，1982，第1~2页。

么呢？尤其是在“变易”环节中，情感发挥着怎样的作用？笔者认为，这种“变易”的发生机制乃是一种情感机制，情感在诠释活动中具有两种作用方式。

一是情感为诠释活动奠基。这是情感诠释中“存在者变易”之发生机制的首要表现，意思是说，任何诠释行为本身皆导源于情感，情感在诠释活动中发挥奠基作用。正如司马迁《报任安书》所言：“此人皆意有所郁结，不得通其道，故述往事，思来者。”[①] “述”与“思”作为理性的言语表达行为，乃源自“意有所郁结”的情感状态。诠释活动亦然，无论“对话”还是“注经”，其本身都是在某种情感或感悟的基础上展开的，“对话”源自情感意向，“注经”源自情感正义。比如，孔颖达等儒者作《五经正义》，所谓“正义”，实则包含两种意思：一是主体性层面的“辨正经义”，具体表现为义疏辨证、文辞训诂、名物考据等；二是前存在者层面的“正义感”，具体表现为注经者对于圣人之道的领会，显现为某种崇敬与忠诚。而且，正是这种“正义感”的先行发动，才使主体性层级的文本诠释即“正义”成为可能，并贯穿在整个诠释活动的具体环节中，亦即注经“正义”奠基于“正义感”。所以，注经活动固然呈现为“六经注我”或“我注六经”[②] 的架构，但“注”本身却奠基于某种情感。按照上述“生活诠释学”的观念，这种“情感”是指特定生活情境所涌现的生活感悟，即生活情感与生活领悟。在此意义上，情感诠释的作用机制便是“源情诠释”，即情感是诠释行为的本源。

二是诠释者与诠释对象之间的情感沟通。随着存在者层级之诠释行为的发出，“存在者变易”的发生机制进一步展现为诠释者与诠释对象之间的“感通”，诠释者对诠释对象之意义的理解与解释经由情感沟通而实现，即“以情相感，感而遂通”。

对此，有学者在考察儒家经典诠释传统时曾提出类似说法。或谓之“感通”：“考虑到宋儒读经的旨趣在于帮助人从‘私己’的状态中摆脱出来，进入一种与他人、与天地万物相互感通、合二为一的状态，所以，这里把它称为感通诠释。感通在这里兼具方法与本体两层含义，它既是读经

---

① （汉）司马迁：《报任安书》，载（汉）班固《汉书》，中华书局，1962，第 2735 页。

② 《陆九渊集》，中华书局，1980，第 399 页。

之法，也是读经之终极目的。"① 或谓之"感应"："在儒家看来，阅读便是理解，而阅读与理解的机制是感应"，"在阅读与理解中，经典中的圣贤、符合天理的气象与读者身上的善良气质相贯通、相呼应，从而形成气质感应"。② 需要指出的是，此所谓"感通"或"感应"，乃是着眼于诠释方法而提出的，而且"通"或"应"是以"气"为媒介而实现的，意谓读者有"感"于经典或圣贤气象，而与之相"通"、相"应"。

"情感诠释学"所说的"感通"，则是指"以情相感、感而遂通"。意思是说，诠释者与诠释对象之间展开意义理解与解释的作用机制是"感通"，即"感而遂通"，但这种"感通"并非经由"气"，而是经由"情"得以实现，即"以情相感"；也就是说，"感而遂通"的前提在于"以情相感"，意义的理解与解释乃是由"情"所联结的，如果没有"情"的先行发动，"感通"则无法实现并展开。比如，孟子讨论"说《诗》"问题时提出"以意逆志，是为得之"（《孟子·万章上》）的原则，所谓"逆"其实就是一种"感通"，但这种"逆"亦即"感通"的前提则在于"意"即读者之情感的显现，只有在"情"的基础上，"感"才是可能的，进而才能相"通"，获得对诗义的把握，即"得之"。《汉书·艺文志》在评述春秋时期"赋《诗》"活动时提出："古者诸侯卿大夫交接邻国，以微言相感，当揖让之时，必称《诗》以谕其志，盖以别贤不肖而观盛衰焉。"③ 所谓"以言相感"与"以情相感"类似，意思是说，在"称《诗》"即"赋《诗》"活动中，贵族之意图的表达与理解乃至解释，是通过"微言相感"的方式实现的，而"微言"便是作为"情语"的"诗"。

在这种"以情相感"的过程中，存在者展开并发生相应的"变易"：诠释者获得对诠释对象之意义的新理解与把握，进而实现自我观念的更新，由诠释活动之前的主体性状态进入一种新的主体性状态，从而在行为上"变化气质"；与此同时，诠释者亦将这种"情"即特定的生活感悟注入诠

① 蔡祥元：《宋儒读经法中的感通诠释初探——以伽达默尔的哲学诠释学为视野》，《中山大学学报（社会科学版）》2019年第2期。

② 沈顺福：《论传统儒家诠释学：以方以智为中心》，《人文杂志》2019年第3期；沈顺福：《理解即感应——论传统儒家诠释原理》，《北京大学学报（哲学社会科学版）》2020年第4期。

③ （汉）班固：《汉书》，第1755~1756页。

释对象，赋予对象以新的对象性，比如文本在此过程中被赋予新的意义，亦即生活感悟通过语言方式被存在者化地注入经典之意义系统中，从而发生既有意义的扩充或增殖，即“变易”。

综上所述，儒家“情感诠释学”的核心要义，是承认儒家乃至中国经典诠释传统本质上是一种“情感诠释”，这种“情感诠释”作为存在催生了“存在者的变易”，即诠释者与诠释对象通过“以情相感、感而遂通”的机制进入新的存在状态。这就从诠释学的角度进一步确证了“人是情感的存在”。儒家“情感诠释学”由此成为一种存在论诠释学，它不再只是关注文本诠释问题，而是着眼于人的存在来揭示情感对于诠释活动的重要意义。

（责任编辑：张恒）

新荀学与多元文化融合

——第十届泰山文明论坛会议综述

张　兴*

2024 年 11 月 15~17 日，由山东社会科学院国际儒学研究院举办的第十届泰山文明论坛“新荀学与多元文化融合”全国学术研讨会在济南召开。来自中国人民大学、中国社会科学院、北京师范大学、山东大学、山东师范大学、山东工商学院、济南大学等十余所科研机构与高校的五十余位学者参加了会议。山东社会科学院党委委员、副院长张凤莲出席会议并致辞，会议开幕式和主旨发言由国际儒学研究院院长刘云超主持。

一　新荀学的历史考察和概念确立

新荀学的提出，旨在深入挖掘荀子思想的现代价值与意义，推动荀学研究在全球化与多元化并行的时代背景下实现新的飞跃。在荀子的思想中，“性”“礼”“义”“伪”等概念是其中最主要的体现，学者们对这些概念以及由此所引发的“人性论”的探讨也是最热烈的。

中国人民大学国学院梁涛教授从先王“制礼义”与“礼有三本”的角度对荀子论礼之起源及对礼法的融合进行了阐述。他指出，从起源来看，礼是祭祀的仪式，也指习俗、习惯，是人们在生活中约定俗成的结果，而法是人为制定的，是君主的政策、法令与刑罚。荀子提出先王“制礼义”，认为礼义是先王为了消除争夺、混乱而制定的，目的是满足人的欲望、欲

* 张兴，山东社会科学院国际儒学研究院研究员，山东省泰山学者青年专家，研究方向为中国哲学、儒家思想史。

求，同时强化了礼之尊卑等级的一面，他所说的礼实际更接近法，其思想受到法家的影响。未来儒家政治哲学要发展出平等之中暗寓差等的正义观，用普遍的法则确立起横向秩序，用横向秩序维护人的基本权利和自由交往，儒家的礼法学要经历现代转化。

山东社会科学院路德斌研究员对荀学“辨义论”进行了探讨。他认为这是儒家道德动力学的另一条进路。他指出，提起儒家道德动力学，大家首先或者很自然想到的一定是孟子的“四心论”或“本心论”。但反思说来，儒家哲学为我们提供的并非只有孟学一途，儒家系统内部其实还有另外一条道德动力学的进路，那就是荀学“辨义论”。只是由于种种原因，在过往两千年的传统里，这一进路不仅从未获得过认真且公平的对待，相反，其一直被忽略、被无视甚至被扭曲和否定。

北京师范大学王楷教授基于“以荀解荀”的方法论自觉，采取一种元伦理学的进路，在荀子本人“共名与别名”的逻辑架构之下，在荀子哲学的固有脉络中考察和分析了荀子“性”概念的多重意涵，揭示了荀子人性理论的多层次性，进而在道德主体的理论层面探讨了荀子人性观念的语境、意义及其哲学重构的可能性。他认为，荀子的“性”概念乃是一种结构论的人性观念，而非本质论的人性观念。

中共山东省委党校冯晨教授从荀子“心”与“道”的关系探“伪”的来源，认为荀子的人性论不能很好地说明礼义法度的来源问题。荀子在《解蔽》篇中系统阐述了“心”与“道”的关系，他认为，虽然“心”与“道”关系确立的前提是“心”的“大清明”状态，但是，这并不代表人人都可以见道，只有圣人才会对道有所理解。然而，这至少可以在理论上为礼义法度的来源提供说明。同时，荀子承认“心”对道有学习和接受能力。由此开始，圣人施教，后天之“伪”就建立起来了。

孔子研究院曹景年博士认为荀子思想的宗旨是强调以圣人推行政教，改造和纠正人性中恶（朴）的一面，从而避免纷争，而建立一种和谐的社会秩序。这个政教的基本工具就是礼，礼的基本精神体现在两个方面：一是社会层面的贵贱有等，每个人在各自的名分之内做事，不得越界，以此避免社会的纷争；二是伦理层面的情文俱尽，强调礼对自然情感的尊重与节制。荀子“礼”义中蕴含的身份与角色意识、情感的充分表达与合理节制等思想值得充分重视和挖掘。

曲阜师范大学荀子研究中心特约研究员陈传照老师以刘念亲、胡睿为中心，着重探讨了民国时期“性朴”与“性恶”的较量。他认为，刘念亲判定《性恶》为汉成帝以后（哀帝、平帝）时代的伪作。刘念亲认为荀子关于性的本体的断案，只是“本始材朴”四字。胡睿批驳了刘念亲的观点，坚持认为荀子是性恶论者，并将荀子学说以“伪学”命名。

山西师范大学文学院王国明老师认为，荀子人性论实质上是一个过程论，而非本质论。性恶并不意味着人性本恶，荀子所谓性有广义、狭义之分，所谓恶也有美恶之恶与善恶之恶之别。荀子从未直言人性本恶，其所谓“人之性恶”，实指狭义的情性，它并不能涵盖荀子人性论的全部内涵。广义的人性还包含心性或知性等内容。“化性起伪”的实质正是不断发用心性以化情性，从而以后天人为实现人的本质——义与辨，这一动态过程亦即荀子所谓“成人”。

中共中央党校（国家行政学院）文史教研部杨家刚副教授认为，孟、荀人性论以性善与性恶善伪分别为其人性论分际，实皆依托其天论之哲学依据，呈现出对“天命之谓性”所论性之形上来源——天之不同解释，进而为其学说体系奠定形上依据，体现儒家于七十子后学之后之分化与开演。因孟、荀皆由不同进路为心性或道德智虑心赋予形上之依据，所论天与礼义具有不同进路之外在规定性，而又于不同层面强调心之作用，从而为人性或道德智虑心开启自由维度，进而为后世儒家自由之开展奠基。

二　荀子思想与国家政治治理

荀子思想中蕴含着许多重要的思想，其中就大量地涉及政治、军事、国家治理，以及与中国社会现代化之间的关系，这也是学者们关注的重点问题。

山东社会科学院国际儒学研究院石永之研究员认为西方近现代政治哲学的一般性特征是，政治的哲学基础在于人类的理性，具有历史性、经验性和科学性的特点，其明显的缺点就是非伦理性和国家主义。荀子是世界范围内最早依据理性思考政治的思想家，故其可以被称为政治哲学第一人。

青岛城市学院姚海涛教授从近代荀学研究的时代背景与问题意识出发，发现荀子研究总是与时代问题密切相关，随时代脉搏一起跳动。他认为荀子已将人文理性发展到顶峰，若非受到后来历史之大冤屈而湮没，由此实现逻辑与历史的统一，顺势走向科学理性并非天方夜谭。

山东大学儒学高等研究院陈晨捷副教授认为当代社会亟须建构一个中国的“对话伦理学”以指导各方开展有效、正当的对话，对此荀子有关辩说的主张是极为值得关注的一个理论资源。荀子所主张的“以仁心说，以学心听，以公心辩”在当代社会仍具有其部分合理性。

山东大学儒学高等研究院黄玉顺教授探讨了今天应当怎样对待孟荀的问题。这是儒学复兴的一个重大课题。孟荀思想本身具有复杂性乃至矛盾性；在中国社会走向现代性之际，荀学复兴，这表明荀学中存在着有助于现代性启蒙的思想资源。荀学的现代复兴是伴随着儒学的现代复兴而来的，所以孟学并未因此而衰退，这就意味着必须整合孟荀，而整合的前提是根据现代价值来分别对孟荀思想加以“损益”。

山东师范大学齐鲁文化研究院梁宗华教授认为荀子在《议兵》篇中对辨别战争性质、对待战争的态度、治军原则等相关军事问题进行了系统探讨，贯穿其中的恰是以仁为本的“仁义”主题。经由对《议兵》篇所呈现的荀子兵学思想的剖析，我们可以进一步深入把握荀子儒学体系中礼治与仁义的关系，重新审视一直以来为学者所推重的“隆礼重法”背后的深层意蕴。

山东社会科学院国际儒学研究院杨传召博士认为，《荀子·议兵》篇明确而自觉地学习吸纳了兵书的文体特点，而且《荀子》一书多有与兵书《吴子》《六韬》的互见，由此可以推断荀学对兵学有系统的学习与吸收。这启示我们，一方面，在对优秀传统文化的传承发展中要更加注重文本书写的原初历史环境，以更广阔的视野还原与认识传统文化；另一方面，在推进中国式现代化的进程中要深刻认识文明互鉴的重要意义。

华东师范大学哲学系胡海洋博士从“人道”视域的角度探讨了荀子的军事安全观念。他认为，《荀子》的军事思想与安全观念在坚持“民本”，反对“唯利”“权出于一”“安之以道”等诸方面有着开创性的理论突破，是对先秦儒家政治思想的重要探索与丰富，同时也与新时代总体国家安全观存在着相当程度的理论契合。

中国社会科学院当代中国研究所牛冠恒副研究员认为“为政以德”是孔子基于周初“敬德保民”的思想和春秋礼崩乐坏的现实而提出的一种治国理政思想。“为政以德”的对象是君子，“为政以德”的要求是“无为”，“为政以德”的目的是安民。准确把握“为政以德”的思想内涵，对我们今天治国理政仍然具有重要的借鉴意义：一是重视法治，坚持依法治国和以德治国相结合；二是不忘初心，坚定道路自信，坚定不移走中国式现代化道路；三是必须牢牢抓住领导干部这个“关键少数”。

山东社会科学院国际儒学研究院张明研究员认为，种种现象显示，荀学于当下渐趋复兴之势。当下的荀学复兴绝非偶然，优秀传统文化复兴特别是儒学复兴为其提供了土壤。荀学复兴因此具备了当代价值：合乎时代之需，提供创新资源，增强文化自信。目前，从人性论与政治哲学，到当代新荀学的理论建设以及世界影响等方面，显示出荀学复兴在“两创”中的潜力和可能性。

中共中央党校（国家行政学院）哲学部博士研究生孟鲁明以《诗经·大雅·抑》为路径考据荀子思想。他认为，荀子指出天子治国应恪守礼仪、推行法治、崇尚贤能，认为实践儒家至理的核心在于君道，而君道的根基在于天子的道德品质及其深厚素养。对荀子思想的深入探讨，可为现代社会坚守道义、追求个人完善提供启示和借鉴。

三　荀子思想演变与国际传播

山东社会科学院国际儒学研究院李文娟研究员对宋元时期“疑荀抑荀”现象进行了探析。她认为宋元时期，荀学研究经历了从“尊荀”到“疑荀”再到“抑荀”的三个发展阶段。元代儒者的道统观因袭了朱熹道统观，孟子之后再无荀子，讨论荀子或荀学以批评言论居多。宋元时期是荀学发展的一个“历史低谷期”。

山东社会科学院国际儒学研究院李峻岭副研究员认为，孔子之后，孟子在推动和弘扬孔学上走的是一条向内的、形而上的路径；荀子则相反，他所遵循的是一条向外的、经验论的路径。以解决社会现实问题为主要目的的荀学引起了汉初诸儒的注意，他们循着荀学的路径继续探索，使儒学与社会现实的联系更加密切，到了汉武帝的时期，终于成了唯一的官方意识形态，影响了中国此后两千多年的历史进程。

山东社会科学院国际儒学研究院李玉副研究员认为历史上有大、小荀子之称，荀况即大荀子，其十三世孙荀悦称小荀子。荀子传诸经有功，以“微”概括并凸显《春秋》，促进了《春秋》的经典化发展；汉末颍川荀氏家世经学，尤重《春秋》。小荀子荀悦依《左传》体例编撰《汉纪》，意在效仿《春秋》成为垂范后世的儒家经典，终使《春秋》开创的编年体例于汉末重振。

山东社会科学院国际儒学研究院张恒副研究员从心的性化角度探讨了荀子与儒家心学之间的关系。他认为，荀子从所谓“性恶”出发，通过“以伪别性”将“善”的问题引向了“心”，“心”不仅是恶的来源，也是善的依据，呈现出多维立体结构。荀子对“心”的完整结构及其限度的发现使滥觞于孔孟的儒家心学至此方谓初成。

山东社会科学院国际儒学研究院张兴副研究员认为荀子“修身”的对象主要是指君子，也就是君子于其身要“求善去不善”，第一是君子于其身要“求善在身”，第二是君子于其身要“去其不善”。荀子的“修身”思想与《大学》的“修身”思想存在较大差异，主要体现在四个方面：“修身”的行为主体、目标、具体途径，与“善”的关系。

中国人民大学哲学院许源桐认为荀子从历史维度审视“命”，既承认其必然性与偶然性，又着力凸显人的能动性。荀子通过对“治”的强调，以“礼”克“命”，将“命”归摄于“礼”的秩序之下。至此，“命”的束缚已不再是决定性因素，而是被置于一个更为宽泛且动态的考量框架之中。

中共中央党校（国家行政学院）博士生陈玲芬就《荀子》的“兼”的思想及其文明意义进行了阐释。陈玲芬认为，《荀子》提出要去乱止争，实现“兼足天下”“兼制天下”“兼利天下”“以德兼人”的政治理想。《荀子》的“兼”是一个哲学范畴、伦理范畴、政治范畴，极大地拓宽了“兼”的思想内涵，对中国思想发展和中华文明发展具有特殊的重要意义。

山东社会科学院国际儒学研究院博士后吴亚坤对荀子思想在韩国的发展脉络和地位变迁进行了梳理。他认为，朝鲜时期儒学家对荀子的心态是矛盾和撕裂的，而这种矛盾是韩国理学有别于中国的特点所导致的。相较于《孟子》而言更为现实主义、更加务实的《荀子》自然地成了他们手中的“神兵利器”。

四 多元一体的儒家文化探索

孟子研究院陈晓霞研究员认为，儒家主张“仁者寿”“大德必得其寿”“诚者及大顺者寿”等，并形成了儒家健康文化，对于人格塑造和身心和谐发展具有重要作用。传承发展好儒家健康文化，需践行儒家仁爱思想，立爱自亲始，培养君子人格，夯实健康的品德基础。践行儒家仁爱思想，把健康的品德基础落到实处。倡导儒家忠恕之道，培育健康的人际关系，形成健康的基础保障。

山东社会科学院国际儒学研究院汪霏霏研究员认为，中国传统书院的建筑艺术魅力体现于布局，自规自律的儒家文人同时具备儒家文化价值观与礼乐文化学识，并将其应用在书院建筑的建造中。因此，中国传统书院隐含着深刻文化内涵，具有文化与建筑双重价值。

山东社会科学院国际儒学研究院秦树景副研究员认为，儒家人文精神是中国古代哲学思想的重要组成部分，“仁爱”“礼义”“诚信”“和合”“包容”等核心价值理念，既强调人的本性、尊严与价值，倡导人类不断追求自我道德修养提升，又关注人与人之间的情感联系，提倡通过自我修养的提升来达到人与社会的和谐发展。

曲阜师范大学政治与公共管理学院向净卿副教授从清华简《殷高宗问于三寿》“揆中”与荀子“礼义之中”的对比角度对儒家“中道”传统进行了反思。他认为《三寿》《保训》弥补了孔子和荀子之间关于“礼义之中”思想传承的缺环。儒家外王的“中道”思想，自西周以来就已经成熟，周秦之间，传承有序。今天谈全面继承和发展儒学，必然要认真面对以荀子为代表的早期儒学的外王“中道”思想。

山东社会科学院国际儒学研究院杨冬博士把对“利”字的分析作为研究先秦儒家人学的一种理论路径，尝试将先秦儒家思想中的“人”理解为“有限性”与“无限性”的结合，从而对先秦儒家思想中的“人”进行以

“利”字为视角的分析和阐释。

山东社会科学院国际儒学研究院赵迎芳副研究员认为，人的自觉即人的自由意识，儒家礼教本身即人的自觉的一种表现。人的自觉表现为以天下为己任的宗教担当、对个体尊严的肯定、对自然与名教矛盾的调解以及理论思维的发展。人的自觉过程中出现的某些极端现象，本质上是对欲望的放纵，其走向了人的自觉的反面。

五 艺术、哲学与生活

本次会议特别设立“艺术、哲学与生活”专题研讨，邀请画家、书法家、古琴演奏家、艺术评论家与哲学学者进行对话交流，品味艺术之美，感悟生活智慧。清华美院刘贞麟教授、青岛科技大学艺术学院肖鑫教授、济南大学商学院赵薇教授、山东工艺美术学院韩澈教授，不仅从专业领域做了精彩演讲，还在现场分别抚琴鼓瑟，泼墨挥毫，奉上了一道道精美绝伦的艺术大餐。

清华美院刘贞麟教授以“从容中道——儒家的中和之美与中国画的审美”为题分享了自己对绘画艺术的理解。他认为，艺术是快心的事业，应保持中和的心态，跳脱俗世的眼光和评判。君子不受外物所牵。这世间，名誉越多，毁谤也越多，这个是平衡的，若不贪恋浮名，也不会有毁谤。但有才必有名，有名必有诽言，这是一个艺术家必须历练的关口。内心不受外界干扰，专心自己的事业研究，从容中道，才是一个大艺术家的风度。

青岛科技大学艺术学院肖鑫教授认为，傅山在文艺创作观念上共有“十宁十毋”：宁拙毋巧、宁丑毋媚、宁支离毋轻滑、宁直率毋安排、宁横毋顺、宁纯毋利、宁朴毋妩、宁隘毋甘、宁涩毋滑、宁花柳毋瓶钵。这“十宁十毋”既是傅山的艺术观，也是其人格精神和社会批判意识的体现，其根源主要来自老庄哲学。

济南大学商学院赵薇教授以荀子《乐论》为中心，探讨了乐与修齐治平之间的关系。她指出，古琴作为古代文人修身养性的大雅之器，在创制之初，即有禁止于邪，以正人心的作用，同时也是载道、宣德，让人身心合一的“圣人之器”。在人心趋于浮躁的今天，无论是听琴还是抚琴，古琴那恬淡、平和的声音都可以让我们的内心得以回归宁静。

山东工艺美术学院韩澈教授从诸城派古琴的艺术魅力谈起，指出诸城既是“诸城琴派”的故乡，又是中国古琴的发源地。诸城古琴称“山东诸城派古琴”，又称“琅琊派古琴”，形成于19世纪中叶。古琴，又称瑶琴、玉琴、七弦琴，是中国传统拨弦乐器，有三千年以上历史，属于八音中的“丝”，音域宽广，音色深沉，余音悠远。

“泰山文明论坛”自2014年创办以来，已经举办了十届，一直致力于搭建一个开放、包容、互鉴的国际儒学交流平台。本次研讨会深入探讨了新荀学与多元文化融合，深入挖掘了荀子思想的现代价值，对推动荀学研究在全球化与多元化并行的时代背景下实现新的转化和发展具有重大意义。下一步，山东社会科学院国际儒学研究院将持续打造好“泰山文明论坛”学术平台，为中华优秀传统文化的现代性转化与创新性发展作出更大努力。

（责任编辑：秦树景）

朱子的哲学世界

——“当代中国哲学五人谈·第八季”会议综述

金玫妍*

朱子哲学“致广大，尽精微，综罗百代矣”①，无所不窥的学问背后隐匿的是独立的却又易被人忽略的道体。打破政治、历史学科视野对“朱子”其人其学的研究限制，将哲学本身的知性探究从附属的地位中拯救出来，就成为一项必要的正本清源工作。陈来先生的《朱子的哲学世界》一书，既是他近十余年朱子学研究的精华荟萃的文章结集，也是其回归朱子学研究的厚积薄发的集大成之作。该书正文十六篇，是陈来先生对朱子《皇极辨》《克斋记》《太极解意》等经典文本与“四德”“义”等哲学思想的剖析与建构，以及朱子学在东亚的传播、近人朱子学研究成就等方面的评述。附录十篇，以漫谈为主，涉及朱子学研究的时代价值、教育意义、全球化视野比较等多方面的问题。

陈来先生在追求史料翔实、思想深度的前提下，秉持自觉的哲学意识，试图重建朱子更具本己性、高远性的“哲学世界”。那么，这条通往超越性哲学世界的路径何以定位、何以诠释、何以开拓？2024 年 6 月 15 日，“中国哲学五人谈·第八季”学术研讨会在北京大学举行，清华大学国学院研究院教授陈来、中山大学哲学系教授陈少明、武汉大学哲学系教授吴根友、北京大学哲学系教授干春松，以及华东师范大学哲学系教授陈赟等在当代中国哲学领域具有代表性的多位专家学者展开了精彩的学术讨论。

---

* 金玫妍，北京航空航天大学人文与社会科学高等研究院硕士研究生，研究方向为儒家哲学。

① （清）黄宗羲《晦翁学案》上，（清）黄宗羲原著，（清）全祖望补修《宋元学案》第 2 册，陈金生、梁运华点校《宋元学案》第二册，中华书局，2009，第 1495 页。

一 《朱子的哲学世界》书名缘起

（一）从“朱熹”到“朱子”

陈少明教授指出，通过结合陈来先生的早期著作《朱熹哲学研究》与当下著作《朱子的哲学世界》，对比“朱熹”和“朱子”两者的异同，从中可以窥见称谓变化背后的深意：在早期的研究中，学界多使用“朱熹”，更多关注的是个体哲学思想的具体梳理与分析。随着时代的变迁，学界对朱熹思想的研究逐渐深入、全面，对朱熹的尊重与认可也不断提升，因此使用更具尊崇意义的“朱子”也就顺理成章了。

干春松教授提到，陈来先生在接受法国戴鹤白教授的采访时有一个话题引起了他的关注，即在中国的哲学史中，朱熹占有什么样的地位？陈来先生认为朱熹是仅次于孔子的第二重要人物，是中国文化史上的另一位集大成者。朱熹不仅总结了孔子以来儒学的发展，还有了新的提高。在面对佛教文化的冲击时，朱熹重建了儒学的思想和哲学基础，涵盖宇宙论、心性论和修养功夫等方方面面。此外，朱熹的思想既对元、明、清三个朝代产生了深远影响并被奉为正统，又对整个东亚地区（韩国、日本等）造成了深远影响。因此，从“朱子为孔子之后的第二人”这一定位出发，有利于我们更好地理解陈来先生对朱子核心概念的解析。

（二）从“思维”“历史”到“哲学”

陈来先生表示，从田浩（Hoyt Tillman）的《朱熹的思维世界》到余英时的《朱熹的历史世界》，再到自己的《朱子的哲学世界》，三本书名分别代表了对朱熹思想的三种不同的研究路径或范式。首先，田浩的《朱熹的思维世界》对南宋道学不同的团体流派进行分析，将朱熹置于南宋道学的历史脉络中，试图揭示朱熹在众多流派脱颖而出、最终取得道学权威地位的背后原因。其次，余英时的《朱熹的历史世界》一书分为上、下两篇，下篇更多刻画了“朱熹生活所在”，即南宋孝宗时代到光宗时代，道学家卷入政治斗争的复杂局面，这种基于历史学的视角为我们理解朱熹提供了丰富的政治文化背景。然而，这两本书均在某种程度上忽略了对朱熹哲学方面的探讨。因此，他在承袭冯友兰先生、张岱年先生注重哲学分析的学术传统之上，从思维世界、历史世界之外开辟出崭新的第三条路径——哲学世界。

哲学世界得以存在的内在根据是什么？哲学史诠释在古代思想史研究中的重要性究竟价值几何？对此，陈来先生以自身深入研究过的“元明理学”为例，提到他在《元明理学的“去实体化”转向及其理论后果——重回“哲学史”诠释的一个例子》一文中详细梳理了元明以来理学思维去实体化的路向。南宋朱子提出了“天命之性”与“气质之性”的概念，但到了明代，学者们逐渐将重点转向“气质之性”，甚至有学者认为“天命之性”不再重要，只关注“气质之性”。这一转变从元代吴澄的理“非别有一物”① 之说率先开始，随后又历经了罗钦顺的“理气一物”②、王廷相的“性出乎气”③、刘宗周的“气质之性”④、王夫之的“气质中之性”⑤ 等观点的延展。传统的思想史解释认为，造成和推动这种转向的原因反映了明代市民社会的兴起。然而，陈来先生提出，与其将其视为社会需求的产物，不如将其看作元明以来，根据宋明理学的矛盾，“思想家们的‘哲学’的知性探究本身的内在逻辑发生了决定的作用”⑥。

因此，在儒家思想体系中，哲学思维并不总是从属性的，而是可能具有一定的独立性，甚至在一定条件下，哲学思维的变化会引起儒学其他部分发生相应的变化。吴根友教授、陈赟教授等学者对陈来先生的哲学研究

---

① 原文为：“理者，非别有一物在气中，只是为气之主宰者，即是无理外之气，亦无气外之理。”（元）吴澄《答问》卷二，《吴澄集》第一册，方旭东、光洁点校，中国社会科学出版社，2021，第 51 页。

② 原文为：“仆从来认理气为一物”（明）罗钦顺《困知记》附录，《困知记》，阎韬点校，中华书局，2013，第 196 页。

③ 原文为：“余以为人物之性无非气质所为者”，（明）王廷相《王氏家藏集》卷二十八，《王廷相集》第 2 册，王孝鱼点校，中华书局，1989，第 518 页。

④ 原文为：“凡言性者，皆指气质而言也。或曰：‘有气质之性，有义理之性。’亦非也。盈天地间止有气质之性，更无义理之性。如曰‘气质之理’即是，岂可曰‘义理之理’乎？”（明）刘宗周《语类十二》，吴光主编《刘宗周全集》第三册，浙江古籍出版社，2012，第 377 页。

⑤ 原文为：“所谓‘气质之性’者，犹言气质中之性也。”（清）王夫之《读四书大说》卷七，《读四书大全说》下，中华书局，1975，第 465 页。

⑥ 陈来：《元明理学的“去实体化”转向及其理论后果——重回“哲学史”诠释的一个例子》，《中国文化研究》2003 年第 2 期。

表示赞同。吴根友教授提出，哲学家在进行哲学思考时，虽然不可避免地受到政治事件和社会环境的影响，但是作为哲学家的朱子对哲学问题的知性探究足以超越这些外在因素，展现出独立于时空的方面。陈赟教授认为，陈来先生是在哲学与哲学史的互动中展开他的哲学创造和哲学史研究的，这种研究方法与华东师范大学冯契先生的观点相契合，即“哲学是哲学史的总结，哲学史是哲学的展开”①，强调哲学与哲学史的相互支持与相得益彰。

（三）从“思想”到“世界”

陈少明教授认为，“思想”与“世界”两词看似具有相通性，实则更具差异性，即研究范式与哲学视角的深刻转变。前者重视“朱子想问题的结果”，旨在从范畴命题、理论结构等方面对朱子的思想成果作完整的、严密的重构；后者重视“朱子想问题的过程”，更关注朱子在思考问题时的来龙去脉。例如，朱子在何时产生某个思想，哪些因素促使他对这些思想进行修改，哪些思想是延续旧有的思路，等等。通过这种方式，陈来先生试图还原一个更具“质感”的哲学世界，让读者不仅能看到问题本身的结果，还能感受到问题生成的理路。

陈赟教授提出，近二十年来，哲学史研究面临着巨大的挑战，旧有的哲学史范式和内在结构正在被颠覆。传统上，黑格尔以来的哲学史叙事，或是受进化论影响呈现出线性的思想发展路径，或是将哲学家的思想还原为时代社会历史结构的产物，这种叙事模式往往隐没了哲学本身超越时代的价值。然而，陈来先生的哲学史研究摒弃了以上叙事模式造成的缺陷。他采用了一种“极高明而道中庸”的方式，如其所是地安顿哲学史上各个不同的哲学家。例如，在讨论“仁”这一概念时，陈来先生将不同哲学家的种种解释进行对比，以知觉说仁、以与物同体说仁、以爱说仁、以天地生物之心说仁等，通过这种方式避免对其过度诠释，避免将其变成某一理论的注脚。换言之，陈来先生使每位哲学家的思想都能在通贯的视野下被如实呈现，由此构建的哲学“世界”，天地广阔，众生共存。

① 冯契：《冯契文集：认识世界和认识自己》第一卷，华东师范大学出版社，1996，第21页。

概言之，从“朱熹”到“朱子”、从“思维”“历史”到“哲学”、从“思想”到“世界”，凡此种种，都指向了对朱子哲学思想的反思，旨在从历史性、政治性的视域中超脱，更完整、更深入地展现朱子哲学世界根本意义上的创造力，实现“哲学史”与“哲学”的统一。

二 《朱子的哲学世界》主题探讨

（一）朱子经典文本与思想

《文史通义·朱陆》有言：“盖性命、事功、学问、文章，合而为一，朱子之学也。求一贯于多学而识，而约礼于博文，是本末之兼该也。”① 面对朱子广博浑厚的经典文本与思想，如何实现训诂与义理、考文与明道的多层次贯通，让朱子学开显出本有的人文意涵与哲学高度，是学者毕生求索的方向。基于此，学者对“皇极”“天地之心”等概念展开了热切的交流。

其一是“皇极”。“皇极”一词，出自《尚书·洪范》“皇极：皇建其有极”②。“皇极”一词何解？孔安国解释为“大中之道”③，孔颖达进一步解释为“皇，大也。极，中也”④。及至宋代，朱子的《皇极辨》则驳斥旧说，提出新解：“盖皇者，君之称也；极者，至极之义、标准之名，常在物之中央，而四外望之以取正焉者也。”⑤ 由此可见，对《皇极辨》的探讨是理解朱子哲学世界的重要切入口。在《朱子的哲学世界》一书中，首篇即《朱子对〈洪范〉皇极的诠释》⑥。陈来先生指出，尽管余英时在《朱熹的历史世界》中结合南宋孝宗、光宗之际的政局，强调了《皇极辨》的政治

---

① （清）章学诚，叶瑛校注《文史通义校注》上，中华书局，2014，第245~246页。

② （汉）孔安国传，（唐）孔颖达正义，黄怀信整理《尚书正义》，上海古籍出版社，2007，第459页。

③ （汉）孔安国传，（唐）孔颖达正义，黄怀信整理《尚书正义》，上海古籍出版社，2007，第459页。

④ （汉）孔安国传，（唐）孔颖达正义，黄怀信整理《尚书正义》，上海古籍出版社，2007，第459页。

⑤ （宋）朱熹《晦庵先生朱文公文集》卷七十二，朱杰人、严佐之、刘永翔主编《朱子全书》第二十四册，上海古籍出版社、安徽教育出版社，2002，第3454页。

⑥ 陈来：《朱子的哲学世界》，生活·读书·新知三联书店，2024，第3~40页。

思想史意义，盛赞其背后具有“约束人君”的深意，但朱子的主要意图在于澄清经典的本义，即他自己所讲的“一破千古之惑”[①]。从这个维度下，一方面，学者不能仅从《皇极辨》单一的文献入手，还应考察朱子在此之前——涉及相关讨论的文献，以及此之后——包括《朱子语类》中谈到的一些问题。另一方面，学者应关注到：朱子作为一名哲学家，不是简单地对政治发声，而是要涵盖整个经典解释关注的大问题。因此，陈来先生更强调《皇极辨》在经典解释方面的突破，并将其视为朱陆之辩的余波。吴根友教授对此表示赞同，他提出，余英时先生将《皇极辨》视为政治斗争的学术参与方式，而陈来先生则认为朱子更多关注的是“皇极”作为哲学概念的准确解释。朱子反对将“皇极”简单地理解为“大中”，而是将其解释为“准则”。这体现了朱子在训诂学和经典解释上的基本原则。通过朱子对“皇极”概念的解释，可以看出其中体现的现代哲学解释学中的整体和局部之间多重回环的特征。

其二是“天地之心”。在《朱子的哲学世界》里，《朱子〈仁说〉与道学话语》[②]一文反复提到“天地之心”。“天地之心”最早可溯源至《周易》与《礼记》，之后宋明理学对“天地之心”也有非常丰富和深入的阐发，如张栻《洙泗言仁序》中讲：“昔者夫子讲道洙泗，示人以求仁之方。盖仁者天地之心，天地之心而存乎人，所谓仁也。”[③]吴根友教授结合自身研究明清哲学的经验指出，在朱子的哲学论述中，天地之心和人心之间存在一种直接的、传统的道德哲学的联系。然而，吴根友教授通过对比清代戴震的思想，指出戴震在经学解释学中提出了一个不同的理解路径。戴震认为，人无法直接地把握己心，而是需要通过对天地之心的理解来实现。然而，天地之心同样不能被直接把握，必须通过理解圣人之心来达成。而圣人之心的把握，又需要通过圣人的语言和历史世界来实现，即通过回归清代乾嘉考据学的方式来理解圣人之学。由此，戴震建立了一个复杂的认识论路

① （宋）朱熹：《晦庵先生朱文公文集》卷五十二，朱杰人、严佐之、刘永翔主编《朱子全书》第二十四册，上海古籍出版社、安徽教育出版社，2002，第2422页。

② 陈来：《朱子的哲学世界》，生活·读书·新知三联书店，2024，第187~226页。

③ 北京大学《儒藏》编纂与研究中心编《南轩集》卷十四，《儒藏（精华编·二二三）》，北京大学出版社，2016，第730页。

径：圣人之心—天地之心—己心[①]。这种路径与朱子对天地之心的论述形成了鲜明对比，展现了两者在理解“天地之心”概念上的不同方法和哲学立场。干春松教授指出，近年来，唐文明、吴飞等学者也对“天地之心”的概念颇为重视。尤其是唐文明教授，连续发表了《仁感与孝应》《朱子论天地以生物为心》《气化、形化与德化——周敦颐太极图再论》三篇论文[②]，借助朱子对周敦颐的《太极图》解说，唐文明教授特别强调天地之心的主宰义，试图发展出儒家宗教性的面向。干春松教授则认为，回归经典本身进行解释至关重要，应避免过度延伸，偏离哲学概念本来的意义。

（二）朱子学在东亚的传播

吴根友教授指出，通过阅读陈来先生的书，他深刻认识到朱子学不仅在中国本土产生了深远影响，还对整个东亚儒家文化圈产生了不容忽视的深刻影响。从哲学解释和接受面向来看，一个原发性的思想在不同的民族、国家、地区的传播有变形的形态。因此在朝鲜，朱子学的传播和接受表现出与中国本土不同的特点。朝鲜学者对朱子学中的“四端七情”思想进行了深入讨论。这不仅丰富了朱子学的心性学内容，也使朱子学在明代后期表现出新的活力，更回应了阳明学的一些问题。干春松教授则进一步强调，这从侧面印证了外来文化本土化是一个比较普遍的文化传播和接受现象。朝鲜在接受朱子学的过程中对其进行了本土化改造，这与朱子学在中国大陆的传承脉络不同。这种现象也说明，思想在他域的传播过程中，往往能够获得新的发展和活力。正如佛教在传入中国后，形成了具有中国特色的佛教体系，朱子学在朝鲜的发展也印证了这一规律。总体而言，换一个时空来看朱子学的影响，可以更全面地理解其在不同文化背景下的多样性和生命力。这不仅拓宽了对朱子学的研究视野，也为理解外来文化在本土化

---

① 原文为：“学者大患在自失其心。心全天德，制百行。不见天地之心者，不得己之心；不见圣人之心者，不得天地之心；不求诸前古贤圣之言与事，则无从探其心于千载下。是故由六书、九数、制度、名物，能通乎其词，然后以心相遇。”（清）戴震《东原文集》卷十一，杨应芹、诸伟奇主编《戴震全书》第六册，黄山书社，2010，第405页。

② 参见唐文明《仁感与孝应》，《哲学动态》2020年第3期；唐文明《朱子论天地以生物为心》，《清华大学学报（哲学社会科学版）》2019年第1期；唐文明《气化、形化与德化——周敦颐太极图再论》，《清华大学学报（哲学社会科学版）》2021年第4期。

过程中的传播和接受规律提供了新的思考。

干春松教授探讨了陈来先生关于朱子学对东亚影响的独特见解。陈来先生在书中特别强调，朝鲜的学者在接受朱子学时，独立发展出了一些中国自明代以来学者没有深入探讨的问题。由此，陈来先生得出了一个重要结论：从明清时期来看，朝鲜朱子学的水平要高于中国大陆。从方法论来讲，我们通常认为思想的源发地具有至高无上性，但是转换视角，当思想传播到其他地方后，可能会产生更为精彩的思想火花。换言之，所谓“礼失而求诸野”，其他文化在接受朱子学后，也能独立开创出自己的思想体系、哲学世界。因此，真正的文化自信并不在于固守原发思想的绝对权威，而在于承认并欣赏其他文化在接受和改造过程中所展现的独特智慧。

（三）朱子学的比较哲学研究

吴根友教授表示，他非常欣喜地看到陈来先生在《朱子的哲学世界》一书中进行了深入的比较哲学研究。一方面，陈来先生将朱子的“理”与古希腊哲学的“理型”、黑格尔哲学等进行比较，认为将朱子与康德进行比较的传统做法是不恰当的，不仅因为康德比朱子晚了约六百年，拿后人的思想批评朱子显然过于苛刻，更重要的是他们是不同思想类型的哲学家。另一方面，陈来先生提出了新的比较哲学研究方法，强调不一定要两个对称的哲学家才能作比较。吴根友教授指出，这在方法论上的创新，增强了他对继续开展比较哲学研究的信心，同时对后来学者从事比较哲学研究具有一定的引导意义和启发意义。

此外，陈赟教授提出，陈来先生的《朱子的哲学世界》在义理结构上可以概括为“三极之道”：太极、皇极、仁极。所谓“太极”，指的是陈来先生所阐述的太极本原；所谓“皇极”，即通过《皇极辨》及其他文章探讨的政治哲学的问题；所谓“仁极”，则涉及仁的问题、四德的问题等。三极之道的架构，表面上看似具体的主题讨论，实际上巧妙采用了“将哲学藏之于哲学史内部”的方式，展现出无所不通、神妙无方的真理高度。

三 《朱子的哲学世界》未来展望

首先，陈少明教授对陈来先生的现阶段工作表示肯定。他提出，从改革开放四十多年来知识进展的角度来看，中国哲学史有三个领域取得了显著进展：一是宋明理学，二是简帛研究，三是方法论和经典解释学。这些领域陈来先生都有所涉猎与投入，尤其是在宋明理学的研究方面，陈来先生对这一领域的全局性贡献最为突出且广受认可。

其次，陈赟教授对陈来先生从事学术研究和哲学创作背后义理的规模、广度和深度高度赞赏。陈赟教授引用熊十力的观点，指出学习中国哲学有两种方法：一种是从朱子入手回溯到先秦；另一种是从阳明入手回溯到先秦。无论是朱子、阳明还是船山，不同的入手角度会影响学者看问题的方式，换言之，普通学者往往容易受到自己选择的某一哲学家的影响，但陈来先生是一个同时攀登并越过宋明理学三座大山的人物。在他的笔下，三位不同的伟大哲人以不同的方式登场，他在朱子、阳明和船山的研究上均为当代中国学术树立了典范。一般而言，做哲学史的研究一般会从大人物、大文本、大问题这“三大”出发，陈来先生没有仅仅停留于此，他一方面向前追溯到中国三代文化、儒家思想的根源、古代思想的世界，另一方面向后延伸至思想史，深入探究了中国现代学术中与儒学相关的几大人物思想脉络，如梁启超、冯友兰、熊十力等。这些思想脉络在陈来先生的研究中得以融汇，形成了跨越上下三千年的通贯性视野。此外，陈赟教授结合自己《文明论视域内的儒学研究：分化、整合与超越的可能性》一文，提出陈来先生是用儒学的方式说儒学①。对于儒学的精神和传统，陈来先生有自觉担当的意识，他想要将儒学的义理规模进一步打开、拓展并深化正是这种对儒学的关怀和责任感，推动了陈来先生的哲学创作，使其成为儒学的当代传承者。

再次，吴根友教授对陈来先生《朱子的哲学世界》一书表示了期许。在书中《朱熹的历史与价值——戴鹤白教授访问陈来教授》② 一文里，陈来先生谦逊地表示自己无法与钱穆先生作比较，因为钱穆先生的学问涵盖经学、史学、文学，而他自己则专注于哲学研究。吴根友教授认为，朱子作为

---

① 陈赟：《文明论视域内的儒学研究：分化、整合与超越的可能性》，《探索与争鸣》2018 年第 7 期。

② 陈来：《朱熹的历史与价值——戴鹤白教授访问陈来教授》，陈来：《朱子的哲学世界》，生活·读书·新知三联书店，2004，第 557~574 页。

中世纪百科全书式的人物，与西方神学家托马斯·阿奎纳非常相似，朱子不仅在哲学上有巨大成就，他本人也写了大量的诗歌，注过《诗经》（《诗集传》）和《楚辞》（《楚辞集注》），在史学方面也有《资治通鉴纲目》等。吴根友教授希望陈来先生能进一步拓展研究范围，从哲学世界深入朱子更为广阔的思想世界，涵盖其史学、文艺、美学思想。这不仅能为朱子思想的时代性解读、创造性诠释提供更加全面的视角，还将为当代儒学研究再次开创崭新的、具备充沛生命力的人文世界。

（责任编辑：李文娟）

·书评·

从“称谓”到“秩序”

——重读《尔雅·释亲》中的伦理建构

张倩郢　孙姝娅*

摘　要　《尔雅》是我国第一部语言学专著，也是我国最早的百科全书式辞典，其第四篇为《释亲》，分“宗族”“母党”“妻党”“婚姻”四目，集中收录古代亲属间称谓 200 余条，通过这些亲属称谓语，可见中国古代家国一体、正名的文化观念，父系中心，男主外、女主内的传统家庭模式和强烈的宗族延续意识。

关键词　尔雅；释亲；家族观念；家国一体；正名；宗族延续

《尔雅》是我国第一部语言学专著，也是我国最早的百科全书式辞典，其第四篇为《释亲》，分“宗族”“母党”“妻党”“婚姻”四目，集中收录古代亲属间称谓 200 余条，以解经为目的，保存了丰富而完备的早期社会亲属称谓语。随着时代的发展，其中一部分转化为现代汉语的基本语词，一部分词义发生了扩大、减小、引申或转移，一部分甚至已失去交流功能而不再被使用。但语言是文明的载体，其词汇系统、语用规则系统等保存了当时、当地重要的文化、制度信息，反映了早期社会先民重要的思想观念，《尔雅·释亲》篇从篇目设置到具体称谓都蕴藏着丰富的文化信息，反映了先民对家庭、家族相关问题的认识。

一　《尔雅》篇目结构：家国同构的文化镜像

《尔雅》全书共 19 篇，其中前 3 篇为《释诂》《释言》《释训》，所收

* 张倩郢，社会科学文献出版社副编审，研究领域为中国古典文献学；孙姝娅，北京师范大学硕士研究生，研究领域为先秦两汉魏晋南北朝文学。

基本是抽象意义的词语，即语词，而后 16 篇则收录具有具体意义的词语，即对名词分门别类后，按照类别进行训释。第四篇至第七篇为《释亲》《释宫》《释器》《释乐》，与礼仪制度相关；第八篇至第十二篇为《释天》《释地》《释丘》《释山》《释水》，与天文相关；第十三篇至第十九篇为《释草》《释木》《释虫》《释鱼》《释鸟》《释兽》《释畜》，集中介绍与动植物相关的内容。这种归类方式和篇章结构呈现出在作者（或者说是整理者）心中，不同事物的重要程度，构建了从家族到国家的认知框架，体现了“家国一体”的文化观念。

《左传》子产有言曰：“夫礼，天之经也，地之义也，民之行也。”①《乐记》曰：“礼者，天地之序也。”② 圣人效仿天地秩序制礼作乐，并以其作为人安身立命，立身行事的基本法则，礼也就成为人自别于禽兽的根本标志，故《诗经 · 鄘风 · 相鼠》曰：“人而无礼，胡不遄死。”《礼记 · 曲礼》曰：“鹦鹉能言，不离飞鸟；猩猩能言，不离禽兽。今人而无礼，虽能言，不亦禽兽之心乎！……是故圣人作为礼以教人，使人以有礼，知自别于禽兽。”③《曲礼》另外有言曰“人有礼则安，无礼则危”④，生命个体在与人正常交往、实现生命价值的各个环节需要时时以礼作为规范，所以《礼记 · 冠义》才说：“凡人之所以为人者，礼义也”⑤。人之所以为人，并非因为生理因素，而在于文化，在于知礼、懂礼。孔子云：“不学礼，无以立。”⑥ 礼使人德性坚定，乃立身之本。《左传》云：“礼，身之干也。”⑦ 同样，礼也是治理国家、保证社会安定的必备条件，《礼记 · 经解》云：“礼之于正国也，犹衡之于轻重也，绳墨之于曲直也，规矩之于方圆也。”⑧《尔雅》一书将与礼仪制度相关的训释置于后 16 篇的开始，恐怕与此文化观念不无关系。

礼在社会构成当中起着举足轻重的作用，但礼的设立并非因政治命令而

---

① 杨伯峻编著《春秋左传注》，中华书局，2009，第 1457 页。
② （清）孙希旦撰《礼记集解》下册，中华书局，1989，第 990 页。
③ （清）孙希旦撰《礼记集解》上册，中华书局，1989，第 10~11 页。
④ （清）孙希旦撰《礼记集解》上册，中华书局，1989，第 12 页。
⑤ （清）孙希旦撰《礼记集解》下册，中华书局，1989，第 1411 页。
⑥ （宋）朱熹撰《四书章句集注》，中华书局，2012，第 175 页。
⑦ 杨伯峻编著《春秋左传注》第二册，中华书局，2009，第 860 页。
⑧ （清）孙希旦撰《礼记集解》下册，中华书局，1989，第 1256 页。

起，礼制若想被接受和认可，其规定必须是由近及远、由亲到疏的，而与生命个体关系最亲近密切的就是家庭。“孝弟也者，其为仁之本欤!”（《孝经》）人因礼而立，而孝悌是一切礼义之本，因为血缘的相亲是人的本能，所以人从这一本能出发，去感知和学习爱的能力以及与人相处的方式，“老吾老以及人之老，幼吾幼以及人之幼”（《礼记》），对父母长辈的孝、对兄弟亲友的悌也就成了一切良好人际关系的开端。血缘之间本能的亲近让人放下对有限物质的争夺欲，将这一“相亲”关系拓展开来，就成为“仁者爱人”。《论语》记载：“有子曰：‘其为人也孝弟，而好犯上者，鲜矣；不好犯上，而好作乱者，未之有也。君子务本，本立而道生。’”[①]礼制的逐级建立正是以孝悌为基础的，《大学》云：“孝者，所以事君也；弟者，所以事长也；慈者，所以使众也。”[②] 将父子之亲拓展开去就是君臣之道，兄弟之情拓展开去就是长幼之别，而社会国家正是由千万个家庭组成的，若每个家族、全部家族成员之间都按照孝悌长幼之道相处，孝悌也就成了礼制建立的基础。因此，《大学》说：“故君子不出家而成教于国”，“一家仁，一国兴仁；一家让，一国兴让”[③]，由家及国，家国同构。在这一文化观念的影响下，《尔雅》不仅将与礼制相关的内容置于后 16 篇最开始的位置，还把《释亲》置于礼制内容之首，即后 16 篇之首。由此可见古代社会对礼——尤其是在思想意识中起到举足轻重作用的家族观念——的重视和坚守。

《释亲》以“宗族”“母党”“妻党”“婚姻”四类划分亲属关系，将家族伦理与政治等级相勾连。例如，“父之党为宗族”的界定（《释亲·婚姻》），将父系血缘网络延伸至社会治理领域，形成“家国同构”的逻辑基础。这一结构也映射了周代宗法制下“天子建国，诸侯立家”的分封体系，使家族等级与政治权力互为支撑。《尔雅》其他篇目如《释宫》（解释建筑名称）中“室”“堂”“庙”等空间称谓，暗含“前朝后寝”的家国治理隐喻。家族祭祀的“宗庙”与天子祭祀的“太庙”共享“敬天法祖”的伦理内核，体现了从家族到国家的秩序统一。

---

① （宋）朱熹撰《四书章句集注》，中华书局，2012，第 48 页。

② （宋）朱熹撰《四书章句集注》，中华书局，2012，第 9 页。

③ （宋）朱熹撰《四书章句集注》，中华书局，2012，第 9 页。

二　亲属称谓语：正名观念下的伦理符号

《尔雅·释亲》篇是对亲属称谓词最早的系统记录，邢昺疏云："以九族之亲，其名谓非一，此篇释之"[①]，《释亲》收录语辞超过200条，这些语辞的存在不仅表明了亲属关系，而且对亲属关系进行了极其精细的界定，是儒家"正名"思想的具象化表达，旨在通过规范语言确立社会角色与责任。一则有名实相符的等级体系：以称谓系统严格区分亲疏尊卑，如"父之考为王父，父之妣为王母""母之昆弟为舅"，通过称谓的递进与分化（如"从父昆弟""族父"），构建"五服九族"的等级壁垒。这种命名逻辑与孔子"君君、臣臣、父父、子子"的正名观一脉相承，强化了社会角色的确定性。二则在语言中体现道德训诫：称谓隐含伦理约束，如"庶母"指父之妾，这一命名既承认其生育功能，又通过"庶"字贬抑其地位；再如"嫡妇"与"庶妇"之分，直接关联宗法继承权，体现"名分即权力"的儒家伦理。

将《释亲》及其他汉语语词中的称谓语与英语当中的亲属称谓语加以比较，英语将汉语语词中的"伯父、叔父、舅父、姑父、姨父"统称为"uncle"，将汉语语词中的"伯母、叔母、舅母、姑母、姨母"，统称为"aunt"。然而，在《尔雅》中，对"uncle"一级的称谓就有"父之昆弟，先生为世父，后生为叔父"[②]"母之昆弟为舅，母之从父昆弟为从舅"[③]等诸多差别，对"aunt"一级的称谓则又有"父之姊妹为姑""父之兄妻为世母，父之弟妻为叔母"[④]"母之姊妹为从母"[⑤]的差别。这些称谓不仅像"uncle""aunt"表明了辈分关系和性别差异，而且表明了亲族属父族还是母族（世父、叔、姑等为父族，舅为母族）；表明了亲疏、远近关系，即亲族属直系或者旁系，如"从"表示具有旁系血亲关系，"从"而有别，相似又相异，也表明了被称谓者的长幼顺序，如"世父"长于"叔父"，"世

---

① （晋）郭璞注，（宋）邢昺疏《尔雅注疏》，上海古籍出版社，2010，第207页。
② （晋）郭璞注，（宋）邢昺疏《尔雅注疏》，上海古籍出版社，2010，第208页。
③ （晋）郭璞注，（宋）邢昺疏《尔雅注疏》，上海古籍出版社，2010，第211页。
④ （晋）郭璞注，（宋）邢昺疏《尔雅注疏》，上海古籍出版社，2010，第208~209页。
⑤ （晋）郭璞注，（宋）邢昺疏《尔雅注疏》，上海古籍出版社，2010，第211页。

母”长于“叔母”。称谓语中还明确区分血亲与姻亲，如“妇之党为婚兄弟，婿之党为姻兄弟”[①]则标示出因婚姻而建立起的亲属关系，体现出婚姻对家庭组织在某种意义上的扩大作用。

亲属间称谓如此明确的界定并不只有简洁与繁复之别，而是仅仅通过称谓之分，亲疏立别，长幼立显。齐景公问政，孔子曰“君君，臣臣，父父，子子”[②]。这里明确体现了先民的正名观念，既然为“君、臣、父、子”，就需要在行为上表现出“君、臣、父、子”的样子来。《大学》曰：“为人君，止于仁；为人臣，止于敬；为人子，止于孝；为人父，止于慈；与国人交，止于信。”[③]所谓“名分”，即不同的“名”须遵循各自的职分；所谓“名实相符”，即身负何名，必须有相应的实与其相配，《荀子·正名》提出“制名以指实”[④]，即此意。子路曾经问孔子：“卫君待子而为政，子将奚先?”子曰：“必也正名乎!”[⑤]政治统治首先要正名，以明尊卑、别上下。而尊卑、上下正是礼制能够进行的基础，孔子曰：“礼不可不省也。礼不同、不丰、不杀。”[⑥]《礼记·礼器》云：“是故先王之制礼也，不可多也，不可寡也，唯其称也。”[⑦]“称”是礼最为重要的原则之一，礼之可贵，不在于多寡，而在于恰到好处，“正名”就是恰到好处的基础和前提，亲疏、远近、尊卑、上下都确定了，就明确了彼此的关系。这些关系决定了礼的轻重、多寡，也决定了彼此之间的相处方式。故《仪礼·丧服》云：“故名者人治之大者也，可无慎乎!”亲属之间的相处是礼的重要内容之一，郑注《仪礼》云：“父母、兄弟、夫妇之理，人伦之大者，可不慎乎!”[⑧]亲属间称谓的不同则是“正名”观念的明确体现。《释亲》篇中，有“母之考为外王父，母之妣为外王母”[⑨]，“内外”二名别父系、母系；有“父之世父、叔父为从

---

① （晋）郭璞注，（宋）邢昺疏《尔雅注疏》，上海古籍出版社，2010，第215页。

② （宋）朱熹撰《四书章句集注》，中华书局，2012，第137页。

③ （宋）朱熹撰《四书章句集注》，中华书局，2012，第5页。

④ （清）王先谦撰，沈啸寰、王星贤整理《荀子集解》，中华书局，2012，第491页。

⑤ （宋）朱熹撰《四书章句集注》，中华书局，2012，第142~143页。

⑥ （清）孙希旦撰《礼记集解》中册，中华书局，1989，第644页。

⑦ （清）孙希旦撰《礼记集解》中册，中华书局，1989，第645页。

⑧ （汉）郑玄注，（唐）贾公彦疏《仪礼注疏》中册，2008，第966页。

⑨ （晋）郭璞注，（宋）邢昺疏《尔雅注疏》，上海古籍出版社，2010，第211页。

祖祖父，父之世母、叔母为从祖祖母”[①]，“从”之名别亲疏；有“男子先生为兄，后生为弟”，“（男子谓）女子先生为姊，后生为妹”[②]，“兄弟”“姊妹”之名别长幼；有“父之妾为庶母”[③] “子之妻为妇，长妇为嫡妇，众妇为庶妇”[④]，以嫡庶明尊卑。由此，从亲属称谓之名可体现远近、亲疏、长幼、嫡庶之别，也就决定了不同的礼仪规范和相处方式。“服制”就是其中最典型也最具代表性的一种，亲人之间亲疏远近关系不同，去世之后各人悲痛程度自然不同，为亲属服丧，亲者服重，疏者服轻，依次递减，《礼记·丧服小记》才有“上杀、下杀、旁杀”之别，“上杀、下杀、旁杀而亲毕矣”[⑤]。

正是因为亲属称谓语有“正名”的功能，先民才对其进行了相当明晰的界定，在编纂《尔雅》时，才特出一篇，不厌其烦地进行罗列、训释，可见其慎重。《礼记·祭统》有“群昭群穆咸在而不失其伦”[⑥] 的记述，亲属称谓之正名是家族伦理的基础，《释亲》中的许多称谓都明确表示亲疏、远近、尊卑、长幼，这里再以具体称谓语为例稍加详述。

“父之考为王父，父之妣为王母”，郭璞注云：“加王者尊之”，长辈当然以尊为德；“曾祖王父之考为高祖王父”，郭璞注云：“高者，言最在上”[⑦]，是尊之至极；“子之子为孙”，《释名》曰：“孙，逊也，逊遁在后也”[⑧]，有自卑之意。这是以名定尊卑之实。又如“父之世父、叔父为从祖祖父”，《释名》曰：“言从己亲祖别而下也，亦言随从己祖以为名也”[⑨]，称“从”之亲属无专名，只是在直系亲属称谓之前加修饰语而成，虽尊同己亲，但毕竟有别，这是以名定远近之实。再如“男子先生为兄，后生为弟”，《释名》曰：“兄，荒也。荒，大也”，“弟，第也，相次第而生也。”[⑩]

---

① （晋）郭璞注，（宋）邢昺疏《尔雅注疏》，上海古籍出版社，2010，第208页。
② （晋）郭璞注，（宋）邢昺疏《尔雅注疏》，上海古籍出版社，2010，第208页。
③ （晋）郭璞注，（宋）邢昺疏《尔雅注疏》，上海古籍出版社，2010，第209页。
④ （晋）郭璞注，（宋）邢昺疏《尔雅注疏》，上海古籍出版社，2010，第215页。
⑤ （清）孙希旦撰《礼记集解》中册，中华书局，1989，第864页。
⑥ （清）孙希旦撰《礼记集解》下册，中华书局，1989，第1245页。
⑦ （晋）郭璞注，（宋）邢昺疏《尔雅注疏》，上海古籍出版社，2010，第208页。
⑧ （清）邵晋涵撰，李嘉翼、祝鸿杰点校《尔雅正义》，中华书局，2017，第314~315页。
⑨ （清）邵晋涵撰，李嘉翼、祝鸿杰点校《尔雅正义》，中华书局，2017，第312页。
⑩ （清）邵晋涵撰，李嘉翼、祝鸿杰点校《尔雅正义》，中华书局，2017，第312页。

讲明因出生次第而定名；"女子先生为姊，后生为妹"，《释名》曰："姊，积也，犹日始出，积时多而明也"，"妹，昧也，犹日始入，历时少尚昧也"[①]。讲明因积年多寡而定名，即以名定长幼之实。这些均是先民正名思想的具体体现及其在家族观念中所起到的重要作用。

三　父系中心与性别秩序：内外有别的权力结构

《尔雅·释亲》将亲属称谓划分为"宗族、母党、妻党、婚姻"四类，共收录200余个称谓词，但其结构分布存在明显失衡。宗族类称谓词占比超过60%，而母党、妻党、婚姻三类合计不足40%。这种文本编排的倾斜性，不仅反映了周代父权制社会的权力结构，更通过语言符号的"选择性编码"将女性亲属隐性边缘化。

宗族即"父族"，或称"父党"，朱祖延《尔雅诂林》解释其称为"宗族"而非"父党"的原因时说："宗，尊也，主也。族，凑也，聚也。然则父之党谓宗族，不言父党者。母妻异姓，故别称党。父族同姓，故总言宗族也。"[②] 这揭示出我国子女随父姓的传统习俗，体现了明显的以父系为中心的传统家族观念。

《尔雅正义》曰："父母恩同，而尊有所屈，故《释亲》详于'宗族'，略于'母党'。"[③] 又曰："六亲俱由父而推，故亲亲自宗族始。"[④] 从《释亲》中具体的称谓来看，也可发现家族观念以父系为中心的痕迹。如"父为考，母为妣"[⑤]。郑玄注《礼记·曲礼下》云："考，成也。言其德行之成也。妣之言媲也，媲于考也。"[⑥] 母亲只是媲美父亲，能够与其并肩谈及，而非以独立专名存在。《尔雅》在称呼父系亲属与母系亲属、己亲与妻方之亲时亦有内外之别，如"母之考为外王父，母之妣为外王母"，"妻之父为外舅，妻之母为外姑"，《释名》解释说："言妻从外来，谓至己家为妇，故

---

① （清）邵晋涵撰，李嘉翼、祝鸿杰点校《尔雅正义》，中华书局，2017，第313页。

② 朱祖延主编《尔雅诂林》，湖北教育出版社，1997，第1709页。

③ （清）邵晋涵撰，李嘉翼、祝鸿杰点校《尔雅正义》，中华书局，2017，第324页。

④ （清）邵晋涵撰，李嘉翼、祝鸿杰点校《尔雅正义》，中华书局，2017，第308页。

⑤ （晋）郭璞注，（宋）邢昺疏《尔雅注疏》，上海古籍出版社，2010，第208页。

⑥ （清）孙希旦撰，沈啸寰、王星贤点校《礼记集解》上册，中华书局，1989，第156页。

反以此义称之，夫妇匹敌之意也。”[①] 在先民的观念当中，夫家才是女子真正的家，自己的原生家庭仅仅是“外家”，或者可以说是暂时成长的地方，故女子出嫁称作“归”。许慎《说文解字》解释“嫁”字时说：“嫁，女适人也。自家而出谓之嫁。至夫之家曰归”。女子嫁人后称“妇”，《白虎通义》云：“妇者，服也，以礼屈服也”，并解释婚姻之“姻”说：“姻者，妇人因夫而成，故曰姻”[②]，故古时对妻子的要求中，“三从”有出嫁需从夫；“三纲”有夫为妻纲，女方需入夫族宗谱，去世后在夫家接受子孙祭拜，甚至从夫姓。

当然，在先民观念中，女子也并非完全是男子的附庸，所谓“媲”有夫妇匹敌之意。《白虎通·嫁娶》云：“妻者，齐也，与夫齐体。自天子下至庶人，其义一也。”[③] 在家庭关系中，丈夫与妻子、父亲与母亲共享着同等重要的家庭地位，父丧与母丧也皆服斩衰三年。只是男子以功名、国家为重，女子则以相夫教子为重，二者扮演着不同的家庭角色，《说文》释妇曰：“妇（婦），服也，从女持帚洒扫也”[④]。《周易·家人》卦六二爻辞为：“无攸遂，在中馈，贞吉。”[⑤]《家人》卦的六二居下卦之中，为阴爻，上正应九五之阳，意在以女承男，以男下女，代表母亲，《易》称之为“女正”，意为妻子之正不在于建功立业，而在于柔顺、顺从。爻辞中的“中馈”是饮食之事，是锅碗瓢盆，锅边灶台之事，这是先时女子的家庭责任和角色定位。《诗经·小雅·斯干》有“乃生男子，载寝之床，载衣之裳，载弄之璋”，“乃生女子，载寝之地，载衣之裼，载弄之瓦”之句，郑玄注云：“裳，昼日衣也。衣以裳者，明当主于外事也。玩以璋者，欲其比德焉”，“裼，夜衣也。明当主于内事。纺砖，习其一有所事也”，意为男主外、女主内，夫妻双方承担好各自的家庭责任和社会责任，同心同德，故为人伦之本，成就家族之兴旺延续，家族兴则国兴，自一家而至天下国家。

---

① （清）邵晋涵撰，李嘉翼、祝鸿杰点校《尔雅正义》，中华书局，2017，第320~325页。

② （清）邵晋涵撰，李嘉翼、祝鸿杰点校《尔雅正义》，中华书局，2017，第335~336页。

③ （清）陈立撰，吴则虞点校《白虎通疏证》，中华书局，1994，第490页。

④ （清）邵晋涵撰，李嘉翼、祝鸿杰点校《尔雅正义》，中华书局，2017，第335页。

⑤ （魏）王弼撰，楼宇烈校释《周易注校释》，中华书局，2012，第138页。

四 世系传承：宗族延续的传统观念

《尔雅·释亲》通过建立详尽的亲属称谓系统，构建了以父系血缘为核心的宗族世系图谱，其训释逻辑不仅是对亲属关系的语言分类，更是周代以降宗法制度下“宗族延续意识”的集中体现。《论语》记载：“孟懿子问孝。子曰：‘无违。’樊迟御，子告之曰：‘孟孙问孝于我，我对曰“无违”。樊迟曰：‘何谓也?’子曰：‘生，事之以礼；死，葬之以礼，祭之以礼。’”[①] 无论是我国传统的孝悌观念还是生命观念，都是不仅重视“养生”，而且关注“送死”的。对个体生命而言，从生到死就完成了生命的基本循环，但对家族生命而言却并非如此，个体生命虽然消逝，但其子孙后代仍在，仍需延续其家族使命。

《释亲》篇的训释呈现出非常清晰的家族世系传承关系。由己而上，有“父为考，母为妣。父之考为王父，父之妣为王母。王父之考为曾祖王父，王父之妣为曾祖王母。曾祖王父之考为高祖王父，曾祖王父之妣为高祖王母”。由己而下，有“子之子为孙，孙之子为曾孙，曾孙之子为玄孙，玄孙之子为来孙，来孙之子为晜孙，晜孙之子为仍孙，仍孙之子为云孙”。上下共十三代，若从血缘关系而论，从高祖父到云孙，血缘关系已非常疏远，旁系的“离孙”“归孙”亦然。所谓“玄孙”，郭璞注：“玄者，言亲属微昧也。”“云孙”，郭璞注：“言轻远如浮云。”[②] “出之子为离孙”，《释名》曰：“言远离也。”[③] 但即使血缘关系已疏远到“远如浮云”的地步，两者之间仍有血脉传承上的意义。

在愚公移山的故事中，智叟曾嘲笑愚公以其“残年余力”根本“不能毁山之一毛”，愚公却不同意他的说法，而是说“虽我之死，有子存焉。子又生孙，孙又生子；子又有子，子又有孙；子子孙孙，无穷匮也”[④]，体现出非常明显的宗族传承观念。

---

① （宋）朱熹：《四书章句集注》，中华书局，2012，第55页。
② （晋）郭璞注，（宋）邢昺疏《尔雅注疏》，上海古籍出版社，2010，第208~209页。
③ （清）邵晋涵撰，李嘉翼、祝鸿杰点校《尔雅正义》，中华书局，2017，第327~328页。
④ 杨伯峻撰《列子集释》，中华书局，2013，第168~169页。

在我国的传统观念当中，多子被当作福气的象征。先民对宗族分外看重，《尚书·尧典》云："克明俊德，以亲九族。"[①] 宗族之间，甚至因姻亲而建立的亲属关系之间也建立起自然、相互的扶助义务，所以才有"多子多福"的传统意识，"无子"才排在妇人"七出"之首，甚至因为父系中心家族观念的确立，产生了只有儿子才是血脉传承者，故"重男轻女"的偏颇意识。然而，也正是在宗族传承、血脉延续的观念背景下，死亡不再被视为终结，宗族延续成为从一种生存方式向另一种生存方式的转变，是"下以继后世"，是"嗣亲"。这种传承意识也承载了中国人的文化传统和对未来的期待。

（责任编辑：李文娟）

① （汉）孔安国传，（唐）孔颖达正义《尚书正义》，上海古籍出版社，2007，第36页。

探寻四书义理，领略儒家智慧

——读郭齐勇教授《四书通识》

陈世明*

2024 年 1 月，郭齐勇教授所著《四书通识》由中华书局出版，此书是中华经典通识丛书之一。本系列丛书由复旦大学陈引驰教授主编，各丛书作者都是该专业领域的名家或大家，他们既有深厚的学养，又能深入浅出，融会贯通，阐明各书的思想精义。本套丛书编著者希望通过一本“小书”，轻松简明地讲透一部中华传统经典，让读者更轻松地把握其思想大义。对身处信息泛滥时代的时人来说，尤其是对初学者或非人文学科的读者来说，想要迅速了解一本书的思想内容和核心主旨，这种大家小书就显得尤为重要。

郭教授是近四十年来研究中国哲学的代表性人物，也是中国哲学界、思想界的旗帜性人物，在传统儒家哲学思想研究方面成果丰硕、著作等身，是国内著名的儒学研究者。滴水穿石，非一日之功。此书虽是一本小书，却浓缩了郭先生数十载的研究心得，是他多年从事儒学研究与教学的思想结晶。“四书”作为早期儒家的文本，内涵丰富，思想深邃，对于初学者或其他专业领域的读者具有一定难度。那么，如何循序渐进地学习“四书”的哲理精神，此书就为我们了解“四书”的核心精神及其历史价值的绝佳读本。下面主要从六个方面来具体展开论述，以飨读者。

其一，该书最大特色就是，它不像高深的学术专著那样晦涩难读，而是一部深入浅出且兼顾学术性、普及性与审美性的儒家通识著作。“四书”是儒家经典的代表作，在中国传统文化当中占有非常重要的地位，是宋以

---

* 陈世明，武汉大学哲学学院、国学院博士研究生，主要研究方向为易学、儒家哲学。

后历代儒生学子必读之书，也是了解中国传统儒家文化的核心经典。在儒家的经典系统中，从四书体系的形成来看，《论语》的地位升高，《孟子》从子部升到经部，《大学》《中庸》由《礼记》抽出单行，并由朱子分章句、集注，集结为"四书"，"四书"的地位也逐渐超越了"五经"。从先秦两汉庞杂的儒学系统中确立了一条孔、曾、思、孟的道统谱系，至唐宋时期，建构起四书学思想体系。郭教授此书按照《大学》《论语》《孟子》《中庸》先后次序来解析其义理思想。四书学体系的建立者——南宋理学家朱熹认为应先读《大学》，以立其规模；次读《论语》，以立根本；再读《孟子》，以激其发越；最后读《中庸》，以尽其精微。实际上，从四书思想内容的难易程度来看，就应当按照朱子次序来读，由浅入深，循序渐进，方能登堂入室，窥见四书的思想大义。然而，一个人往深刻里走是相对容易的，而浅出则需要比深刻更大的哲学功夫与思想积淀。因此，此书是郭先生多年深入浅出之作，对想初步了解与研习儒家文化的读者来说，尤其是非传统文史哲领域的人，是一本非常好的入门之书。同时，此书配有一些精美图片，例如石经拓片、古籍刻本、书法作品、人物肖像、山水绘画等多种素材，图文并茂，古色古香，情景交融，相得益彰，既展现出了儒家人文化成、天人合一的精神底蕴和思想意境，又呈现出了古人"鸢飞戾天，鱼跃于渊"的活泼气象与和审美情趣，从而增强阅读的趣味性与审美性。

其二，从全书结构及其内容来看，该书主题凝练，体系完备，逻辑严密，思想深沉，语言流畅平实，作者尤其强调要正讲经典。首先，在此书前言部分，作者从"我们为何要读四书"讲起，对四书的意义、缘由、朱子的诠释与生命的学问分别进行了阐述，并进行了全方位解读。由此，对四书形成的历史背景、思想渊源进行了深入阐述，使读者对四书有一个整体的认识和把握。其次，从该书"后记"来看，郭教授还结合亲身经历、体验来理解儒家的思想观念，为读者呈现了儒家作为一种生命之学问的哲学思考。在每节内容目录的梳理之中，前后篇章结构严谨，义理脉络衔接恰当，总结和提炼了囊括四书核心要旨的不同条目。譬如大学之道、学以成人、内圣外王、三纲八目、诚意正心、修身为本、修己安人、治平天下、德本财末、以义为利等。最后，在该书"结语"部分，他还立足于当代社会的现实生活，对"四书"与"四书学"及其现代意义作了更为深入的总结和探讨。除此之外，该书在介绍儒家基本知识的过程中，还介绍了“四书”的读法及其相关注疏，为读者进一步研习“四书”提供参考。郭先生认为，目前对中国古代经典的诠释有一些低俗化倾向，对民间文化来说，浅一点是正常的，但一定要提升受众的水平，努力把“戏说”“俗讲”引导为正讲，尽量客观地还原其历史真相，在此基础上坚持诚意正心的价值导向，阐扬其正面的思想精华。诚然，读书治学之要，莫过于正心诚意，立己立人，修己安人。

其三，从具体诠释来看，该书不仅对原著进行逐字、逐句分析，并将这些理念放在整个中国传统哲学发展史的视域下加以考察，力求还原其本来思想意义。然而，即使本书是通识著作，郭教授也主张先要疏通文句，读懂弄通每一字、词、句、段的本来意思，所以根本上还是要从文字、音韵、训诂入手，借助相对准确的注疏、解释，把握原文、原意。在此基础上，再继续解释四书中的仁、义、礼、智、信、心、性、道、教、中、和、诚、天命、尊德性、道问学、三达德、五达道、良知良能、成己成物等概念范畴。作者探赜索隐，穷其大义，在解读上言简意赅，力求以通俗易懂的方式为读者学习“四书”之学提供入门路径。郭教授非常擅长中国哲学史研究，主张将四书的概念范畴放在中国哲学史、思想史的发展演变脉络中来理解。例如虽然本书主要内容是解释四书，但依然引用不少朱熹、二程、王阳明、徐复观等人对儒家思想的诠释来理解“四书”义理。与大多数“四书”通识著作相比，该书一个显著优势就是及时参考、借鉴出土文献的研究成果及其学术史。例如谈及《大学》成书及其思想内容时，作者主张结合郭店楚简、上博简、马王堆帛书的思想来理解《大学》之道，从哲学史背景中揭橥其思想精义。在谈及“七十子”相关问题时，既能充分借鉴前人研究，又能将传世文献与出土文献结合起来，梳理和澄清孔门后学“七十子”研究的最新动态，将最新的研究推送给读者。

其四，该书还有一个重要特征就是视野宏阔，融贯古今，将四书思想理念作为儒家融贯为一的内在体系来理解。古人强调读书先从蒙学开始，蒙以养正，由小学入经学，再由经入史，融通百家。作者在“前言”中也提到学好“四书”是走进“五经”的门径。从“四书”成书过程来看，其核心价值及其思想理念都受到“五经”价值系统的影响，因此说“四书”是进入“五经”的阶梯。在此基础上，若想更深刻地理解“四书”，就要从

"四书"系统回到"五经"系统，再由"五经"反观"四书"，才能更透彻地理解"四书"。郭先生认为，"四书"是一个整体，一个系统，彼此补充，互相融摄。从天人关系上看，《中庸》云"天命之谓性"，是一种从天到人的下贯。从儒家的天道观来看，万事万物都禀受这种天命之善性，《易传》云天、地、人三才之道，就人道而言，每一个个体天生都具有这种天命之性，从形而上到形而下，是一种从天道到人道的下贯。《易传》又云"乾道变化，各正性命"，人要充分体认天道所赋予的本有之善性，才能各安其命、各正其性。《周易》哲学又强调"推天道以明人事"的思维模式，启示人要效法天道而为，使人从人道回归天道。《论语》的核心思想在于诠释孔子的承礼言仁、践仁知天，《孟子》则重在阐扬尽心知性知天、存心养性事天的思想内核，是一种从人道到天道的回归。具体来说，既然每个个体都禀受了天命之性，而且他们都内含此种天命之性，而要实现此种天命之性，就要通过儒家的内圣功夫，比如孔子的践仁知天、孟子的存心养性事知天与《中庸》的"诚者，天之道也；诚之者，人之道也"，还有《大学》的内圣之学之道，都在强调道德主体应修身俟命，体认天命，契悟天道，是一种从人道到天道的体证。由此看来，从天道到人道，再从人道到天道，从形下到形上的贯通，本质上是一种天人合一的复归。

其五，该书不仅对普通读者了解"四书"如何影响、培育和涵养个体独立人格具有重要的指导价值，而且为他们如何将传统儒家思想进行现代诠释提供了很好的典范。程子说："今人不会读书。如读《论语》，未读时是此等人，读了后又只是此等人，便是不曾读。"① 这里就强调读书须入心，切己切身，倘若经典并未对主体身心修养起作用，那么主体就无法汲取其中的思想智慧，就无法改变其内在精神气质。所以，儒家认为，修身养性、读书治学与为人处世是知行合一的。就像王阳明所说，知而不行不仅是未知，而且不是真知，真知必是一个知且行共存的、从始至终的过程，包含理论与实践两个层面的内容。这种知行合一的精神就像郭教授的中国哲学研究一样，取精用宏，气象雍容，既注重经典研习，涵化会通，又不离道德存养，躬行践履，体现了"道问学"与"尊德性"的和谐统一。② 因此，

① （宋）朱熹：《四书章句集注》，中华书局，2012，第44页。

② 郭齐勇：《国学与国魂》，海南出版社，2023，第5页。

郭先生认为，我们不是为读书而读书，为读经典而读经典，读经典一定要与自己的身心修养相关，与我们的生活实践联系、贯通起来，变化气质，改过迁善，严于律己，诚心为民。所以，“四书”要用心去读，以生命对生命，以心灵对心灵，以真诚对真诚。“四书”作为传统儒家的核心经典，是每一位中国人的必读之书，因为这四部经典对培育和涵养个体独立人格与成就内在的生命价值具有不可估量的思想价值。他曾在《四书通识》“前言”中说：“四书根本上是教人如何做人做事的。大多数中国人接受了四书的影响，才知道做人的尊严、人格的力量、人生的价值与意义。”[①] 诚哉斯言！“四书”是儒家涵养“独立之精神，自由之思想”的重要经典，读之沁人肺腑，使人刚健有为，人格挺立，如切如磋，如琢如磨，变化气质，才能修己以安人。此外，自宋代以来“四书”便是中国人必读之书，作为当时人们的基本信仰与信念，成为其安身立命之道，是家传户诵之学，哪怕是乡间识字不多甚至不识字的底层民众，也是通过口耳相传、蒙学读物与民间文艺等方式，来接受并自觉实践其中做人做事的道理。因此，通过阅读该书，我们不仅可以知道如何读书治学，还能懂得事上磨炼，学会修身处世之道。

其六，该书立意高远，用心良苦，反映作者潜心学问，守先待后，创造转化，体现了一位知识分子观照现实的经世情怀与忧悯精神。郭先生指出，继承上古时期的文化遗产与周孔之道，讲述六艺之学的学者和教师，活跃于民间社会，他们是社会良知的代表，以其社会理想、道德价值、人文精神，鞭挞、批判现实的污浊黑暗，关心老百姓的生计、疾苦，以礼乐文明的精神滋养社会道德，净化人们的心灵。[②] 郭教授曾讲述其在学校、社团、企业、媒体、地方图书馆等讲述四书，他深感民众迫切需要，又特别欢迎，他们对“四书”有一种亲和感，而且能够从生命的体验中、从生活的实践中加以理解。[③] 按梁启超的说法，《论语》《孟子》是两千多年来国人思想的总源泉，支配着中国人的内外生活，其中有益于身心的圣哲格言，一部分久已在我们全社会形成共同意识，我们作为这社会的一分子，总要

---

① 郭齐勇：《四书通识》，中华书局，2024，第 1 页。

② 郭齐勇：《四书通识》，中华书局，2024，第 3 页。

③ 郭齐勇：《四书通识》，中华书局，2024，第 17 页。

彻底了解它，才不致和共同意识产生隔阂。笔者在阅读该书过程中，感触最深的还是“文化认同”与“伦理共识”等论题，因为“四书”价值系统所承载的“文化认同”与“伦理共识”，对现代社会具有极其重要的现实意义。郭教授在书中也谈及这一论题。他说：“任何一个社会、一个族群，作为其文化土壤或社会文化背景的有两个东西，一个叫‘文化认同’，一个叫‘伦理共识’。所谓‘文化认同’或者叫‘民族文化的自我身份认同’，解决的是‘我是谁’‘我来自哪里’的问题，是个体所归属的民族文化基本身份的自我定位，是精神信仰的故乡。所谓‘伦理共识’，其实是在民众中的一个隐性的且具有约束力的价值观、生活态度、对待家庭与处理人与人之间关系及终极信念的共同点。如果没有‘文化认同’与‘伦理共识’，就会造成社会脱序的危险，家庭矛盾、人伦失序等问题。”① 由此来看，“四书”价值系统不仅是对个体自我完善而言，更是将整个民族群体意识的认同与建构发挥不可估量的历史作用，尤其是在当前古今中外各种思潮交汇之际，“四书”价值系统的“文化认同”与“伦理共识”对处理中国当今现实很多个体、家庭以及社会矛盾、冲突等问题，有很多思想启示。进一步来说，“文化认同”与“伦理共识”背后所承载的重大伦理关切，是关乎每个个体、家庭幸福乃至民族国家在道德伦理上走向何处等重大命题，对这一问题的探讨对当前重建中国式现代化的价值系统和精神体系的现实价值不容小觑，对开启读者的思想视野与深入思考具有重要的启迪意义。

综上所述，该书在诠释过程中，作者将“四书”思想观念的理解与诠释放在整个中国哲学史的内在脉络中加以理解。这是郭教授多年来讲解和研究“四书”的思想结晶，是一部由浅入深、循序渐进的学术论著，为读者提供了一个学习“四书”的门径，进而对“四书”主要内容及其精神有较为完整的理解和把握，从而了解中国人的精神家底。相信读者们读完该书，能对“四书”的基本精神及其历史价值有所领会。

（责任编辑：秦树景）

① 郭齐勇：《四书通识》，中华书局，2024，第3页。

English Abstracts and Keywords of Main Articles

Returning to the Folk: The Academic Origins and Characteristics of Osamu Kanaya's Study on the Image of Confucius

Su Hao / 34

Abstract: In modern times, the study of the image of Confucius by Japanese scholars has generally followed a trajectory from viewing him as a "god" to a "sacred" figure, and finally to a "human" figure. Osamu Kanaya has made significant contributions to this trend in his research on Confucius. Through his analysis of the "gentleman's" view, "moral view," heavenly destiny view, "life and death view, 'and' natural view' in *the Analects*, he revealed two major characteristics of the Confucian image: an emphasis on 'practicality' and a focus on 'sociality.' Overall, the development of his academic ideas was largely influenced by notable scholars such as Tetsuro Watsuji, Shizu Shirakawa, Kojiro Yoshikawa, and Qian Mu. Analyzing Kanaya's dialogue with and reflection on their Confucius studies highlights his historical and practical academic efforts to return the image of Confucius from the 'temple' to the 'human world' within the context of modern Chinese and Japanese Confucian studies.

Keywords: Osamu Kanaya; Confucius; Tetsuro Watsuji; Shizu Shirakawa; Kojiro Yoshikawa; Qian Mu

Mencius and Xunzi's Thoughts on the Relationship between Morality and Politics under the Vision of Changes between the Zhou and Qin Dynasties

Abstract: The relationship between morality and politics is a central issue in the political philosophy of pre-Qin Confucianism. At its core, this issue seeks to address the nature of blood-based ethics within the political sphere. In this context, Mengzi and Xunzi each present their respective propositions, grounded in their distinct historical backgrounds. While their theories are effective in explaining the overall collapse of the Zhou system, they also encounter practical challenges. The different dilemmas faced by Mengzi and Xunzi can be understood as a conflict between pre-Qin Confucianism and the political demands of the king. In comparison to the theoretical effectiveness of their ideas, the alignment with the king's value demands is the critical factor for the applicability of these theories in political practice. In response to the shortcomings of the Qin system and the political challenges of the Han Dynasty, Dong Zhongshu drew on pre-Qin cultural elements and effected a shift from a people-oriented to a monarch-centered perspective. This transformation enabled his ideas to gain recognition from Emperor Wu of the Han Dynasty and to be incorporated into political practice.

Keywords: The transition between the Zhou and Qin Dynasties; the governance of De (德); the Dao (道) of the King; the governance of Li (礼)

The Concept of "Guan" (观) and the Moral Philosophy of the *Yi Zhuan*

Abstract: The moral philosophy of *Yi Zhuan* presupposes the reconciliation of Being and Morality. To establish Morality through nature, a non-subjective form of Guan is required. This concept of Guan is referenced in the Guan Gua, which notes: "It shows the worshipper who has washed his hands but has not (yet) presented his offerings, with sincerity and an appearance of dignity." This serves as the epistemological foundation for the moral philosophy of Yi Zhuan. Through this form of Guan, one may return to the original horizon where the distinction between subject and object completely disappears, allowing an experience of the primordial state (Qing) within this horizon. If one incorporates this experience into their practice, a specific form of morality emerges. The moral philosophy of Yi

Zhuan illustrates how the Way of Heaven and the Way of Humans can be united. Theoretically, this is significant for understanding Pre-Qin Confucianism.

Keywords: Yi Zhuan; Guan; Wu Si Wu Wei; Moral Philosophy

Zhu Xi's Views on Dreams

Li Shenglei / 191

Abstract: Zhu Xi's interpretation of dreams encompasses the essence, characteristics, causes, and psychological states associated with dreams. Dreams are considered to belong to the silence of the heart, the stillness of the heart, and the Yin aspect of the heart, characterized by the absence of conscious dominance and awakening. They represent subconscious activities and serve as a special reflection of real life. The occurrence of dreams can be attributed to three main factors: induction, psychological and emotional activity, and subconscious activity, with the latter being the fundamental cause. Based on psychological states, dreams can be categorized into "virtuous dreams" and "evil dreams." This classification is primarily based on moral standards, with the moral quality of dreams aligning closely with the moral level of consciousness. The cultivation of consciousness influences and restricts the moral quality of dreams, and the moral realm of dreams can serve as a contrast to the moral level of consciousness. Zhu Xi's interpretation of dreams enriches the traditional Chinese understanding of dreams, holding historical significance.

Keywords: Zhu Xi; Dream; Subconscious

An Introduction to Confucian "Affective Hermeneutics"

Zhang Xiaoxing / 221

Abstract: The "Emotional Turn" in contemporary Confucianism refers to the modern transformation of traditional Confucian classical interpretation, advocating for the adoption of an "Emotional Turn" and the construction of Confucian "Emotional Hermeneutics." The core of this "Emotional Hermeneutics" lies in the recognition that all interpretive activities are inherently emotional, meaning that all interpretations are, in essence, "Emotional Interpretations." As an "Hermeneutics of Being," Confucian "Emotional Hermeneutics" expands beyond focusing solely on the interpretation of classical texts or textual hermeneutics. It emphasizes the crucial role of emotions in interpretive activities by centering on human existence. Emotions provide the foundation for interpretive activities, and "Emotional Interpretations" as Being facilitate the "transformation of beings."

Keywords: Confucianism; Emotional Hermeneutics; Life Hermeneutics; Classical Interpretation

征稿启事

《国际儒学论丛》是由山东社会科学院创办的儒学研究学术集刊，由山东社会科学院国际儒学研究院承办，入选 CNI 名录集刊。本集刊每年出版两辑，由社会科学文献出版社公开发行，竭诚欢迎海内外学者赐稿。

1. 本集刊倡导立足国际儒学研究，关注儒学研究与发展的前沿问题，刊登未经发表过的学术论文。篇幅以 10000～18000 字为宜，也欢迎观点新颖、材料翔实的长篇论文。必要时编辑部会做技术性修改，如不同意删改，请在投稿时特别说明。

2. 根据国家新闻出版总署颁布的《中国学术期刊（光盘版）检索与评价数据规范》的要求，请同时提供以下相关信息：

（1）姓名、性别、出生年、籍贯、学位、职称、主要研究领域；

（2）工作单位、联系方式、通信地址、邮政编码；

（3）中英文标题（含副标题）、内容摘要（100～300 字）及关键词（3～5 个）。

3. 注释一律采用页下注，每页连续编码，序号用带圆圈的阿拉伯数字表示。引文必须准确，参考文献的著录项目要齐全，具体规范如下：

（1）专著、论文集、学位论文、报告：序号、主要责任者：文献题名，出版者，出版年，起止页码。例①蒙培元：《心灵超越与境界》，人民出版社，1998，第 66～67 页。

（2）期刊文献：序号、主要责任者：文献题名，刊名（年，卷/期）。例①黄玉顺：《中国哲学“内在超越”的两个教条——关于人本主义的反思》，《学术界》2020 年第 2 期。

（3）析出文献：序号、主要责任者：析出文献名，原文献名，出版者，出版年，起止页码。例①李维武：《现代新儒学重建本体论的贡献与困境》，载丁冠之等主编《儒家道德的重建》，齐鲁书社，2001，第 10~11 页。

（4）报纸文章：序号、主要责任者：文献题名，报纸名，出版日期（版次）。例①涂可国：《加强人类文明交流互鉴的战略意义》，《大众日报》理论版，2022 年 9 月 27 日。

（5）电子文献：序号、主要责任者：电子文献题名［电子文献及载体类型标志］，电子文献的出处或可获得地址，发表或更新日期。例①刘舒：《牢牢把握为民造福的本质要求》，光明网 2022－11－4. https://theory. gmw. cn/2022-11/04/content_36138238. htm，访问时间：2022-12-8。

（6）先秦常用经典文献：采用文内夹注形式。例①致力于荀子所讲的“在本朝则美政，在下位则美俗”（《荀子・儒效》）。

4. 文稿一经发表，稿酬从优（含中国知网转载稿酬）。若无特别声明，视为同意我刊与上述电子出版物、数据库的约定。本集刊不收取任何费用，实行三审制度，在收稿后 2 个月内联系作者，反馈初审结果。

5. 本集刊常设栏目：名家访谈、海外儒学研究、经学研究、先秦两汉儒学研究、宋明儒学研究、党的创新理论系统化宣传阐释：文明互鉴与儒学传播、书评，特色栏目：新荀学研究、现代新儒学研究、礼学研究、君子学研究、中西比较哲学研究等，欢迎学界专家学者组稿赐稿，以及硕博才俊来稿。稿件请发送电子版至本集刊邮箱：gjrxlc@ shandong. cn。

《国际儒学论丛》编辑部

图书在版编目(CIP)数据

国际儒学论丛. 第 17 辑 / 刘云超主编; 李文娟, 张恒副主编. -- 北京: 社会科学文献出版社, 2025. 5.
ISBN 978-7-5228-5368-0

Ⅰ. B222. 05-53

中国国家版本馆 CIP 数据核字第 20251V0Y50 号

国际儒学论丛（第 17 辑）

主　　编 / 刘云超
副 主 编 / 李文娟　张　恒

出 版 人 / 冀祥德
责任编辑 / 张倩郢
责任印制 / 岳　阳

出　　版 / 社会科学文献出版社 · 人文分社 (010) 59367215
　　　　　地址: 北京市北三环中路甲 29 号院华龙大厦　邮编: 100029
　　　　　网址: www. ssap. com. cn
发　　行 / 社会科学文献出版社 (010) 59367028
印　　装 / 三河市龙林印务有限公司

规　　格 / 开 本: 787mm × 1092mm　1/16
　　　　　印 张: 18　字 数: 283 千字
版　　次 / 2025 年 5 月第 1 版　2025 年 5 月第 1 次印刷
书　　号 / ISBN 978-7-5228-5368-0
定　　价 / 148.00 元

读者服务电话: 4008918866